实用对外汉语教学丛书

认知视角的对外汉语教学论

冯丽萍 著

图书在版编目(CIP)数据

认知视角的对外汉语教学论/冯丽萍著. —北京:北京大学出版社,2013.1
(实用对外汉语教学丛书)
ISBN 978-7-301-21790-0

Ⅰ.①认… Ⅱ.①冯… Ⅲ.①对外汉语教学－教学研究 Ⅳ.①H195.1

中国版本图书馆CIP数据核字(2012)第300935号

书　　　名:	认知视角的对外汉语教学论
著作责任者:	冯丽萍　著
责 任 编 辑:	李　凌
标 准 书 号:	ISBN 978-7-301-21790-0/H·3205
出 版 发 行:	北京大学出版社
地　　　址:	北京市海淀区成府路205号　100871
网　　　址:	http://www.pup.cn　新浪官方微博:@北京大学出版社
电 子 信 箱:	zpup@pup.cn
电　　　话:	邮购部 62752015　发行部 62750672　编辑部 62753027　出版部 62754962
印　刷　者:	北京大学印刷厂
经　销　者:	新华书店
	730毫米×980毫米　16开本　16印张　318千字
	2013年1月第1版　2013年1月第1次印刷
定　　　价:	38.00元

未经许可,不得以任何方式复制或抄袭本书之部分或全部内容。
版权所有,侵权必究
举报电话: 010-62752024　电子信箱: fd@pup.pku.edu.cn

目 录

前　言 / i
第一章　语言认知的心理机制 / 1
　　第一节　认知心理学与汉语认知研究概述 / 1
　　　　1　认知心理学与信息加工的学习观 / 1
　　　　2　语言认知研究及其内容 / 3
　　　　3　汉语认知研究及其主要内容 / 7
　　第二节　与语言认知相关的主要心理机制 / 8
　　　　1　知觉 / 8
　　　　2　注意理论及其在教学中的应用 / 16
　　　　3　记忆理论及其在教学中的应用 / 22
　　第三节　语言的认知神经机制 / 39
　　　　1　关于认知神经科学 / 39
　　　　2　语言认知的脑功能定位研究简况 / 40
　　　　3　阅读障碍 / 42
　　小结 / 43

第二章　汉字的认知加工与汉字教学 / 47
　　第一节　字形属性在汉字识别中的作用 / 47
　　　　1　笔画 / 48
　　　　2　部件 / 50
　　　　3　独体字加工 / 52
　　　　4　汉字的字型结构与汉字识别 / 53

第二节　声符和义符在汉字加工中的作用 / 55
　　1　声符的作用 / 56
　　2　义符的作用 / 58
　　3　汉字字下单元加工的性质 / 59
　　4　汉字形音义信息加工的时间进程 / 60
第三节　儿童的汉字认知方式与发展 / 62
　　1　规则性效应 / 63
　　2　一致性效应 / 64
　　3　形旁在儿童汉字加工中的作用 / 65
　　4　儿童对汉字字下成分功能的认识 / 66
第四节　汉语作为第二语言学习者的汉字认知与发展 / 67
　　1　外国学生的汉字偏误规律 / 68
　　2　形声字的分布与外国学生形声字学习规律 / 72
　　3　正字法意识 / 76
　　4　汉字学习策略 / 78
第五节　基于汉字认知规律的汉字教学 / 81
　　1　汉字系统的规律 / 81
　　2　汉字认知规律 / 84
　　3　关于汉字教学 / 85
小结 / 93

第三章　汉语词汇认知与词汇教学 / 98

第一节　汉语母语者的中文词汇认知规律 / 98
　　1　心理词典理论 / 98
　　2　中文心理词典的建构与实验验证 / 99
　　3　影响中文词汇加工的因素 / 105
　　4　词素形音义加工的时间进程 / 113
　　5　成语与惯用语加工 / 115
第二节　汉语儿童的词汇习得 / 116
　　1　儿童词汇熟悉度的评价指标 / 116
　　2　汉语儿童的副词习得 / 117
　　3　汉语儿童的代词习得 / 118
　　4　汉语儿童的词素意识与发展 / 118

第三节　外国学习者中文心理词典的建构与词素意识的发展 / 119
　　1　汉语作为第二语言学习中词汇识别的影响因素 / 119
　　2　外国学生的中文词素加工与中文心理词典的建构 / 127
第四节　对外汉语词汇教学 / 131
　　1　汉语词汇系统的特点与词素的分布规律 / 132
　　2　关于词汇教学 / 135
小结 / 145

第四章　句子的认知和习得与语法教学 / 150

第一节　汉语句子的认知机制 / 151
　　1　句子加工的理论模型与实验研究 / 151
　　2　句子加工策略 / 153
　　3　句子语境的作用机制 / 155
　　4　动词信息在汉语句子加工中的作用 / 158
　　5　句子理解过程中代词的指认机制 / 160
　　6　歧义句的理解 / 166
第三节　汉语作为第二语言的句法习得 / 173
　　1　汉语句子理解策略 / 173
　　2　句法习得规律 / 175
　　3　关于习得顺序 / 183
第四节　基于认知和习得规律的汉语语法教学 / 194
　　1　以学生原有知识结构为基础的语法教学 / 194
　　2　以语言研究为基础的语法教学 / 196
　　3　以动词为重心的语法教学 / 198
　　4　以交际为目的的语法教学 / 200
　　5　语法教学的针对性 / 201
　　6　语法教学设计举例 / 203

第五章　元认知与非智力因素在语言学习中的作用 / 210

第一节　元认知与学习策略 / 210
　　1　元认知 / 210
　　2　学习策略 / 213
　　3　学习策略与元认知的关系 / 216

第二节　非智力因素在学习中的作用 / 217
　　1　气质、人格与性格 / 218
　　2　情绪与情感 / 220
　　3　动机 / 223
　　4　自我调控学习与自我效能 / 228
　　5　非智力因素与元认知的关系 / 230
第三节　非智力因素在第二语言学习中的作用 / 231
　　1　学习策略 / 232
　　2　交际策略 / 234
　　3　认知方式 / 238
　　4　情感因素 / 239

小结 / 243

前　言

随着教育理论与实践的发展,"以学习者为中心"的教育理念已逐渐成为汉语作为第二语言教学[①]领域的共识。无论是从事汉语教学研究的学者还是教学一线的教师都在思考这样一些问题:学习者是如何学习的? 如何依据其学习心理、学习特点来设计教学? 对学生在课堂内外的学习中出现的一些现象,教师应当如何反思和解释? 对研究有兴趣的教师如何在这些现象中发现有价值的研究选题? 这些也是我长期以来思考的问题。结合语言学、心理学、教育学的理论及自己多年研究和教学的实践,我撰写了本书《认知视角的对外汉语教学论》。

本书包含三部分内容:与第二语言学习相关的心理学、教育学理论与研究成果;汉语母语者和汉语作为第二语言学习者的汉语认知研究成果,以及这些成果在对外汉语教学中的应用;对外汉语教学领域有待反思和研究的问题。

与第二语言学习相关的心理学与教育学理论和研究成果,内容非常丰富。依据系统性、实用性的原则,我们设计了五个章节的内容:语言认知的心理机制、汉字的认知加工与汉字教学、汉语词汇认知与词汇教学、句子的认知和习得与语法教学、元认知与非智力因素在语言学习中的作用。常有非心理学专业的朋友说,看心理学领域的文章时,要么是因一堆的术语和数据看不懂,要么是感觉通过非常复杂的实验研究得到了一个几乎人尽皆知的结论。朋友们说的是真情实感,心理学的研究也是有价值的,解决这一矛盾需要不同领域的研究者都能从读者的角度考虑研究设计与结果的呈现方式。为此,我们在选择本书的内容时,尽可能兼顾知识体系的广度和重点问题的深度。考虑广度是希望帮助读者形成关于汉语认知领域的框架体系,关注深度则是尽可能使读者能够将某一具体问题置于相关的框架体系中去思考和解读,在知其然的同时知其所以然。例如外国学生经常将同形词的不同意义或多义词的不同义项迁移、混淆,这本是一个无需论证的、普遍发生的现象,但是如果我们将这一问题与心理词典理论结合分析,就能更加清晰地解释其发生的原因,了解学习者的知识体系中对汉语字词形、音、义的存储方式以及这种方式

[①] 根据教学对象的不同,面向外国学习者的汉语教学有"汉语作为第二语言教学"、"对外汉语教学"等不同的概念。如无特别说明,本书在表述中不严格区分这些概念。

对他们汉语字词学习的影响。此外,我们在汉字、词汇、句子认知的章节中也介绍了有关汉语母语者的认知特点与规律,目的是使读者能够以成熟、标准、有效的汉语认知模式为参照,更好地了解外国学生的汉语认知特点。

从第二语言教学的角度来说,汉语认知与习得研究的最终目的应该是服务于教学。为此,我结合自己多年来在语言学、心理学方面的研究以及汉语教学的经验,提出了一些将认知研究成果应用于教学的设计和思路。这部分内容在本书中既有相对集中的讨论,也散见于不同的章节。例如,第一章第二节的主要内容是关于记忆的相关知识及其在教学中的应用,我们首先介绍了记忆的编码方式、记忆系统的构成、内隐与外显记忆的关系等内容,之后集中讨论了如何基于记忆理论进行导入、展示、讲解、练习与复习环节的教学设计;同时,在"记忆系统的构成"部分讨论遗忘的有关研究成果时,我们又重点讨论了与遗忘关系最密切的教学环节——复习的设计。另外,高效的语言教学设计提倡将知识、技能与策略目标并重,对学习者在授之以"鱼"的同时,也授之以"渔",我们希望将这样的理念也体现在本书中。因此,在教学应用方面,我们力争将原则与实例并举,既提供一些具体的教学方法与技巧,又提出一些基于学习者学习特点进行教学设计的原则,希望使读者能够在"鱼"和"渔"方面均有收获。

无论是成功还是失败的教学,都有值得反思之处。反思和研究是教师专业发展中必需的能力。教师应当能够对教学中的现象进行反思,对所反思的问题通过研究、实践找到合理的解释或答案。在对外汉语教学领域,有一大批对研究有兴趣的教师,那么如何根据汉语教学中的现象找到有价值的研究选题?在研究设计中需要特别关注哪些细节?为此,依据自己的教学和研究经验,在书中相关部分我提出一些可供读者思考的问题,并在每一章节的最后提出在已有研究成果基础上有待继续深入研究的问题。这些问题大多都是与学生学习、课堂教学密切相关的。

我们在书中还特别设计了"提示""请思考"版块,这一版块的内容有的是阅读建议,例如在第二章的汉字教学建议部分我们提示读者结合第一章短时记忆的内容进行关联阅读,会更好地理解本部分汉字教学设计的出发点;有的则是提示读者应当反思的问题或根据某一现象可以研究的选题。列出这些问题的目的是提示读者思考,而不是难住大家。因此对这些问题,有的我们给出了作者认为可供参考的解决思路,有的则需要读者结合自己的理解,通过思考和研究去找到答案。

学术研究和教学实践都是需要交流的。我在本科和硕士阶段学习中文,博士阶段学习认知心理学,又多年从事汉语作为第二语言的教学和研究。本书的出发点是我结合自己的专业所学、研究和教学经验,将相关的成果、体会、思考与大家分享。书中一定还有许多不妥之处,我真诚期待着与各位的交流。

感谢北大出版社使拙作得以面世；编辑李凌是一位细心、耐心、亲和的老师，在本书出版过程中她付出了很多辛苦和努力，为书稿提供了很多非常好的建议，在此表示真心的感谢！

冯丽萍
2012 年 12 月

第一章 语言认知的心理机制

导 读

本章介绍汉语认知研究的概况,对与语言学习有关的一些心理和神经机制作简要描述与分析,它实际上是后面章节的理论基础和背景知识,因此理论性偏强。建议读者在了解相关理论的主要观点的同时注意它们各自的适用条件,以便更好地应用于教学。人的语言活动是受生理、心理机制制约的,了解这些知识,有助于教师依据学生的学习规律和认知机制来设计教学、实施教学,从而提高教学效果。

第一节 认知心理学与汉语认知研究概述

1 认知心理学与信息加工的学习观

认知心理学是以信息加工观点为核心的心理学,是二十世纪五六十年代在计算机科学和现代语言学的推动下应运而生的、运用信息加工的观点和方法研究人的认知活动的一门科学。所谓信息加工观点就是将人脑与计算机进行类比,将人脑看作类似于计算机的信息加工系统,一个具有接收、存储、提取、处理和传递信息功能,并且能够主动对信息进行加工的系统,它的研究极大地拓展了我们对包括语言在内的人类认知的了解(彭聃龄 1990:pp.1~7,1997:pp.3~7;王甦、汪安圣 1992:pp.1~5)。

关于信息加工的一般原理,A. Newell 和 H. Simon 认为:包括人和计算机在内,信息加工系统都是由感受器(receptor)、效应器(effector)、记忆(memory)、加工器(processor)组成的。感受器接收外界信息,效应器对刺激作出反应,记忆可以提取和储存符号结构。加工器包含三个因素:(1)基本信息加工(elementary information processes),如制作、复制、改变或贮存符号结构,进行信息的辨别、比较等;(2)短时记忆,它保存基本信息加工所输入和输出的符号结构;(3)解说器(interpreter),它将基本信息加工和短时记忆加以整合,决定基本信息加工过程的系列。信息加工系统的上述过程可概括为输入、储存、建立符号结构和条件性迁移、输出等环节(王甦、汪安圣,1992:pp.2~3)。

依据信息加工的上述理论,认知心理学将认知的内部结构(知识表征)和加工过程作为自己的研究重点,并且把这些心理过程看作信息加工的过程。其核心是揭示人类认知过程的内部心理机制,即信息是如何获得、储存、加工和使用的。它的研究范围主要包括感知觉、注意、表象、记忆、思维和言语加工等心理活动及认知过程,以及儿童的认知发展和人工智能(计算机模拟)。

关于什么是学习,从不同的角度有不同的回答。信息加工的学习观认为,学习是学习者对来自环境的刺激信息进行内在加工并获得能力的过程。就学习与信息加工的关系而言,美国心理学家加涅(R. Gagne)认为,学习是一个可分为不同阶段的信息加工过程,从来自环境的刺激信息被感受器所注意,到信息经过复述被编码、存储,再到在适当的条件下信息得到提取进入反应器,这是一个连贯的过程(沈德立,2006:p.35)。不同环节之间紧密联系、互相作用,各环节的活动方式与效果要受到来自学习者自身及环境等内外部条件的制约。

关于第二语言习得的过程,不同学者也有不同的解释。其中,S. M. Gass(1988)的第二语言学习模型认为:第二语言学习过程包括环境输入—已感输入—已懂输入—吸收—整合—输出等环节。与此相类似,VanPatten(2007)的语言习得处理模式认为:第二语言习得可分为输入(input)—吸收(intake)—系统发展(developing system)—输出(output)等过程。从输入与输出的关系角度说,这两种理论所主张的语言学习与获得的基本过程和信息加工理论的观点是相似的。我们知道,在第二语言学习中,输入与输出之间是不对应的,学过的知识学习者不一定都能正确掌握和输出,那么导致这种不对应的原因何在?它应该来自于输入与输出之间的这些环节,它既包括学习者基本共通的、人类普遍的语言认知与加工机制,而这种机制又受到第二语言学习者母语背景的较大影响;也包括学习者之间存在较大差异的个性特征,如学习动机、风格、策略等。这就导致了不同学习者之间存在着一些共同的学习规律,但是在大体相同的输入、大致相同的智力水平下,不同学习者的学习效果又会出现较大差异。这些共同规律和个体差异的性质、特点、来源、作用方式构成了第二语言习得研究领域的重要课题。将信息加工观点和认知理论运用到语言学习的研究中,对于我们更深入地了解学习的心理过程,探讨作为学习主体的学生,其各种智力与非智力因素在学习过程中的作用,以及影响学习过程与效果的教学因素、环境因素,从而进行更有效的教学设计与教学实践都起着很好的指导作用。

请思考
1. 什么是认知心理学?其基本观点和研究内容是什么?
2. 语言的认知研究就是认知语言学吗?二者是什么关系?

2 语言认知研究及其内容

语言的运用是人脑的一种复杂功能,它是区别人与其他动物的重要标志。正确地生成和理解语言,直接关系到人类社会各个领域的实践活动。作为一种特殊的符号系统,语言给人的认知活动带来了自觉性、能动性、精细性和丰富性等一系列重要的特点,因此,只有理解语言的本质及其对人类发展产生的重要影响,才能真正揭示人脑的功能,了解人类心理活动的特点。正如乔姆斯基 1968 年所说:"任何一个关心研究人的本性和能力的人都必须以某种方式紧紧抓住这一事实:所有正常的人都具有语言;而即使获得的语言是最简单的,这也远远超出了其他方面都很聪明的猿的能力"(彭聘龄,1997:p.5)。

请思考
1. 普通语言学概论中也讨论人类语言的性质问题,其角度与观点是什么?
2. "普遍语法"(universal grammar, UG)是语言学、语言学习、语言心理学领域都在使用和探讨的理论,对这一理论,你的理解和观点是什么?

运用认知心理学的方法研究语言理解和语言产生,便是语言的认知研究。具体来说,语言认知研究主要包括以下内容(彭聘龄,1997:pp.7~10;彭聘龄、谭力海,1991:pp.8~11):

2.1 语言的性质与语言认知的关系

认知心理学中关于语言性质的研究与语言学中有所不同,它主要从语言学习和认知的角度来比较不同语言之间的性质。如:不同语言之间的关系是什么?它们在本质上是彼此不同还是有共同的规律？如果有共性，那么共性的程度有多大？这些是语言认知研究力图回答的问题，也是长期以来哲学家和语言学家们争议的焦点，并由此产生了个性论与共性论两种观点，二者对不同语言间在根本上是否存在共同规律这个问题的答案分别是无和有。在现代语言学和心理学中，个性论的影响已经逐渐减弱，因为在不同语言间发现了一些共同的、普遍的特征，在不同性质的语言间也发现了许多共同的认知规律，所以语言共性论为大多数学者所接受，逐渐成为一种共识。

从语言学习和认知的角度，支持共性论的一个有力证据来自于儿童的语言习得过程。如果语言变异的范围没有限制，那么儿童在识别语言和归纳语法的时候就会面临无穷无尽的可能性。这样，语言的习得将是一件极为费时、费力的工作，儿童根本不可能在四五岁左右的时候就完成，更谈不上比较轻松地完成。但事实上，不同语言中的儿童都可以用大致相同的时间、以大致相同的过程习得任何一个语言，其根本原因应该在于人类语言在本质上是共同的，与人类普遍的认知神经机制是相对应的。

因此，以乔姆斯基的"普遍语法"和"语言能力"假设为代表的强式先天论认为，人们具有的语言知识就是语法。这种知识往往是内隐的，这种内隐的语言知识称之为"语言能力"。儿童为什么能那么快学习语言？为什么能说出他从来没听过的话？就是因为语法知识本质上是先天的，后天经验的作用仅是使儿童掌握词汇和设置特定的参数（方立、程工，1997；陈永明、杨丽霞，1999等）。例如同样是动词和宾语的组合，有的语言中宾语在动词之后，而有的语言中宾语则放置在动词之前。因此他们认为，至少在理论上，所有的自然语言在本质上都是相同的，形态、语序、虚词等变异的主要表现形式只是一些普遍的语法原则在各语言中的不同实现。这一理论不仅是语言共性论的一个有力证据，而且也成为语言认知与习得研究的一个重要内容。

近年来，语言学习与加工中的约束和概率问题引发了学者们对语言理论问题更深入的思考。许多研究发现：句法加工过程受到不同信息的约束，其中它在很大程度上受到句法结构在实际语言中的概率分布信息的制约。关于神经网络研究的发展也促进了对语言统计概率的研究。神经网络理论强调从相对杂乱的输入数据中抽取出结构规律性，把权重看作是对先前经验的概率约束的编码，它决定神经网络的活动模式。统计手段在言语识别及翻译等应用领域中的使用，也促进了人们对语言的统计概率问题的注意。语言认知研究因而日益重视语言的统计概率信息与人类语言获得、语言理解的关系。例如，句子歧义与解歧机制是非常复杂的问题，也是语言认知研究的重点，研究发现歧义往往是通过快速利用各种概率约束来解决的，而这种概率正是从人们先前的语言经验中得到的。这一理论实际上与儿童在自然条件下如何获得语言是有联系的。

因此，目前出现了一种新的观点，它否定把抽象化的语法能力作为语言研究的出发点,而是强调要用语言是如何获得、使用和在大脑中怎样表征的事实来解释语言的实质。这种观点认为:儿童是学习和使用语言,而不是对那种先天性的语法能力进行识别和认同;儿童依靠其神经网络系统对周围人的言语统计特征自动地进行编码;多重概率约束的机制在儿童掌握语言中起关键作用。但该观点并不否认儿童出生时就具有一定的使语言学习成为可能的条件,如脑组织及其功能对语言的获得具有约束作用(Ellis. N, 2002;Seidenberg. M,1997;陈永明、杨丽霞,1999)。

2.2 语言的感知与理解

语言感知是语言理解的基础,对语言的感知主要包括语音知觉与字词识别。语音知觉是指人们通过听觉器官接受言语的声音刺激,并在知觉系统中分析语音的各种特征,达到对语音的识别,它是听力理解的基础。语言心理学不仅要研究语音的声学特征在语音知觉中的作用,而且要研究影响语音知觉的各种因素,如重音、语法与语义等语言因素以及听觉的心理过程等。字词识别也是语言心理学研究中的一个重要内容,它主要研究从字词形式的分析(例如汉字中的笔画、部件、整字;字母中线条的曲直特征等)到意义信息的通达过程。这是视觉语言材料理解的基础。

语言理解是指人们借助于听觉的或视觉的语言材料,在头脑中建构意义的心理过程,是从语言表层结构中提取出深层命题的一个积极的、推理的过程。人们理解语言首先要接受由外部输入的语言刺激,然后在心理词典中进行搜索,获得词的知识,再经过句法分析和语义分析,得到句子和段落的意义。因此语言理解大体可划分为三个水平,每个水平又有相应的操作和处理:(1)词汇识别与词汇理解,即通过词形或语音到达词汇的意义,在记忆系统的语义网络中激活与词条相对应的某个概念节点;(2)句子理解,依据句子的表层结构建构句子的深层命题;(3)话语或篇章理解,建构句子之间的联系,解释篇章或话语的宏观命题。

语言理解不仅依赖外部输入的信息,而且与人们已有的知识组织和认知结构有关,依赖于内部的心理图式。在语言理解中,人们已有的知识及基于知识的推理起重要作用,它可以补充信息的空缺,预期将要出现的信息。因此,语言理解是一个自上而下和自下而上加工交互作用的过程(关于自上而下和自下而上加工,我们在本章的"知觉加工"部分会有更详细的讨论)。

语言理解包括口语理解和阅读理解,二者在加工的早期阶段是不同的。口语理解依赖于短暂的听觉意象和词语的语音识别,而阅读理解依赖于稳定的视觉表征和词语的字形信息。但在句子和话语水平上,听觉和阅读理解过程是相似的,两种技能间可以互相预测。

个体差异是语言理解中存在的普遍现象,那么造成这种差异的原因是什么?关于这一问题,目前主要有以下三种观点:(1)基本语言加工能力的差异。该观点认为语言理解由一些基本的加工能力组成,这些能力的不同是导致语言理解个体差异的主要原因。基本的语言加工包括词水平的加工,如词的形音识别与词汇通达,以及句子水平的加工,如句法分析。但是关于各语言单元在语言理解中的重要性,不同学者的看法则各不相同。有的认为词汇理解是最重要的,有的则认为句子水平的加工作用更为重要。(2)高级语言加工能力的差异。主要包括建构心理表征能力的差异、推理与元认知能力的差异等。(3)能量资源的差异。它强调语言理解的动力性,认为可运用于语言理解的能量或资源的不同是导致个体差异的主要原因。但关于能量的来源有不同的观点,主要有工作记忆能量及加工效率的差异说(工作记忆对信息进行加工并同时存储各加工水平的产物,语言理解的效率越高,消耗能量越少,可分配给存储的能量就越多);总体能量的差异说(不同个体可支配的总能量不同,它可以决定长时记忆中信息的激活总量);语言独立加工资源说(认为语言认知操作使用不同于其他加工的工作记忆资源,语言理解的个体差异来源于独立的语言加工能量的差异)(杨丽霞、陈永明,1998等)。

2.3 语言的产生

语言产生与语言理解相反,它是指人们利用语言表达思想的心理过程,包括说话和书写两种方式。它是将人的思想或命题结构编码成具有语言结构的信息,并将这些信息通过声音或文字传递给听者或读者的过程。语言产生大致经过建构、转换、执行等一些阶段,包括将概念命题代码转换成语言代码和将语言代码转换成生理的、运动的代码,利用发音器官发出指代某种意义的声音,或通过书写过程产生表示某种意义的文字形式。

 请思考

1. 语言产生大致经过建构、转换、执行等阶段,那么在这三个阶段,建构、转换、执行的分别是什么呢?
2. 根据语言产生的上述阶段,我们如何分析第二语言学习者所产生的偏误?例如学习者说出"我把饭吃在食堂",或写出"我不知道他的名子",其偏误可能分别产生于哪个阶段呢?

2.4 儿童语言的获得与发展

儿童是如何理解和产生语言的?这些能力又是如何发展的?它的机制和过程是什

么？该领域的研究主要包括语言能力发展的过程与性质,儿童所处的语言和社会环境在语言能力发展中的作用,语言发展与认知能力发展的关系,语言发展的年龄与阶段特征,元语言能力的发展等。儿童语言发展的研究对于我们更好地探讨语言认知的实质、与第二语言学习特点相比较都有重要的参考价值。

2.5 语言认知研究的应用

理论研究的最终目的是应用于实践。语言认知是一门具有实用意义的学科,也是一门交叉学科,语言习得(包括第二语言习得)与语言教学、失语症及其他语言障碍的诊断和治疗、人工智能、机器翻译等都是与语言认知研究紧密相连的实践领域。

3 汉语认知研究及其主要内容

汉语认知研究是应用认知心理学的观点和方法,研究人脑对汉语的加工和处理,包括汉语信息的输入、储存、内部加工和输出等。汉语认知研究开始于二十世纪二十年代。最初,一些在国外留学的中国学者在实验心理学思潮的推动和影响下开始进行汉字心理与阅读问题的研究(如刘廷芳,1921;艾伟,1923;周先庚 1929,见彭聃龄 1997：pp.10～19);到二十世纪五六十年代之后,随着认知心理学的诞生,汉语认知研究的广度与深度都得到扩展,研究涉及汉语的各个层面,包括汉语语音知觉的研究;汉字字形的复杂性对汉字识别的影响,汉字识别的基本单元,汉字读音在词汇通达中的作用,汉字语义的提取;词素在词义通达中的作用,词的语义透明度对词义通达的影响,语境对词汇识别的影响;汉语心理词典的结构;语义和句法信息在句子加工中的作用;篇章阅读的过程及其影响因素等等。到八十年代以后,随着神经心理学和神经网络技术的发展以及脑成像技术的进步,汉语认知研究逐渐与人脑的认知神经机制研究结合起来,探讨语言的脑功能区域及其活动方式,并取得了许多重要的成果。

由于汉语和汉字具有许多显著的不同于其他语言和文字的特点,因此,汉语与其他语言认知的比较研究引起了许多学者的重视。目前汉语认知研究主要在以下领域进行(彭聃龄,1997：pp.9～10):

研究汉语、汉字的储存,即汉语、汉字在大脑中的表征方式与特点。在语言学层面,汉语和汉字都有自己的结构和层次单元,那么这些单元是否也是人脑储存汉语、汉字的单元?在人的心理词典中,汉字和词汇信息是怎样建构的?汉语的心理词汇网络有什么特点等等?

揭示汉字和词汇信息加工的过程及其影响因素。汉语字词的信息加工包括字形识别、语音提取和意义通达三个方面,而意义通达是字词识别的最终目标。因此,如何由字形和字音到达字词的意义是研究汉语字词信息加工过程中的重要问题。

研究汉语句子和篇章的理解。包括汉语句子理解中语义分析与句法分析的关系,词序和词义在句子理解中的作用,歧义句的理解,推理、图式在篇章理解中的作用,不同信息在阅读过程中的整合方式等。

研究儿童与以汉语为第二语言者学习和使用汉语、汉字的规律。包括儿童习得汉语语音的过程和特点,语音意识与语言能力及其发展的关系,识字与口语发展的关系,词的学习过程,儿童掌握汉语语法的过程与特点,如何培养儿童的学习策略等。近年来,非汉语母语者在学习过程中如何加工和处理汉语的各种信息,其加工方式的特点与规律、与汉语母语者的异同等问题也引起了人们越来越多的兴趣和关注。

研究汉语认知的神经机制。包括汉语加工的脑功能定位、大脑损伤与汉语语言障碍、语言功能发育的神经机制、大脑可塑性等。

进行汉语识别与加工的计算机模拟。即用计算机模拟大脑中汉语的产生及加工过程,探讨汉语、汉字的表征方式,通过模拟来加深对人脑加工汉语信息过程的了解。

进行跨语言文字的比较研究。通过汉语、汉字与其他语言文字认知过程的比较,揭示不同语言文字信息加工的普遍性与差异性。

上述研究从不同角度共同探讨汉语的认知加工问题,既各有所专,又互相补充,从而逐渐形成了汉语认知研究的体系。这些研究所涉及的领域及其所取得的成果使我们对汉语认知加工的了解不断拓宽和深入,并且也为更加科学有效地开展汉语教学提供了有益的参考。

第二节 与语言认知相关的主要心理机制

人类的认知活动是一个复杂的过程,需要多种心理机制的参与。对语言认知来说,人脑中各种知识的表征结构和信息的提取方式与个体的知觉、注意、记忆机制密切相关,它们构成了语言学习与使用的重要基础。

1 知觉

认知心理学认为知觉是对感觉信息的组织和解释,也就是获得感觉信息的意义的过程。知觉与刺激信息的特点和人的知识经验都是分不开的,它是在已存储的知识经验的参与下,将感觉信息组织成有意义的对象,从而把握刺激的意义的过程,因此,知觉是现实刺激和已储存的知识结构相互作用的结果。

1.1 表征

知识是以心理结构的形式存储在头脑中的。这种心理结构是一个整体组织,并作为一个整体进行活动,这种信息的记载或表达的方式就是信息的表征。一个完好的知识表征,可以有效地组织、理解和记忆新输入的信息,保证信息加工的速度和准确性,帮助人们预测将要发生的事件的信息。人们根据事件的一部分结构,就可以了解它的另一部分信息。例如在听力理解中,在听一段题目为"我家的房子"的听力材料时,如果已经听完对一层的介绍,那么学生可以根据自己已有的知识来推测即将出现的内容大概会介绍房子的二层等位置。在看到一个由"虽然"开始的句子时,读者就会预测后面应该有转折关系的句子出现。这种预测作用一般有助于知识的理解与加工,但有时候也会因过强的思维定势而导致副作用。

信息的表征方式对于语言和非语言信息的提取都有影响。一般来说,在表征系统中存储的过去的知识经验主要以假设、期望或图式的形式在知觉中起作用。

Biederman(1972)的实验(见王甦、汪安圣,1992:p.33)中,让被试在正常场景和杂乱拼凑的街景中搜索目标"自行车",结果表明:正常场景中目标物的搜寻速度明显快于杂乱场景中的搜索。其原因在于:人在知觉自然环境中的物体时,是以已有的关于自然环境中景物的知识为依据的,有关自然景物的空间关系的知识可以引导人们的知觉活动,从而提高了目标搜索的效率。

Warren 等(1970)著名的音素恢复实验表明了人的知识经验对语言信息加工的影响(见王甦、汪安圣,1992:p.31)。在语音听觉实验中,请被试恢复下列四个句子中缺失的音素,句中标 * 的部分是需恢复的音素。

It was found that the * eel was on the axe.
It was found that the * eel was on the shoe.
It was found that the * eel was on the orange.
It was found that the * eel was on the table.

被试恢复的音素结果分别为 wheel、heel、peel、meal,这说明人在知觉一个词语或句子时,可以利用已有知识和上下文把一个词所缺失的音素恢复出来,依据上下文所建构的语义不同,所恢复的音素也不一样。

外语教学的目标之一是帮助学习者建立一个正确清晰的目的语知识系统,并将该系统中的知识与规则迁移到新知识的学习中。例如很多外国学生在汉语语音学习阶段,舌面音"j、q、x"与舌尖后音"zh、ch、sh"的区分是一个难点,他们常常会写出"jou""zhia"这样的声韵组合,无法听辨"chuan"与"quan"、"sha"与"xia"的不同。原因之一在于在他们已有的知识系统中,没有关于汉语声母与韵母拼合的规则。汉语母语者可以根据语言经验判断一个音节中声母后面可能或不可能出现的韵母类别,而汉语初学者则没有这种知识与能力。有些语音之间的不同仅靠听觉器官的功能是很难辨别的,还需要语音知识与语感的参与,因此在语音教学中,在讲解、让学生听辨音节、纠正学生发音等方法的基础上帮助学生了解汉语的声韵拼合规则,引导他们借助声韵之间的协同关系来听辨汉语语音也是一种有效的语音教学方法。

 请思考

1. 人们对语言知识的存储会形成关于语言的表征系统。母语者和第二语言学习者的语言知识表征系统有何不同?这种不同如何影响其语言加工的结果?

2. 在第二语言学习中,初学者和熟练水平者所建构的目的语知识表征系统有何不同?

1.2 知觉加工

已有的知识经验和现实刺激都是形成知觉所必需的,因此知觉过程包含两种相互联系的加工方式:自下而上和自上而下。

自下而上加工(Bottom-Up,也叫数据驱动加工 data-driven processing)是指由外部刺激开始的加工,通常是先对较小的知觉单元进行分析,然后再转向较大的知觉单元,经过一系列连续阶段的加工而达到对感觉刺激的解释(王甦、汪安圣,1992:pp.38~40;彭聃龄,1990:pp.59~62)。例如在对英语单词的识别中,自下而上的加工就表现为:字母的视觉特征(垂直线、水平线、直线、曲线)—字母—单词;在话语理解中,该过程则表现为:语音层面(辨认音素和音节)—词汇层面(提取词项)—句子层面(组词成句)—话语层面(把句子联系起来形成更高的语言单位),由较低的层面逐级地向上一层面发展。

自上而下加工(Top-Down,也称概念驱动加工 concept-driven processing)是由有关知觉对象的一般知识开始的加工,由此可以形成预期或对知觉对象的假设,这种预期与假设制约着加工的所有阶段或水平,从调整特征觉察器到引导对细节的注意,上一层面激活的信息可以影响下一层面的加工(王甦、汪安圣,1992:pp.38~40;彭聃龄,1990:

pp.59～62)。例如,我们上面所提到的关于语音规则的知识影响语音听辨就是自上而下加工的一种体现。又如,在词汇加工中,整词意义的通达可以促进词素的识别;在句子理解中,句子语境可以影响读者对词的辨认;在文章理解中,图式结构可以帮助读者进行预期和推理等等,都是自上而下的加工。

在信息处理中,两个不同方向的加工交互作用,结合形成统一的知觉过程。在不同情况下,知觉过程对这两种加工也有不同的侧重。一般来说,在良好的知觉条件下,知觉加工主要是自下而上的过程,随着条件劣化,自上而下加工的参与会逐渐增多。

1.3 知觉加工中整体与局部的关系

1.3.1 整体知觉与局部知觉

在视觉加工中,由相对独立的局部图形组成的整体图形称为复合刺激,复合刺激有自己的整体性质(如整体的形状),而组成整体的局部也有自己独立的性质(如局部的形状),那么视觉系统首先加工复合刺激的整体性质还是先加工其局部性质?这是视知觉研究中的一个热点问题,所取得的成果对于人们了解语言与非语言刺激的加工方式都有一定的参考作用。

特征整合理论认为视觉系统最初加工的是图像的局部性质,如 Marr 著名的视觉计算理论认为视觉系统最初表达的是点、线以及它们之间的局部关系,视觉的最初过程就是计算这些局部性质的信息,视知觉是一个从局部性质到整体性质的过程。Navon 则认为知觉系统首先处理整体性质,然后再加工局部性质,这就是整体优先性的理论假设。他认为,优先处理整体性质,使得视觉系统可以更好地利用低分辨率信息来指导对刺激的局部细节作进一步的分析。正是由于整体性质加工在时间上的优先性,才能使分辨整体性质的任务不受局部图形的干扰,而分辨局部性质的任务不可避免地受到整体图形的干扰(彭聃龄,1990:pp.77～82;王甦、汪安圣,1992:pp.41～46;韩世辉、肖峰,1999)。

韩世辉(2000)根据其 ERP 系列实验的结果提出了一个基于知觉组织和选择性注意相互作用的复合刺激加工的理论模型,这一模型强调了复合刺激加工机制的两个方面。其一,知觉组织的强弱影响整体知觉与局部知觉的相对优先性。当知觉组织较强时,整体知觉可能发生在比局部知觉更早的阶段;当知觉组织被削弱时,知觉整体可能发生在局部知觉之后。而知觉组织的强弱与知觉者的准备状态是有关的。其二,选择局部图形的努力程度影响整体知觉的优先性。当知觉某种局部图形的性质在视野中以一种更平行的方式进行时,需要较少的选择局部图形的努力,这使得局部知觉进行得较快,受整体图形的干扰也较小;反之,当需要较多的选择努力时,局部知觉发生得较慢,整体知觉的优先性就较强。相对于单纯的特征整合理论和整体优先论,这一相互作用理论显然更具有灵活性。

请思考

你能结合日常生活和学习中知觉的经验,举例说明上述整体知觉和局部知觉的相对关系吗?

这种整体与局部的知觉关系也同样表现于语言材料的加工中。例如研究发现:识别单词中的字母的正确率要高于识别一个单独呈现的字母,这个现象称作字词优势效应(word-superiority effect);识别一个完整的图形结构要优于识别图形的一个部分,这称作结构优势效应(configural-superiority effect)(王甦、汪安圣,1992:pp.64~69)。这些都说明上下文,或者说整体的结构在模式识别中所起的有利作用,这种效应与人的知觉组织方式有密切关系。就语言加工来说,结构优势效应可以在字母、字词和句子等不同水平上体现,并且涉及信息的多种编码方式和各种加工过程。例如在形声字加工中所出现的整字优先效应(即在频率相同的条件下,整字读音的加工优先于声旁读音。杨晖等,2000)就是这种结构优势效应的一种体现。

视觉刺激的知觉方式与刺激材料的性质也有关系,不同的刺激可以有不同的知觉方式。韩玉昌等(2003)以图画、中文词和英文词为实验材料,使用眼动技术研究被试对不同材料的知觉方式,结果显示:人眼对图画、中文词和英文词三种材料识别加工的眼动模式不同。在注视时间方面,图画的注视时间最短,英文词的注视时间最长,中文词居中;在眼跳距离方面,图画的眼跳距离最大,英文词的眼跳距离次之,中文词的眼跳距离最小;在反应时方面,人眼对图画的反应时最短,英文词最长,中文词居中。

图画有很强的视觉特点和突出的整体性,图画中的主要信息非常直观,通过较短的时间就可以完成对它的识别加工过程,这是图画的反应时快于中文和英文词的一个主要原因。汉字是方块字,信息量大,字形单位与意义单位构成一个认知单元,容易形成知觉整体性。而英文单词是若干字母从左到右线性排列构成的字符串,而且多音节词较多,从而延长了识别加工的时间。因此,图画的反应时快于中文与英文,而中文又快于英文。

研究还发现三种不同材料识别的眼动模式也各有特点。就图画而言,对它的注视时间在三者中最短,但眼跳距离最大。从注视点扫描轨迹来看,它的眼动过程是一个不断搜索的过程,眼跳次数较多。其原因首先在于图画自身的特点,即突出的整体性和重要信息的直观性,往往通过极短时间的注视就可以找到图画中具有重要信息的区域;其次在最初看一幅新图画时,所需信息的位置并非一目了然,所以观看图画时就要不断地反复搜索。中文词的注视时间居中,眼跳距离却最小,眼跳次数在三者中也最少,对某些汉字来说只有一个注视点而没有眼跳。这是由于方块汉字结构密集,信息集中,与视觉的聚焦广度比较匹配,阅读中可以减少视觉水平的扫描和回视。英文词的注视时间最长,眼跳次数多于汉字,这可能是由于英文单词是由音素组成的线性字符串,加上多音节词多,不易形成知觉的整体性,从而延迟了注视时间,也加大了眼跳的距离。在扫描轨迹方面,英文词每次眼跳距离较大,但扫描轨迹的几何图形并不复杂,这应该与英文单词的线性构成方式相关。

语言的加工开始于知觉过程,这些基础的对语言材料知觉模式的研究结果为解释更高层次、更加复杂的语言认知过程的差异在一定程度上提供了依据。

1.3.2 部件加工与整字加工的关系

我们在上一部分介绍了人的知觉加工中整体与局部的关系,这种关系同样也体现于汉字的加工中。由于汉字结构的复杂性,汉字识别中部件与整字的相互作用也是一个复杂的过程。部件对整字的识别可以产生易化或者干扰作用,而其作用方式受到不同因素的影响。

部件与整字在加工中的激活方式首先与二者的频率有关(韩布新,1998)。整字与部件竞争的关键在于二者频率的相互关系,如整体频率占优势,则以整字加工为主;如整体频率的作用降低,则对局部信息的分解加工得以表现出来。汉字的整体属性(整字频率、结构类型)对于局部知觉(部件识别)具有制约作用,而局部属性(部件频率、部件位置)对于整体加工会产生易化和干扰两方面影响。易化作用表现在当部件频率较高时,整字识别速度加快;干扰作用表现在部件整合任务中,由于自左向右的整合顺序,当右部件频率高时,将部件整合为汉字的速度减慢;而在部件分解任务中,当整字频率高时,部件分解速度也较慢。这种复杂关系说明熟悉性并不都是有利的,只有与知觉加工同层次结构的频率才有易化作用。这反映了汉字认知加工中整体与局部的关系,以及整体对于局部知觉影响的普遍性。这一结果也提示我们:在讨论汉字知觉单元时,单纯地评价部件或整字的作用方式都是不全面的,其作用方式与知觉任务、与各单元间的频率和位置关系密切相关。

部件的作用方式与它所在的整字结构也有关系。同一部件处于不同的整字中,其命名反应时也有较大差异。研究发现:部件处于两部分都可发音的汉字中时(如"叶、好"),其命名反应时短;而部件处于只有一部分可发音的汉字中时(如"爷、妇"),其命名反应时长,这也反映了部件与整字关系的复杂性。这可能是由于在两部分皆可发音的汉字中,两个部件都可作为独立的单元而存在,因而部件的可分解性较强,汉字整体对单个部件的依赖性小;在只有一个部件可发音的汉字中,其余的部件不能作为独立的单元而存在,因而整体对部件的依赖较大,在加工中,整体就会产生更强的干扰来抑制部件的分解(张积家等,1999)。

　　整字加工的优先性也得到了心理物理实验结果的支持。郭小朝(2000)以信号检测方式,利用7画、10画、13画低频汉字进行的图像辨别实验表明:汉字图像模式识别过程中存在着明显的整体优先效应。空间频率条件一定时,整字辨别的正确率更高,反应时更短。在阈限水平(即识别整字所需的最低时间界限)之前,整字辨别的成绩明显优于部件辨别;阈限水平之后,整字辨别的成绩和部件辨别无显著差异。整字辨别和部件辨别经历了大致相同的知觉过程,其辨别模式也基本相同。知觉过程由整体加工水平向局部加工水平的转换,使得部件辨别的总体加工时间延长、正确率下降,这是造成汉字识别过程中整体优先效应的主要原因之一。

　　根据部件与整字的复杂加工方式,张积家等(1999)提出了"整体结合力"(wholistic unite force)的概念。它是整体与部分联系紧密程度的指标,它决定着在知觉过程中整体与部分分离时的难易程度,结合力越大,二者就越难分离,整体对部分就具有更大的约束力。在由少数相同部分组成的整体中(如"从、众、昌、晶"),整体结合力与部件的数目有关,部件数目越多,整体结合力就越小,部件越容易与整体分离,整体结合力最强的是独体字。在由不同质的部分组成的整体中,整体结合力的大小与整体对部分的依赖程度有关。这些研究结果提示我们:在考虑知觉中整体与部分的作用时,不仅要考虑部分的数目,还应该考虑部分的性质,要考虑部分与整体的关系以及部分在整体中的地位和作用。就汉字的知觉加工而言,部件是否独立成字、部件功能、部件位置、部件与整字的频率关系等都会成为影响其加工过程与方式的重要因素,这种关系在由词素构成的复合词的加工中也同样有所体现。

> **提示**
>
> 　　我们在第二章和第三章会讨论汉字和词汇加工方式以及部件和词素在汉字、词汇加工中的作用。语言单元的加工起始于对语言单元的知觉,部件和词素分别是合体字和合成词的构成单元,它们在汉字和词汇加工中的作用方式实际上与本部分讨论的整体与局部的知觉方式有直接关系。读者在阅读时可将相关章节相贯联。

1.4　知觉中的非认知因素

　　人类知觉的特点与记忆系统中已经存储的信息有密切关系,没有认知因素的参与,人就不可能实现对信息的选择或保持知觉的整体性和恒常性。但是,除了记忆和思维等认知因素外,知觉还受到知觉者的需要、动机、情绪状态、态度与价值观念及个体特征等非认知因素的影响。这些因素在语言知觉与识别中也起着重要作用。

1.4.1 需要与动机

A. M. Liberman(1949)的实验验证了成就动机与知觉选择的关系:实验中有高低动机两组被试,以速示器呈现 30 个单词,其中 10 个与成就动机有关(如奋斗、完美),逐步延长单词的呈现时间并要求被试确定词的识别阈限(即识别单词所需的最低时间界限)。结果表明:高动机组被试对表示成功义的词识别阈限低于低成功组,但对表示失败义的词两组被试则没有差别。L. G. Wispe(1953)的实验以被剥夺进食和饮水 24 小时、10 小时的被试形成不同的动机水平,实验任务为测定 24 个单词的识别阈限,其中 12 个词与需要动机有关。实验结果发现:在识别与需要有关的单词时,被剥夺进食时间长的被试的识别阈限低于控制组,对中性词二者则没有差别。(见彭聃龄,1990:pp.88～91)

1.4.2 情绪

人的情绪状态是影响其知觉方式的一个重要因素,语言中许多词所具有的感情色彩意义也会导致被试在词汇识别中产生不同的情绪并进而影响其知觉方式。E. M. Ginnies(1949)用速示器给大学生呈现一些禁忌词与中性词,测定词的识别阈限和皮肤电反应。结果发现:禁忌词的辨认阈限高于中性词,时间较长。而且在词语得到辨认之前,被试对禁忌词的皮肤电反应高于中性词。也就是说,即使被试在实验中没有辨认出单词,他们对两类词的皮肤电反应仍然不同。其原因应该在于焦虑引起的知觉防卫所起的重要作用(见彭聃龄,1990:pp.93～94)。情绪词的认知方式是近年来心理语言学和认知神经科学研究中的热点,多项研究都发现了不同情绪词识别方式之间的差异。如肖丽辉等(2005)的研究发现:在情绪价判断任务下(判断目标词是积极的还是消极的),积极词反应优于消极词,而且积极词表现出更大的重复启动效应。

1.4.3 个性特征

被试的个性特征会导致他们在知觉中采取不同的方式。例如在 H. A. Witkin(1954)对隐匿图形的分辨实验中发现,场独立者在信息加工中对内在参照有较大的依赖性,他们的心理分化水平较高,因而对隐匿图形的分辨能力较强。而场依存者在信息加工中对外在参照有较大依赖性,难以从隐匿图形中选所需图形(见彭聃龄,1990:p.95)。关于认知风格与语言学习的关系,我们在后面的章节会做更加详细的讨论。

语言加工的过程也就是对各种语言信息的感知与理解的过程,这一过程开始于对刺激的知觉,因此认知心理学中的知觉理论对语言认知的研究具有重要意义,为其研究结果提供了基础的心理机制方面的解释。例如关于结构优势效应、整体与部分的知觉关系等研究成果对于汉字识别过程中部件与整字作用的研究及汉字教学设计就是一个重要参考。整体优势效应提示我们,如果希望学习者注意字词中的局部信息,那么就需要采用一定的方式使它突显于整体之中。而图画、汉字、英文单词不同的知觉模式也提示我们,对于汉语初学者,受长期母语学习经验的影响,他们具有不同于汉语者的汉字知觉方式,而且这种知觉方式可能随着目的语学习和运用的经验而改变。词汇在表达概念的同时,也蕴含着一定的情感意义,因此有关情绪动机因素与知觉方式的关系也提示我们,在语言学习与语言教学研究中不可忽视语言材料所具有的情感色彩意义的作用。在第二语言教学中,如何激发和保持学习者的学习动机以促进其学习效果?如何在教学中调动学习者积极的情绪状态?如何根据学习者的个体差异进行有针对性的教学?这些都是从事第二语言教学的教师所应当关注和思考的问题。知觉是语言加工的起点,本部分我们以知觉为核心简要介绍了非认知因素与知觉方式的关系,在第五章我们会更加深入地讨论非认知因素与语言学习的关系。

2 注意理论及其在教学中的应用

2.1 关于注意的理论

人的周围环境有各种各样的刺激,这些刺激通过感觉器官影响我们。如果对来自外界的刺激不作任何的选择,我们的意识系统就会由于信息超载而受到损害。为了限制信息的数量,以便更有效地进行信息加工,我们的意识必须具有高度的选择性,这种选择性机制就是注意。认知心理学强调注意的选择性,将注意看作一种内部机制,借以实现对刺激选择的控制与调节,即舍弃一部分信息,进而有效地加工重要的信息。

注意是人用于执行任务的能量或资源,而资源的数量是有限的,因此需要有效的资源分配方案来决定注意的作用机制。过滤器模型(filter model)是由英国著名心理学家Broadbent 于 1958 年提出的一个较早的注意模型,它对后来的注意研究产生了很大的影响。该模型认为:来自外界的信息是大量的,但人的神经系统高级中枢的加工能力极其有限,于是出现瓶颈。为了避免系统超载,需要过滤器加以调节,选择一些信息进入高级分析阶段,而其余信息可能暂存于某种记忆之中,然后迅速衰退,通过了过滤器的信息受到进一步的加工而被识别和存储。这种过滤器的作用体现出注意的功能,因此被称作注意的过滤器模型(彭聃龄,1990:pp.104~105;王甦、汪安圣,1992:pp.80~83)。

Treisman(1960,1964)对上述注意模型加以改进,认为过滤器并不是按照全或无的方式来工作，不是只允许一个通道的信息通过，只是某些信息受到衰减。Treisman将阈限概念引入高级分析水平，她认为已经贮存的信息在高级分析阶段有不同的识别阈限。简单地说，阈限也就是某个信息能够被知觉或识别所需要的信息量水平。有的信息识别需要较多的信息量，其识别阈限高；有的识别阈限低，需要较少的信息量、在较短的时间内即可识别。影响记忆中各个项目识别阈限的因素有个体的倾向、项目的意义、熟悉的程度等。除了这些长期作用的因素外，上下文、指示语等情境因素也都可能导致阈限的变化。也就是说，注意的选择不仅依赖刺激的特点，而且依赖高级分析水平的状态。例如在英法双语被试的实验中，如果给追随耳呈现英文小说，给另一耳呈现同一内容的法语材料，则法语差的被试只有2%的人知道两耳的材料内容，而法语好的被试有55%的人知道两耳的材料内容。这是因为法语好的被试需要较低的识别阈限、较少的资源来识别所听法语材料的内容（彭聃龄，1990：pp.105～113；王甦、汪安圣，1992：pp.83～91等）。

请思考

什么样的信息容易被我们注意，什么样的信息容易被忽视？你能举例说明吗？

引起注意的来源来自于两个方面：一种是刺激引发式的，它具有自动化、不受认知负荷影响、不受意图或预期影响等特点，处理迅速，这是外源性注意。另一种则是个体主动处理的，它受到认知负荷、预期的限制，但较少受刺激本身特性的影响，而且效果可以持续较久，这称为内源性注意。例如在一个由蓝色字体构成的句子中出现一个黑色的字，那么我们的注意力就会集中在这个黑色的字上；也可能是因为我们正在期待一个黑色的字出现而去注意它，前者是外源性注意，后者则是内源性注意。注意的选择性作用不是随机的，而是有一定的制约，影响选择性注意的因素可以来自刺激的特点（如性质、数量、时间、变化、空间分布、与环境背景的关系等）、注意任务的类型（如强调正确率、强调速度）、主体的资源与状态（如觉醒水平、自动化水平）等多个方面，新异的、较强的，或者为加工者所期待的信息比较容易受到注意。一般来说，无法被过滤掉的信息都具有生态意义，生物体会依本能的需求或后天的学习经验对不同的刺激进行不同的处理。其中有些刺激可以不经过注意，或是直接引起注意并使个体迅速作出反应。然而在多数情况下，生物体的内在目标导向会决定注意以及运动系统的执行机制，与目标导向行为无关的外界刺激容易被忽略掉（彭聃龄，1988：pp.144～148；王甦等，1993：pp.1～3；王甦、汪安圣，1992：pp.92～98等）。

双作业任务是常用的检验注意机制的方法。对于两个同时进行的作业来说，存在着竞争或互补关系。如果它们对资源的需求超过中枢能量,就会发生相互干扰,而一个作业应用的资源增加会使另一个作业可得到的资源数量相应减少。许多双作业任务的实验证实了这一理论。例如在Allport(1972)的实验中,让被试追随听觉呈现的散文材料,同时识记听觉呈现的另外一些单词,这时被试能识别和回忆这些字词的数量是很少的。但是,如果将听觉呈现的字词改为视觉呈现,同时完成听觉追随作业,这时可回忆的字词数量就大得多。而如果视觉呈现的是图片,则图片的正确再认率可高达90%(见王甦,汪安圣,1992:pp.91~92)。这是因为随着加工通道与输入刺激的改变,同时完成两个作业间的相互干扰和竞争减少,因此每个任务可得到的注意资源就相应增多。葛列众、朱祖祥(1996)的实验也证实:若采用相同的通道输入信息,同时操作的两种作业就会产生相互干扰,降低操作绩效;相反,若采用不同的信息输入通道,双作业之间的相互干扰将减小,作业绩效也会得到提高。

注意分配机制可以随着练习而改善。日常生活中,一般来说,人们起初同时进行两种作业时会感到困难,但随着练习次数的增加,困难会减少,作业水平也逐渐提高。例如普通人在阅读的同时打字的速度会相当慢,但经过专门训练的打字员则能熟练地完成两项任务,其原因就在于随着练习和水平的提高,两项任务所需的注意资源都相对降低。又比如高水平的双语者可以在两种语言之间进行自如的转换,其原因也在于每种语言的加工所需的资源量都相对较低。

请思考

  1. 根据上述注意理论,你认为在课堂教学中,可以如何引起学习者对教学重点的注意?

  2. 多媒体技术在目前的课堂教学中普遍使用,从注意理论的角度你如何看待这种技术在语言教学中的作用?

2.2 控制性加工与自动化加工

从中枢能量理论来看,练习之所以起到有利的作用,一方面是因为它改善了能量分配方案,使能量分配更加适合当前的任务需要;另一方面又改善了完成作业的操作过程,减少了对能量的需求,甚至使某些加工过程得以自动化,不需要任何资源或注意就可以进行。

根据这一观点,Schneider和Shiffrin 1977年提出了两种加工的理论,认为信息加工系统对同时进行的两种作业可能存在不同水平的加工,即控制性加工(controlled processing)和自动化加工(automatic processing)。控制性加工是一种需要应用注意的加工,其容量有限,可灵活地用于变化着的环境。相反,自动化加工是指由当前出现的刺激所自动激活的一系列内部代码以及这些代码之间的联系,它是不受个体所控制的加工,无需应用注意,没有一定的容量限制,而且一旦形成就难以改变。自动化加工是快速的,以平行方式起作用,但缺少灵活性;控制性加工是较慢的,以序列方式起作用,具有可调节和可控性。

自动化加工可以通过练习来获得。Schneider 和 Shiffrin 采用视觉搜索法进行了一项实验。他们用字母 BCDFGHKEL 为一组材料,用字母 QRSTVWXYZ 为另一组材料。其中一组为记忆材料,另一组为测验材料中的干扰项目。由于记忆材料与测验材料为同类刺激,被试在完成测验任务时需要采用有意识的加工。实验开始时,被试觉察项目的准确率仅为 50%,但经过 2100 次练习后,其准确率上升到 80%,说明被试已经从有控制的加工转向了自动化加工。Healy(1980)让被试进行从单词中划销字母的实验,例如从一篇课文的单词中把字母 T 划出来。结果表明,漏划的字母数在常用单词中最多。他们常忘记从单词 THE 中划去字母 T,因为该词的使用频率很高,被试容易把它作为一个整体单元进行自动加工,而忽视其中的个别字母(王甦、汪安圣,1992:pp.98~101;彭聃龄,1990:pp.119~127)。

 请思考

1. 根据上述双加工理论,如何解释母语者与第二语言学习者、第二语言初学者与熟练水平者在语言加工速度和正确性上的差异?
2. 如何提高第二语言学习者对目的语加工的自动化水平?

控制性加工向自动化加工的转化也体现在语言学习中。在外语学习中,初学者对目的语句子的产生需要语音、词汇、句法、语义、语用等各个层面的控制与协调,需要经过从概念经母语中介到第二语言的产生过程。而随着外语水平的提高,熟练者则需要较少的有意识参与,第二语言的运用可逐渐达到自动化水平。

2.3 中枢能量理论与抑制机制

关于中枢能量理论,近年来一个研究的热点是语言理解中抑制机制的作用。许多研究发现:在信息加工过程中,加工者不仅需要把注意集中于目标信息,而且必须抑制无关信息的干扰,才能实现对目标信息准确有效的加工。因此,认知活动的效率和准确性不仅依赖于激活相关信息的能力,也依赖于抑制无关信息的能力。在认知加工过程中,抑制机制可以阻止与任务无关的信息进入工作记忆(阻止通达的功能),使干扰信息不被激活或更难以被激活,这是抑制机制的前作用过程;也可以把无关信息从工作记忆中清除出去(清除功能),并可以对占优势但不适当的反应进行限制(限制功能),从而保证对目标信息的有效加工和反应。清除与限制的功能主要在干扰信息已经被激活以后起作用,因此统称为抑制机制的后作用过程(杨丽霞、崔耀等,2002;杨丽霞、陈永明,2002)。

抑制机制在语言理解过程中起着重要作用,一些学者甚至认为语言理解能力的个体差异主要在于抑制机制效率的不同。Gernsbacher 等指出,高理解能力者的抑制效率较高,而理解力低的人不善于抑制在语言加工中自动激活的无关信息,这些信息或者对语言理解产生干扰,或者占用有限的加工资源,所以导致理解效率下降。另有一些研究发现抑制机制效率的降低是阅读理解能力随年龄老化而下降的一个重要原因。这方面的研究发现老人在阅读篇章时,难以抑制外在插入的干扰性字词,特别是有意义的或与所读段落语义关系密切的材料(杨丽霞、崔耀等,2002)。抑制干扰的效率与干扰材料的性质有关,研究(杨丽霞、陈永明,2002)发现:意义水平越高、越容易得到激活的干扰材料越难以被抑制;与所加工信息语义联系紧密的概念也更难以被抑制。

2.4 注意理论在语言教学中的应用

注意并且知觉外界的刺激,是学习过程的开始,因此注意与学习关系密切。注意的选择性机制以及加工资源的有限性特点对学校教育、家庭教育、网络教育都有重要的指导意义。例如在课堂教学中,教师可以通过教学环境设计、多媒体技术等手段帮助学生控制注意力,提高其学习效率。在家庭教育中,可以针对注意不足的孩子,例如多动障碍患者,开展有针对性的训练与辅导。具体到语言教学来说,教师在教学中应该引导学生形成有效的学习策略,通过注意机制对信息的选择、过滤,保证大脑更加有效地编码、储存和加工信息。

影响注意的主要因素之一是刺激本身的特点。新异的、特征明显的刺激容易引起注意,因此在教学中教师就要根据教学目的和学生特点来精心设计教学内容的呈现方式,突出重点,同时防止无关信息的干扰。对需要特别引起学生注意的教学要点,可以使它的呈现方式区别于其他内容。例如,在视觉呈现中,可以改变教学重点的字体、颜色、位置,在听觉呈现中可以改变信息的语调、重音等等,尤其是多媒体技术在教学中的应用为课堂教学提供了更多的辅助手段。但需要注意的是,这些手段的使用只是为了辅助教学,不要在不经意间让它们成为主体甚至干扰了学生的学习。例如教师在课堂上可以利用图片来帮助学生理解生词,在保证教学效果的同时也增强了趣味性,因此是一种有效的教学手段。但如果所选的图片过于新奇或干扰信息太多,这就会使学生的注意力转移

第一章　语言认知的心理机制

到图片之上；或者认为学生一看图片就可以明白意义因而忽略了生词的讲练环节，那么这些图片的作用可能只是帮助学生了解了生词的意思，而生词中更多需要关注的信息则可能被忽视。因此我们说，在课堂教学中，多媒体技术为教学内容的呈现提供了更多样化的方式，为教师提供了更多的选择，但它终究只是一种教学辅助工具和手段，它的使用应该由课堂教学的主体，即教师根据教学内容、教学目标、教学对象等多种因素综合考虑，不可过分地依赖这种辅助手段而使教师退位于课堂中的"媒体播放员"。

　　学习者的预期与状态是影响注意的另外一个重要因素。根据这一特点，教师在教学中就可以引导学生利用一些学习策略来提高学习效果。例如在课堂教学中，我们都知道趣味性是提高学生参与积极性的一个重要因素，但我们也确实无法保证所学内容让每个学生都产生兴趣。因此有时当学生意识到一些教学环节或教学内容与自己关系不大时，就无法持续地将注意集中在教学上。例如，有些教师比较习惯顺序提问，那么如果有的学生发现自己的顺序距离当前被提问者较远时，很可能就会走神。又比如在课堂活动和练习环节，尤其是一些口语课中，常常会有一个学生做话题叙述或语段表达的作业。一些经验不足的教师可能会在课上将这种活动仅仅作为一项作业内容进行检查，自己认真听每一个学生的叙述，之后进行评价和反馈，然后请下一位同学继续完成叙述作业。其实，这一环节的功能决不仅局限于检查学生是否完成了作业，而应该是一个复习本课内容、训练学生表达能力与理解能力的综合过程，因此也是所有学生都应该积极参与的过程。在进行这一活动时，教师在关注叙述者的同时，也可以采取一定的方式吸引全班同学的注意。一个简单易行并且有效的办法是，在一位同学叙述之后就其所述内容对全班提问，或者让其他同学对其内容、语法进行评价，这样既可引导其他学生注意倾听，也练习了学生的理解、表达、评价能力，同时可以达到活跃课堂气氛、增强同学间互动等效果。

　　人的加工资源是有限的，资源总量也是很难改变的，在此前提下，一个提高认知加工效率的途径就是减少每一个加工环节所需要的资源量。因此在语言加工中，促进信息加工的自动化、提高信息加工的速度是一条可以利用的改善学习效率的途径。其实一些汉语初学者或者汉语水平较低的学生与高水平者的一个很大差别在于其中文心理词典中信息的表征方式和各信息节点间的联结强度，它决定了信息激活和传输的速度与准确性。如果从识别汉字字形到通达字词意义的加工过程所需时间太长，那么不仅会降低阅读的速度，而且导致有限的认知资源被过多地消耗在这一过程中。对信息从有意识的控制性加工过渡到自动化加工的主要途径是通过大量的、有效的、科学的训练，因此编制有效的课外材料加强学生的阅读和听力理解技能、在教材编写和课堂教学中合理安排知识与技能的复现、进行一些学习策略的培训等都是可以促进加工自动化过程的手段。

　　高质量的教学应该能够引导学习者利用注意和抑制策略，科学安排和组织有限的加工资源,形成合理有效的语言加工方式。注意方式和抑制能力都是可以训练的,但目前所进行的该方面的研究大多是关于儿童或学习困难者,适合于成人的、尤其是与语言学习相关的注意和抑制策略的训练研究还不多见。教师在教学中可以根据具体的教学目标、课型特点、学生特点等进行一些有针对性的训练,从而提高学习者的学习效率和学习能力。

3　记忆理论及其在教学中的应用

人通过知觉和注意从外界获得信息,并在记忆中贮存下来,由此,人们得以积累知识并在需要时加以运用,因此记忆在人的整个心理和认知活动中占有突出的地位。

记忆是认知的最底层,它是生物和心理界面的概念,也是语言和思维的结合部,语言运用中的某些失误实际上就来自记忆的局限。记忆的生物性特征说明它对人类有共性,但是作为个体的心理行为,记忆也有其个性,因人而异。

3.1　记忆的编码

对记忆系统的第一个要求是把要记忆的信息以合适的形式储存,以备日后使用,这就是信息的编码。不同的编码方式在记忆的深度上有很大不同。

Craik 和 Tulving(1975)的实验中给被试呈现三个句子(桂诗春,2000：pp. 92～93；王甦、汪安圣,1992：pp. 129～131)：

(a) Is TABLE in capital letter?（TABLE 是大写吗?）

(b) Does MARKET rhyme with weight?（MARKET 与 weight 押韵吗?）

(c) Would FRIEND fit in the sentence "he met a ＿＿＿＿ on the street?"
（"FRIEND"放在句子"他在街上遇到一个 ＿＿＿＿。"中合适吗?）

这三个任务所要求的分别是对字形、语音和语义的加工,研究发现：语义加工所需时间最长。在回忆测验中,只注意字形和语音的编码层次较浅,较容易遗忘;而注意词的意义则涉及较深的层次,记忆时间也最长。这一研究结果也是 Craik 关于加工水平理论的体现。该理论认为：人们对所感受到的刺激会经过一系列不同水平的加工;一般来说,语义任务比语音任务能使信息的加工达到更深的水平;对材料的记忆取决于对材料编码时的加工深度,记忆痕迹的持久性是加工深度的函数。

记忆也是一个再加工的过程,在这一过程中人们可以使用一定的策略来提高记忆效果。例如句子的语义和句法信息对记忆方式会有影响,在教学活动中,如果由一定数量的词语构成句法合理性不同的句子,请学生完成词语的顺序回忆任务。测验结果会发现:词语的组合形式越接近正常句子,则学生对其中词语的回忆成绩越好。这说明信息的记忆同时也是一个主动的信息加工的过程,人们可利用长时记忆中存储的语义知识和句法规则对词语的信息进行组织,加深其记忆效果。

> **请思考**
> 根据记忆编码方式、加工深度及记忆效果的关系,在课堂教学中可以采用什么方法加强学生对所学内容的记忆?

将所学内容正确合理地存储于记忆系统是语言学习的一个重要目的,也是语言运用的一个基本前提。不同语言项目的记忆难度是不一样的,因此在教学中对不同的学习内容也应该采用不同的处理方式。例如生词讲解是教学中的一个重要内容,对于一些容易理解的生词,比如一些具体名词与动作动词,可以通过带读、提问、演示的方式简单带过,这种方式在节约教学时间的同时,也可以帮助学生为课后的复习及日后的回忆形成初步的记忆编码。但是对于一些使用频率低、意义较抽象、句法结构复杂的学习内容,在讲解中则应该引导学生在深加工的基础上形成较强的、深层的记忆编码,从而为语言运用中的信息提取提供条件。材料输入方式的多样性也会有助于记忆的编码,因此在条件具备的情况下,可以采用视觉、声像等多种方式(例如材料的读音、文字信息,同时辅以图像)呈现学习材料,帮助学生在多层次加工和编码的基础上记忆所学内容。

3.2 记忆信息的联系原则

新的记忆就是在新信息和已知信息之间建立联系,这种联系的建立不是随意的,它遵循一定的原则。其中,贴近联系原则认为:在一起发生的感知、思想和其他的心理活动会在记忆系统中联系在一起,所以只要其中的一些环节在以后出现,就可能激活其他相连的经验(桂诗春,2000:pp.94~95)。这些相连的经验不一定有必然的联系,但这种自动建立的联系却会干扰或促进日后的回忆。例如在汉语作为第二语言的学习中,学习者常常在识别或书写任务中将看似无关的两个语言单元相混,如将"蛋"误认成"糕",将"邻居"误写成"律师",实际上是受了双字合成词"蛋糕"及课文中出现的句子"我的邻居是一个律师"的干扰。这些被混淆的汉字或词语在同一篇课文中或相近的位置出现过,在记忆系统中被存储在相近的位置,因而在信息提取时形成了干扰。

在记忆系统中,一般来说,同类项目的干扰比较明显,而被试对后面项目的回忆可以通过加大它们与先前项目的区别而得到改进。基于这一现象,有些学者主张在教学中,尤其是在学习初期,相互之间易干扰的项目不宜安排在同一时间学习。对于具有多个意义的语言项目,如"了"(了$_1$、了$_2$)的不同意义与用法,或者意义上有关联的项目,如"把"字句与"被"字句,在教学中应该首先学习一个项目,待学生理解并掌握,有了一个相对清晰、稳定的心理表征以后再引入与它相关的项目,这样可以避免记忆过程中的相互混淆和干扰。

贴近联系有时会导致记忆系统中信息的相互干扰,但同时也可以成为一种我们在教学中能够利用的记忆策略。与记忆信息相关联的可以是各种语言信息,也可以是学生所处的学习场所(如教室)或环境、教师的讲解方式或反馈,甚至教师的表情、体态等非语言信息。因此在语言教学中,对于一些抽象的、结构复杂的、难于记忆的语言单元,教师可以有意识地设计一些特殊的教学方式,为学生的记忆和回忆提供线索。例如在表示心情的形容词的教学中,除基本的意义讲解外,教师可通过表情、语调等为学生在信息存储和以后的提取过程中提供更直观、形象的线索。尤其是随着目前多媒体技术在教学中的推广,通过演示版式的设计、图片、声像的应用使多样化的教学设计更加方便可行。

从学习和记忆的角度看,贴近联系是一种比较弱的形式,更加重要的原则是频率和练习。两件事贴近出现的频率越高,它们的联系越强。在学习理论中,频率与练习是一个核心问题。Ebinghaus 1885 年的研究成果表明:学习的分量是练习的频率函数,练习得越多,学习的分量就越大,而且分散练习比集中练习的效果要好(桂诗春,2000:p. 95)。例如在外语教学中,虽然有时词语搭配替换、句型练习或背诵会显得枯燥,但在语言学习初期会有助于学习者通过大量重复和练习来掌握词语之间的组合关系和表达方式,并进而形成稳定的语言表征。不过要注意的是,学习效率与练习的频率并不成绝对的正比关系,简单重复的、机械的练习并不能保证学习的效果,关键在于在练习的同时通过精细的再加工使练习和重复的结果进入并合理保持在记忆系统中。

3.3 记忆系统

在心理学家阿特金森和希夫林(Atkinson & Shiffrin,1968)的记忆多存储模型中,有三个彼此联系的系统,即感觉记忆、短时记忆和长时记忆(彭聃龄,1990:p. 129)。

3.3.1 感觉记忆

当刺激或者信息作用于我们的感觉器官进而产生感觉映象后,虽然刺激消失了,但感觉映象仍然可以保持短暂的时间,这种感觉信息的短暂存储就是感觉记忆。信息按感觉通道可分为视觉的和听觉的,前者称作图像记忆(ironic memory),后者称作声像记忆(echonic memory)。感觉记忆可以保持信息原有的直接编码形式,具有鲜明的形象性,而且在感觉记忆中还可以进行信息的整合与加工。一般认为视觉记忆的作用大概在 0.5 秒以内,约为 300 毫秒,容量为 9~20 个项目或更多。声像记忆的容量小于图像记忆,从听觉记忆的研究结果看,即时回忆的数量仅为 5 个左右。但声像记忆的作用可保持 3~4 秒,比图像记忆的几百毫秒要长得多(王甦、汪安圣,1992:pp.113~121)。

感觉记忆按感觉信息的原有形式来贮存,它们是外界刺激真实的摹写。感觉记忆被看作记忆系统的开始阶段,尽管其作用时间十分短暂,但它为进一步的加工(如特征提取、信息整合、意义识别)提供了材料和时间,使它成为一个完整的记忆系统所不可缺少的开始阶段。这样,一个完整的记忆系统不仅包含短时记忆和长时记忆,而且也包含感觉记忆,从而可以更好地解释和说明记忆信息的加工过程。

3.3.2 短时记忆

短时记忆既是缓冲器又是加工器,是信息进入长时记忆的中间环节。关于短时记忆的存在有许多证据,例如 Baddeley 和 Warrington(1970)的实验中,给正常被试和遗忘症患者识记由 10 个词组成的词表,然后进行自由回忆。结果发现:如果在识记后立即进行回忆,则两种被试的回忆成绩基本相同。而延缓 30 秒之后,并且在此期间用心算作业来防止复述,则遗忘症患者的回忆成绩比正常被试要差得多,这说明两组被试的短时记忆系统相同而遗忘症患者的长时记忆系统出现障碍。在没有复述的情况下,短时记忆一般可以保持信息约 15~30 秒。当回忆延缓时间为 3 秒时,回忆率达 80%,到 18 秒时,回忆率则只有 10%(彭聃龄,1990:pp.132~148)。

关于短时记忆的另外一个证据来自自由回忆曲线。其做法是先按一定顺序给被试呈现音节或字词,然后要求被试自由回忆。将自由回忆的结果与原来呈现的项目顺序加以对照,可以发现在原来的刺激系列中不同位置上呈现的项目有不同的记忆效果,据此作图,就可得到系列位置曲线。Murdock(1962)研究中的回忆曲线显示:词表中间部分的字词回忆成绩较差,而起始部分和结尾部分的字词回忆成绩均高于中间部分,这种现象称为系列位置效应。起始部分较优的回忆成绩称作首因效应,结尾部分成绩较优称为近因效应,这种现象实际是两种记忆系统的反映。曲线的起始和中间部分组成长时记忆,曲线结尾部分反映着短时记忆,结尾部分成绩好是因为这些项目正保持在短时记忆中,而且该近因效应所涉及的结尾部分的项目数与短时记忆的有限容量相吻合。首因效应则是因为系列中的起始部分比中间部分保持更长时间,可以得到更多复述。在 Murdock 的后续实验中,将每个字词的呈现时间分别设计为 1 秒和 2 秒,发现呈现 2 秒的刺激系列起始部分和中间部分的回忆成绩都优于呈现 1 秒的刺激,但两者在结尾部分却没有显著差别,这进一步证明增加呈现刺激时间确实有利于长时记忆,但不影响短时记忆(王甦、汪安圣,1992:pp.107~112;彭聃龄,1990:pp.132~135)。

1956年,美国心理学家 George A. Miller 明确提出短时记忆的容量为7±2,短时记忆的单位是组块(chunk)(彭聃龄,1990:pp.142~143)。组块是指将若干较小单元结合形成熟悉的、较大的单位。组块实际上是一种信息的组织或再编码,其作用就在于减少短时记忆中的记忆单位,而增加每一单位所包含的信息,这样就可以在短时记忆容量的范围内增加信息量。组块大小受到材料性质的制约,也与人的知识经验和记忆方式有关。例如在对英语字母的记忆中,无序的记忆与将它们组合成可发音的音节的记忆,记忆的容量与记忆效果会有很大的不同。人的记忆容量是有限的,在教学中,可通过增加各记忆组块中信息含量的方式来扩大其记忆容量。例如多重定语、定状补语共现所形成的复杂语序是外国学生学习汉语语法中的难点,这种困难主要来自因汉语语法特点而形成的汉语语序的复杂性,但即使教师能总结出一些适用的规则,对学生来说,抽象规则的记忆也是一个困难,尤其是在口语交际中,很难将这些复杂的语序规则熟练地应用于言语产生中。因此,在初步的规则讲解后,可让学生牢固熟练地记住一些常用的例子,例如"昨天在商店买的那件白色的耐克牌衬衫",在学生已掌握了汉语基本的语序规则,如"昨天在商店买"之后,该例子中记忆单元的数量比汉语多项定语的语序规则"时间词语＜处所词语＜主谓结构＜领属性词语＜动词性词语＜形容词性词语＜非领属性名词性词语＜不带'的'的名词性词语/形容词性词语＜中心语;指示词和数量词可以出现在非领属性名词性词语之前的任一位置"(苏岗,2000)中记忆单元的数量就要少得多。在复杂结构的记忆上,句子中多个词语在句法和语义上的组合关系是有层次的,在教学中,可以引导学生将同一层次内的相关词语结合成组块,从而将数量较多、关系复杂的词语转换成数量相对较少但信息更多的记忆单元,这就是一种记忆策略的训练。例如在汉字记忆中,以部件为记忆单元的效果要远远好于以笔画为记忆单元。同时,知识的教学与能力的培养应该是并重的,通过反复的引导与训练,可以帮助学生逐渐掌握一些针对汉语特点并适合自己学习方法的记忆策略,并有意识地迁移和运用于新知识的学习与记忆之中。

短时记忆可以有听觉或视觉形式的记忆代码,也可以有较深层的语义代码。例如让被试完成视觉呈现的字母的顺序回忆任务,在错误混淆矩阵中,可以明显看到读音相近的字母容易发生混淆,说明语音代码是重要的短时记忆信息(彭聃龄,1990:pp.136~137),对视觉刺激的记忆来说,可能存在着形音转换过程。而在词语再认的实验结果中,可以发现同义近义词对回忆结果会产生干扰作用,例如在记忆词表中呈现"美丽",在新的再认词表中被试会倾向于认为"漂亮"曾在记忆词表中出现过,这说明短时记忆中也存在着语义代码。

拼音文字中词语的短时记忆代码以语音为主。由于汉字的特殊性质,汉字材料的短时记忆编码方式也引起了很多学者的关注。彭聃龄等(1985、1986,见彭聃龄 1990：p. 141)的实验发现在再认条件下,人们有可能从汉字字形直接提取意义,而不一定经过语音的代码转换,汉字的字形对信息的存储和提取都有重要作用。莫雷(1986)的研究结果在证实了汉字在总体上以字形编码为主的同时,进一步发现汉字短时记忆的编码方式与字词本身的特征有关。在汉字字形较复杂而字义简单易识的条件下,意义在短时记忆中的作用会有所加强。在现代汉字系统中,汉字的熟悉度和复杂性有很大差异,研究(王晓均、孙昌识,1998)发现：材料的熟悉性是影响汉语字词短时记忆广度(VSTM,即一次所能记住的项目的数量)的最重要因素,而材料的复杂性影响不大。对成年被试来说,在材料熟悉程度一致时,汉语字词的短时记忆广度保持相对恒定。例如对于大学生被试来说,在高频条件下,简单笔画和复杂笔画的单字词记忆广度分别为 8.04 和 8.29,双字词为 6.58 和 6.08;但是在低频条件下,简单笔画和复杂笔画的单字词记忆广度分别为 3.46 和 3.32,双字词分别为 2.93 和 2.33。可以看到：以频率为指标,熟悉度不同的字词记忆广度有较大差别;而熟悉度一致的条件下,笔画复杂性、字词的复杂性对记忆广度没有太大影响。

短时记忆中信息的加工容量与语言性质也有很大关系,被试所学语言的文字结构特征与记忆材料性质的相近程度会影响其记忆广度。以中国和希腊大学生为被试,用文字、数字和图形材料为刺激测量加工速度和短时存储及认知能力,结果表明：在各个加工维度上中国被试对图形材料的加工容量都明显优于希腊被试,而对文字和数字材料的加工(除短时存储外)两组被试无显著差异(张向葵,1997)。其原因在于汉语和希腊语均为语言符号,它们在文字结构和区别特征上虽然不同,但对于学习和使用其文字的被试来说没有质的差别,因此两组被试对各自语言符号的记忆效果无显著差异。而汉字的构形特点比希腊文字的构形方式更接近图形,所以中国被试比希腊被试能更好地实现对图形材料的加工、存储和认知。同时,中国被试在短时存储任务中对三种材料加工的成绩都明显高于希腊被试,其原因在于：希腊文字和数字材料的音节平均比中文长三个或四个,这说明在信息存储中音节越长,对材料复述所需时间越长,遗忘越多,储存广度越小。从学习与教学的角度来说,这种语言性质的差异应该也是导致非汉字背景的外国学生在初学汉语时记忆所学内容出现困难的原因之一。

3.3.3 工作记忆与语言理解

在认知心理学关于短时记忆的研究中,一个很重要的部分是工作记忆(working memory)与语言理解的关系。工作记忆的概念由 Baddeley(1974,见丁锦红、郭春彦 2001)提出,指记忆中存储的正在使用的知识,其含义实质上与短时记忆相同,但它从动态的角度强调短时记忆与当前所从事的信息加工工作的联系。在工作记忆中,来自环境的刺激与来自长时记忆的信息互相联系起来,从而使人们能够学习、作出决策、解决问题。控制和贮存激活的信息是工作记忆的两个主要功能,它保证语言加工的顺利进行,因此在口语理解与篇章理解中都起着不可或缺的作用。

关于语言理解和工作记忆的关系,Daneman(1980,见崔耀、陈永明 1997)等认为,对语言材料的加工和阅读理解,依赖于工作记忆系统能够提供的认知资源。其中遵循三条基本原则:第一条是,语言理解涉及加工和存储过程。加工过程包括对语言材料中词汇的识别、词义和句法功能的获取以及对句子意义的解释等环节。同时,阅读者还需要对加工过程中产生的各种中间表征进行存储,并为不同层次上的加工环节提供必要的输入材料,这就是存储过程。第二条是,存在一个容量有限的资源储备。这个储备同时为上述两个过程服务,因此,在阅读语言材料时,理解者必须在加工和存储两个过程所消耗的能量比例上做权衡分配。信息的激活受容量有限的共享资源的支配,理解过程中有关上下文的表征靠激活来维持。如果某个表征单元的激活量达到阈限值,则该表征单元就进入工作记忆中。如果某个理解活动所需要的激活总量超过系统所能提供的激活资源,则用来维持上下文的激活就会减少。第三条是,在工作记忆容量及使用方面存在着明显的个体差异,这种差异是由总资源量的变化或认知过程效率的差异造成的。个体差异影响到每个学习者在加工和存储两个过程之间进行资源分配的形式。

关于口语理解过程,按照 Clark 等(1977,见崔耀、陈永明 1997)提出的口语理解的四级模型,首先要在工作记忆中建立话语的语音表征,然后以此表征为基础,辨别组成连续语流的各种语音成分的内容及其功能。根据这个分辨过程的结果,言语理解者才能在工作记忆中建立起相应的命题结构。最后,再将工作记忆中的各种表征进行整合,形成完整的话语意义。在这一模型中,工作记忆的作用首先在于表征话语输入的原始语音形式,然后是存储话语加工过程中出现的中间表征形式。因此,语音表征是口语理解和加工过程的关键步骤,工作记忆为口语理解设置了一个缓冲器,它所提供的语音表征的作用是口语理解中不可缺少的。而工作记忆容量及其作用方式的个体差异也是导致学习者在进行听力理解时成绩显著不同的重要原因之一。

> **请思考**
>
> 根据上述短时记忆的容量、功能及特点,在第二语言教学中选择教学材料时应注意什么?

短时记忆是语言加工过程中的一个重要机制,它将输入的刺激信息经过初步加工后暂时存储起来,并将长时记忆系统中得到激活的相关信息也暂时存储在短时记忆中,从而保证语言加工中信息整合过程的顺利进行,因此学习者短时记忆的特点是教师在教学中应该加以重视的一个问题。上述关于短时记忆与语言理解关系的理论提示我们:(1)人的加工资源总量是有限的,尤其是在语言加工中起重要作用的短时记忆会受到容量的限制,因此信息的输入要避免超过学习者的潜能。尤其是听觉记忆的信息容量较小,因此无论是听力材料的选择,还是在课堂上例句的设计,一次呈现的材料中新信息的数量都要考虑能否为学生的记忆容量所接受,否则这种信息输入就是无效的。同时,虽然学生的先天素质是很难改变的,但记忆策略是可以训练的。在教学中,教师可以根据记忆的原理,有意识地引导学生利用一些有效易行的策略来增加记忆的信息量,例如我们前面讲到的由单元形成组块就是一种可以尝试的方法。(2)人的记忆能力存在着个体差异,这种差异既与学习者的先天生物基础有关,同时也与他们的文化背景、语言经验有关,因此在教学中,教师应该根据学习者的这些特点来引导他们形成适合自己的记忆方式与记忆策略。例如对汉语初学者的汉字教学来说,对日韩等具有汉字背景的学生可以要求他们记忆多部件汉字的结构、部件组合,而对于完全没有汉字背景的欧美学生,在学习之初,他们还比较缺乏部件和部件组合的意识,因此有必要先训练他们记忆一些简单汉字和部件的笔画、笔顺,在具有了一定数量的汉字知识和部件的积累以后,再引导他们以部件为单位来记忆汉字。(3)短时记忆的容量不是固定的,它受记忆方式、材料难度、材料性质等因素的影响,因此在教学中,在阅读理解和听力理解材料的选取上,文章的结构类型、句式的特点、难点的分布与难度等级、学习者的汉语水平等都是不可忽视的因素。

3.3.4 长时记忆

3.3.4.1 记忆与遗忘

长时记忆包括情景记忆、语义记忆及程序记忆。情景记忆接收和贮存关于个人特定的情景或事件以及与这些事件的时间、空间相联系的信息,它与个人生活中特定的时间或地点以及具体情景相联系;语义记忆是语言运用所必需的记忆,它是一个信息词库,是一个人所掌握的有关字词或其他语言符号、意义及其间的联系以及有关的规则、公式,或者说,语义记忆是对语词、概念、规则和定律等抽象事物和各种有组织的知识的记忆,它主要通过理解和记忆获得。程序记忆是指知道如何做事的记忆,它主要用来解决怎么做的问题。概括地说,语义记忆存储的主要是陈述性知识,而程序记忆则主要涉及技能。知识向技能的转化可以通过对知识系统中存储的规则的运用来实现,我们在教学中提倡的精讲多练实际上也是促进学习者技能发展的一种有效方式。

感觉记忆中的部分信息进入短时存储,进入短时记忆的信息可以具有不同于原来感觉的形式,要进行变换或编码,并且较快消失。在没有复述的条件下,信息的短时存储可保持1~3秒。长时记忆是一个真正的信息库,信息从短时记忆转入长时记忆是通过复述而实现的。复述分为两种:简单的复述和精细的复述。简单复述有助于项目在记忆中的保持,因此又称保持性复述。精细复述是将要复述的材料加以组织,将它与其他信息联系起来,在更深的层次上进行加工,它能提高长时记忆中信息的保持量,这种复述又称整合性复述。信息从短时记忆进入长时记忆主要是依靠精细复述。

进入长时记忆系统中的信息相对来说是永久性的,但它们可因为消退、干扰或强度减小而不能被提取出来。信息提取失败的第一个原因是因不使用而产生的遗忘,因此适时的回忆和再认会提高记忆的强度,降低遗忘率。另外一个原因是信息之间的互相干扰,在加大所回忆项目与先行项目区别的条件下,信息的回忆成绩可得到改善。

根据上述有关遗忘的理论,在教学中,教师可以采用以下一些方法来提高教学效果:(1)及时复习,合理地安排生词与句法结构的复现。导致遗忘的一个重要原因是不使用,而且遗忘曲线显示,信息在初期的遗忘速度与数量远远高于中后期。如果在学习后及时复习,信息会有较高的保持率;如果复习时间出现延迟,那么学生所能回忆起来的信息数量会逐渐减少。因此在教学中,不仅要注意所学内容的复现,而且应该合理安排复现的周期,尤其是在新生词和句法学习之后,应该及时增加复现的次数,待学生形成稳定的记忆表征之后,再有意识地减少其复现的频率。好的教材设计中内容的复现及其频率应该也是安排合理的,但是在实际的课堂教学环节,除了依据教材以外,教师在例句的设计、课堂用语的选择上也都可以有意识地实现所学内容的复现。一名好的教师,在课堂中的每一句话、每一个环节的设计都应该是有依据、有目的,而不是随意的。例如主谓谓语句是不同水平的外国学生都回避使用的一种句式,那么在课堂用语的使用上,教师就可以将"这一课的生词比较多"替换成"这一课生词比较多,语法也很难",将原本设计的提问"今天你怎么样?"替换成"今天你身体怎么样?"通过这种有意安排的课堂用语与提问,在保证学生理解的同时也使学生对这种句式的理解和运用都进行了复习。(2)选择不同的测查方式和教学目标。遗忘的类型是不同的,在遗忘的测查方式上,可以有回忆与再认两种。例如就汉字来说,再认是指能够识别所呈现的汉字,回忆则是指能够正确输出所学汉字,后者的难度显然大于前者。因此在教学中,字词的选择与教学目标的确定要依据学生的情况,要求学生知音达义并且会书写的字词的数量可以适当少于能够认读的部分,这样既不影响学生的语言理解,同时又能使学生在记忆容量允许的条件下逐渐地积累汉语字词,这也是目前许多教师提倡并采用的"多认少写"原则。

3.3.4.2 句子的形式与命题表征

句子是语言交际中最重要的单位。在关于句子记忆的研究中,大家所关心的一个问题是:人们对句子的记忆是保持句子的形式特征还是保持其意义命题?目前大多数的研究结果支持后者,认为对于句子意义的记忆显著优于对其形式结构的记忆,对于句式的记忆会随时间很快减弱,而意义的保持则比较长久。而且在句子记忆中存在着一种还原趋势,对被试句子回忆结果的分析显示:他们倾向于将学习阶段用一些特殊句式(如反问句、被动句)呈现的意义在回忆任务中还原成常见的主动句、陈述句式表达出来(喻柏林,1988)。很多教师在教学中也经常会发现:学生会将所听到或看到的、原本用复句表达的意义转换成若干简单句叙述出来。

研究还发现:句子的命题表征倾向是在儿童期就已经出现的,它随年龄与学习经历而发展的趋势要远弱于句式表征能力。在实验研究(耿海燕、张述祖,1996)中,采用句子的学习—再认任务,以小学二年级、初中二年级、大学二年级学生为被试,选择基本句(简单、主动肯定句)及四种类型的变式句(宾语前置转换、"把"字句与"被"字句转换、肯定句与双重否定句转换、主宾逆转),再认时间分别为即时再认与相隔5分钟再认,以再认正确率与再认速度为指标,考察不同年龄的被试在短时与长时记忆中的句子表征形式。结果发现:随着年龄的增长,记忆力逐渐增强,句子记忆的准确率越来越高;句式表征效应随年龄的增长而显著加强,他们对不同句式记忆效果的差异越来越大,表明高年级学生对各种句式的理解和记忆能力得到发展,而命题表征效应却未出现这种趋势。说明从儿童期开始,对于理解了的句子就趋向于采用命题表征将其存储于记忆系统之中。同时,从形式到命题表征所用转化时间的比率在三个年龄段几乎没有差别,不随年龄的增长而发展,也就是说,命题表征能力是一种原始能力,不受年龄发展的影响,不同于反应速度的年龄发展趋势。说明儿童从一开始学习语言,就能实现从语句的表层结构向深层意义的转换。研究还发现,句式效应在延时再认中小于即时再认,也就是说,不同句式记忆效果之间的差别在短时记忆中大于在长时记忆中,表明句子形式表征的作用更多地体现在短时记忆当中,而且其稳定性较差,随着时间的延长,它有可能转化为命题表征或者被遗忘。

请思考

针对上面的实验,我们可以推测:在第二语言的句子学习与教学中,学生容易记住的是什么?容易遗忘的又是什么?针对这种现象,第二语言的句子教学中教师应该注意什么呢?

上述实验结果与学生在第二语言句法学习中表现出来的一种现象也相吻合,即用正确的句法结构来表达语义是学生的难点,其原因来自于不同方面。首先,从语言对比的角度讲,意义的建构在不同语言背景的学习者之间具有共通性,一般来说对成年学习者不会构成难点。但是表达意义所需的句法结构在不同语言间却具有不同的形式,句法形式的使用有时还会受到母语负迁移的干扰;其次,将形式转化为命题进行表征是人类记忆的一个共同规律,因此对课堂中教师所讲内容理解之后,对句子意义的表征能保持较好的稳定性和持久性,而对句法结构形式的遗忘速度则会相当快。教师在教学中常遇到的一种现象是:在给学生纠正使用错误的语法形式时,学生常有"这个语法肯定讲过,但是忘了,或者记得不清楚了"的感觉。鉴于语法形式的学习难度以及人类固有的记忆方式,教师在教学中应该更加关注学生对语法形式的学习与记忆,引导他们用正确恰当的句法形式来表达意义,而不是一直使用那种中国人能基本听懂,但明显带有外语痕迹,甚至语法错误的句子。

3.3.4.3 长时记忆中信息的组织

关于信息在大脑中的编码方式,层次网络模型(hierarchical network model, Collins & Quillian 1969,见彭聃龄 1990:pp.165~169;王甦、汪安圣 1992:175~180)认为相互联系的概念有层次地构成一种网络系统,各概念节点间存在着联系。例如关于动物的存储形式可表现为:一级(动物)——二级(鸟、鱼)——三级(喜鹊、金丝雀、鲨鱼、鲤鱼),各节点间存在着联结,且联结强度是不一样的,两节点间距离越近,联结强度越高。

关于信息在头脑中的加工与活动方式,激活扩散模型(spreading activation model, Collins & Loftus 1975,见彭聃龄 1990:pp.165~169;王甦、汪安圣 1992:181~185)认为信息在记忆中的存储是互相联系的一个网络,不同信息之间可以相互激活扩散。模型假定:各概念节点间存在着语义距离,在加工过程中,当一个概念得到识别,该概念节点就产生激活,然后激活沿该节点所联系的各个方向同时向四周扩散,先扩散到与之直接相连的节点,再扩散到其他节点。激活的数量是有限的,信息的激活呈扇形分布,即激活随时间的推移、距离的延长和激活点的增多而逐渐衰退。一个概念越是长时间地受到加工,释放激活的时间也越长。

第二语言学习中,学习者所学的字词、句法等目的语知识也会作为一个网络结构而存储于记忆系统中,该网络的组织方式、各节点间的联结强度对于信息的提取有着重要的影响,知识系统构建方式的不同也是导致学习者学习效果出现差异的一个重要原因。学习者在语言理解与产生中出现的同音字或形近字干扰、多义词错误等实际上也来源于他们第二语言知识系统的无序。因此在教学中,通过适当的方式帮助学生形成合理有效的第二语言知识表征网络,提高其语言加工的速度与效率应该是教学设计中的一个重要内容。

第一章 语言认知的心理机制

提示

此处的语义层次网络和激活扩散理论与我们在本章第二节"知觉"部分所谈的知识表征,以及将在第二章和第三章谈到的心理词典理论都密切相关,读者可将相关章节贯联阅读。同时可以思考:母语者和第二语言学习者、初学第二语言者和熟练水平者所建构的语言知识系统以及系统内各信息节点间的激活扩散模式有何不同?

从学习的角度来说,学习的过程就是所学知识在记忆系统中不断重组、积累和构建的过程。按照美国教育心理学家奥苏伯尔(D. P. Ausubel)关于学习的"同化"理论(见王小明等,2008:pp.103~116),新知识的学习必须以已有的认知结构为基础,学生原有的认知结构中应该具有能够同化新知识的成分,这样才能保证新知识的学习是有意义的。例如对于儿童学习来说,要让他们明白"虎"这个字的意义,他们的头脑中必须首先具有这种动物的表象和概念。因此,首先,新知识的教学应该以学生的知识起点为依据,教学内容、教学方式的选择都要考虑到学习者的原有知识结构。例如在汉字教学初期,对具有一定汉字背景的日韩学生可以进行较多的有关汉字知识的讲解,可以通过比较让他们了解汉字在汉语与其母语中功能的异同,因为他们原有的知识结构中具有能够同化新知识的汉字基础知识。但是对于非汉字背景的欧美学生,理论的讲解只能帮助他们了解汉字的概况,而笔画与笔顺的训练、常用字与常用部件的积累可能更有助于他们记忆和使用汉字。又比如,在语法讲解中,有些新教师习惯使用句子成分分析的方法。其实,术语的使用、语法结构的分析不是不可以的,但使用时必须考虑到学生原有的知识背景。因为在不少国家,学生的母语教学中不使用句子成分分析法,即使将主语、谓语、定语、状语等这些术语翻译成学生的母语,他们也没有特别清晰的概念,因此教师的这种讲解实际是无意义的,因为它无法被学生原有的知识结构所同化。其次,学生的原有知识结构应该是正确、有序的,否则新信息的同化可能会出现错误或者混乱。知识的有序性可以通过对所学知识的对比与归纳来加强。例如,外国学生在汉字使用中常常会产生形近、同音、义近替代等形式的错误,会将多义词的不同义项加以混淆,尤其是在猜测生词意义时会错误地类推。原因之一在于他们所形成的汉语字词的知识表征中,同一单元的形音义之间、相关单元之间的连接方式是杂乱的,甚至是错误的,因此会错误地迁移至新知识的学习中。在教学中,教师应该适时地利用不同的线索对所学知识进行对比,例如同义反义词、同音词、形近字词、语法功能相近词等等,在对比的基础上进行归纳,加强学生记忆系统中知识的条理性与有序性。这不仅有助于提高信息提取的速度与准确性,同时对于保证新知识学习的效率也有很大益处。第三,原有认知结构对新知识的同化是一个主动的过程,教师在教学中应当引导学生积极主动地从已有的知识结构中提取与新知识有联系的成分,使新知识在学生已有的认知结构中得到同化或顺应。这也就是奥苏伯尔所提出的"先行组织者"的教学策略,在向学生传授新知识之前,可先给学生呈现一个引导性材料,这一材料能够简单、清晰地说明新知识的内容和特征及其与旧知识的联系,从而增加新旧知识之间的可辨性,促进学习的迁移。例如关于离合词、关于被动句的学习,都可以通过与普通动词、与基本的主动句式的比较来进行,这种比较会有助于学生利用已有的知识来理解和学习新知识,并在知识系统中形成相互关联但有效区分的表征结构。但这种关联与比较应该是有策略的,应该避免我们在前面所谈到的记忆原则中贴近联系的干扰。

3.3.4.4　认知结构的测查

在教学中,不仅要使学生掌握所学的知识,而且要帮助他们在相关的知识间建立丰富的联系,从而形成整合的、良好的认知结构。如何知道学习者是按照何种方式组织自己的知识?这就是关于认知结构的测查。这种测查有一些常用的方法,各种方法都有自己相应的施测程序与评估标准(张建伟、陈琦,2000)。

概念图(concept map/mapping)

这种方法是让学生就某种知识的理解用图的方法来表现其中的概念以及概念之间的联系。一个概念图就是由节点和连线构成的结构性的表征,其中节点对应某领域中代表各种概念的术语,连线代表一对概念(节点)之间的关系,而连线上的标注则说明这种关系的性质,两个节点与一个带标注的连线共同构成一个命题。通过让学生把某领域中的概念连起来,并标明这种联系的性质,可以说明某知识领域的关键概念在学生的头脑中是怎样组织起来的。概念图旨在反映学习者对陈述性知识的组织特征。

卡片排列(cards sorting)

其基本假设为:让学生对写有各种概念的卡片进行分组排列,如果学习者将某些概念放在一起,这就意味着这些概念在其知识结构中具有更加密切的联系。其基本程序是:首先确定测查内容的知识要素,然后将这些知识要素写成一张张的卡片,随机呈现给被试,要求他们重新排列卡片。学习者要将卡片摆成几堆,同一堆的概念必须比不同堆的概念具有更密切的联系,而每堆摆多少张,一共摆多少堆,都由学习者自己决定。摆完一遍之后,学习者要检查自己的排列,确认是否需要调整。如果对有的概念很不熟悉,就把它们单独放在一起。在排列完成后,学习者还要为自己摆的各堆卡片命名,说明自己这样排列的理由。最后,评分者对各个学习者的排列进行编码分析。这种方法比较简便,不必花太多的时间去训练学习者,它更适合于测查包含大量概念的知识的组织情况。

词语联想(word association)

给学习者某学科中的一些重要概念,每个概念限定时间(如1分钟),让他们写出由此联想到的所有的词。在某两个概念之间,学习者都可能会列出一些相同的词,这可以说明学习者对某个概念的组织方式以及这一概念与其他概念的相关程度。

3.4 内隐记忆与内隐学习

内隐记忆是近年来记忆研究的一个热点。自二十世纪六七十年代开始,许多心理学家发现,在没有觉察或无意识提取的情况下,早先经验的影响也能表现出来,它反映了一种自动的、不需要意识参与的记忆。心理学家 Graf 和 Schacter(见叶茂林,2000)将这类记忆称为内隐记忆(implicit memory),而把有意识回忆的记忆称为外显记忆(explicit memory)。不少研究已表明内隐记忆和外显记忆是两种不同形式的记忆,具有不同的加工特点和大脑神经基础。以年龄为变量的研究表明,至少从3岁起儿童就具备了良好的内隐记忆能力,虽然此时他们的外显记忆能力还很有限。内隐记忆不存在明显的年龄特点,而外显记忆随年龄的增长出现很大的变化,儿童期和老年期的外显记忆能力显著弱于成年期(刘永芳,2000)。

在内隐的状态下学习知识就是内隐学习。内隐学习一词最早由美国心理学家 A. Reber 于 1965 年提出,他认为,内隐学习就是无意识获得刺激环境中复杂知识的过程,是指个体在与环境接触的过程中不知不觉地获得了一些经验并因之改变其事后某些行为的学习(见沈德立,2006:pp.290~292;郭秀艳、杨治良,2002)。在内隐学习中,人们并没有意识到或者完全不能陈述出控制他们行为的规则是什么,但却学会了这种规则。相反,外显学习则类似于有意识的问题解决,是有意识的、做出努力的和清晰的。关于内隐学习的特征,研究者们归纳为:(1)无意识性,这是内隐学习的本质特征。内隐知识能自动地产生,无需学习者有意识地去发现任务操作内的规则;(2)内隐学习具有概括性,它学习的是事物间的共同特征,所产生的知识很容易概括到不同的符号集合,因此它的知识表征常常是抽象的;(3)不受加工容量的限制;(4)内隐学习具有不受或较少受智商、心理或神经损伤影响的相对独立性,在外显测验中成绩较差的遗忘症患者在内隐学习测验中可以表现出与普通控制组一样好的成绩(沈德立,2006:pp.302~306)。

关于内隐学习与外显学习的效率与关系,有些研究(张翔、杨治良,1992 等)发现:在某些条件下,内隐学习的效果比外显学习更好,而且内隐学习的自动性与无意识性是它与外显学习相比最大的优势。也有研究(郭秀艳、杨治良,2002)发现:在学习过程中,内隐学习与外显学习存在着相互作用。无论学习内容的难易,外显学习和内隐学习均能提高学习效果。在人类的学习和生活中,内隐学习及其与外显学习的相互配合起着不可估量的作用。在个体的学习中,不同的学习任务所需要的认知加工过程有所不同,而有机体的记忆表征是灵活的,因此个体能适应不同的任务要求进行自我调整,以较经济的原则进行相应类型的学习,从而使得学习效率最高。

请思考

根据内隐知识的上述概念与特点,你能举出第二语言学习中内隐记忆与内隐学习的例子吗?

内隐记忆与内隐学习的特点使得它在语言教学领域有着很大的应用价值,最重要的一点是知识与能力、陈述性知识与程序性知识在教学中的并重。详细的、清晰的理论讲解自然是重要的,但是在讲解的同时,也应当注重并有意识地培养学生的语言意识与语言能力,从而能够将所习得的规则有效地迁移至新知识的学习中。这应该体现在语言教学的各个方面。

内隐学习的许多研究结果是通过人工语法学习的方式而得到的,因此它首先对于语法教学有着很大的启示。内隐学习的过程是无意识的,其学习结果也不易为言语所表达。因此在教学中,在详细分析语法的同时,也可以通过反复实践来引导学生掌握语法规则,尤其是对于一些复杂的、或者受学生汉语水平所限不易讲解的语法结构,通过听说读写等不同任务的反复练习、利用视觉声像等多方式的输入可以逐渐培养学生的语感,帮助他们习得语法结构的内在规则及使用条件。例如主谓谓语句是一个典型的、体现汉语话题语言性质的句式结构,一般认为,主谓谓语的功能主要是描写、叙述在句首作为话题的大主语。这一句式在汉语学习的入门阶段即已出现,例如"我爸爸身体很好"、"我妈妈工作很忙"。在这一阶段,用汉语解释很难让学生完全理解并使用这种句式,那么在教学中,就可以让学生在完成任务的过程中来体会其使用规则。例如首先可以给学生一定数量的例句输入。关于输入材料的选择,在与学生水平相应的前提下,最好能兼顾趣味性、真实性、实用性、多样性,这些都会有助于学生的内隐学习。例如可以通过听觉和视觉呈现的方式,让学生边看图片,边听到"我的家房间很多,花园很漂亮"等句子,同时也可以视觉呈现该句子,并将句首大主语"我的家"与小主语"房间、花园"等标以不同的颜色,让学生在充分理解该句意义的同时注意大小主语间的关系。或者就在课堂中让学生们描述某一位同学,指定描述的对象为某位女同学"她",请从"个子、头发、眼睛"等方面进行描述,引导学生产生"她个子很高,头发不太长,眼睛很大"等,这样既突出了主谓谓语句的描写功能,又练习了其语法结构。然后可以给学生们一些话题,例如"我的房间、中国"等,让学生使用这种句式进行描述。通过反复的、多种途径的输入与练习,引导学生体会主谓谓语句式的语法结构、语义特征及语用条件。又比如,我们前面讲过,其实教师们在教学实践中应该也已经注意到:语法结构的讲解通过板书等方式,学生的理解不是很困难,该结构所表达的语义学生也能大致体会,语法教学中的难点大多是在表达语义关系时对语法结构使用上的限定条件及其语用功能,学生常常会说出一些结构基本正确、语义也相关,但母语者会觉得别扭可又无法清晰分析其错误的句子。造成这种现象的原因之一在于汉语中的很多句法结构有其内在的语义特征和语用条件,脱离了这些条件,意义的表达就是不合适的,但有时这些限制条件又是很难向学生解释的。例如,在某初级口语教材的课文中,有这样一个句子:"我最近很忙。这不,刚换完宿舍,还要去商店买东西,还得准备周末出去玩儿"。对"这不"的用法,教材中的解释是"用反问的语气表示对某个事物或情况的确认,后面一般对这个事物或情况进行叙述或者说明"。依照这种解释,学生会说出"他喜欢黑色,这不,他买了一件黑色的衣服",用"这不"后面的部分对前面的情况进行说明。我们很难向学生解释其不恰当之处究竟在哪里。其实,如果我们仔细体会,在"这不"前面叙述情况的句子中,常有表程度的成分出现或隐含程度义,"这不"后面的部分用来说明其程度之深,因此上面的句子如果改成"他特别喜欢黑色,这不,他的衣服、鞋、包都是黑色的",或者"他很喜欢黑色,这不,上周刚买了一件黑色的毛衣,这周又买了一件"。通过这些典型例句的输入,学生可以逐渐体会"这不"后面的部分对前面所述情况的程度的说明。类似上面对"这不"的解释方法是现行教材中常见的,而且不少语法结构的语义限制和语用功能确实是很难总结和解释的,因此在教学中,教师在选择例句的时候,就需要根据母语者的语感优势和教学经验,利用内隐学习机制,向学生呈现最典型、最合适的句子,引导他们将所学句法正确且恰当地使用于交际中。实际上,目前语言教学中所提倡的任务型教学模式与内隐学习机制也是不谋而合的。尤其是对于"语感"这样一种在外语学习中非常重要、但又不易清晰解释的技能,利用内隐学习机制来进行培养不失为一种有效方式。

在内隐学习中,输入材料的质量与数量都是非常重要的。我们前面所说的材料的实用性、趣味性、典型性等就涉及材料的质量问题。同时,多种方式的记忆非常有助于内隐学习,如果知识的记忆以听说读写等不同方式同时进行,会大大提高记忆的效率,并有利于知识的迁移。此外,根据内隐学习的规则,学生应该最大频次地与材料进行接触。原因在于:无论是否能够保持为外显记忆,先前的学习都不会徒劳,接触频次越多,知识的存储就越巩固,即使是无意识的学习。在外语学习中,尤其是外语学习的初期,必须给学习者一定数量的语言材料的输入,才能使他们通过积累,在对所学语言具有一定感性认识的基础上进一步理解该语言的深层特性,从内隐知识转化成有意识的学习。有效的语言教学应该不仅可以提高学习者的语言水平,增加其语言知识,而且还能够通过知识的积累来培养学习者的语言意识,提高其语言能力,这种在内隐学习基础上所形成的语言意识与语言能力可以反过来对新知识的学习产生很大的促进作用。例如拼音文字背景的汉语初学者所犯的汉字笔画、笔顺、部件错误实际上反映了他们对汉字性质与构成方式认识的欠缺,因此在汉字教学初期,教师在帮助学生增加字词量的基础上,也应该引导他们通过对知识的对比与归纳来了解汉字的性质、汉字系统的特点,改变他们将汉字与其母语文字、与图画进行比照的学习方式,并将正确有效的学习策略迁移至更高阶段的汉字学习中。

3.5 记忆理论在语言教学中的应用

知识的记忆是语言教学和语言学习的目标之一,也是语言运用的重要前提,因此我们的语言教学要顺应并利用记忆理论,帮助学习者提高信息记忆和提取的效率。信息的记忆是对刺激输入经感觉记忆的初步登记进入短时记忆,经过复述、再编码被保持到长时记忆系统中,之后在一定线索的提示下得到提取。这就提示我们:从教学开始阶段输入材料的内容、数量、形式的选择,到中间环节的形式、意义及功能讲练,再到最后的练习、测验、反馈的每个环节,教师都应该顺应学习者的记忆特点,通过科学的教学模式的设计,来帮助学生形成正确、全面、清晰、有效的知识系统,从而保证语言理解和语言运用的顺利进行。

我们在前面的部分就记忆理论在教学中的应用列举了一些例子,记忆是一个贯穿整个学习过程的心理机制,将记忆理论概括地运用于语言教学过程的不同环节,可简述如下。在材料输入阶段:输入信息的数量不应超越学习者的记忆容量,而记忆容量受材料难度、受学习者语言背景等因素的影响而具有个体差异;多种形式的刺激输入有助于学习者对信息的编码与记忆;能够与学习者原有知识结构相对接的信息输入对学习者才是有效的。在讲解环节:信息进入长时记忆系统主要通过精细复述来实现,信息的保持率与加工深度形成函数关系;信息的存储存在着贴近联系原则;人对句子的记忆存在着命题表征倾向,句式表征强度较弱;在任务完成过程中的内隐学习有助于学习者理解语言的规则,内隐学习所获得的规则有可能转化为外显知识。在复习测验阶段:信息的回忆和再认会降低遗忘,因此应保证内容的复现频率;信息的再认难度小于回忆。当然,记忆理论与教学环节的结合不是绝对匹配的,例如信息的复现主要体现在复习环节,但是在讲解阶段,教师对例句的选择也是可以有效复现所学内容的。只要教师了解了一定的记忆理论并有意识地将它们与具体的教学实践相结合,一定会使课堂教学顺应学习者的特点,提高教学的效果。

第三节　语言的认知神经机制

语言是人类表达各种心智活动的重要手段，语言的理解与运用具有其特定的生物基础。对语言认知神经机制的研究一直是科学家们关注的重要课题之一。随着研究设备与手段的不断更新，认知神经科学(cognitive neuroscience)在二十世纪最后10年迅速成为心理学研究的一个重要方向。认知神经科学旨在阐明人类心理活动的脑基础，以揭示心理与脑的关系，这一特色是其被广泛关注的一个重要原因。

1　关于认知神经科学

认知神经科学把阐释心理、尤其是人类心理活动的脑机制作为自己的任务，它的研究以两个基本观点为基础。

第一，脑的结构与功能具有多层次性。人脑是一个开放的复杂巨系统，是一个约由一千亿个神经细胞组成的高度组织化的器官，有不同种类的神经元和神经元集团、不同种类的神经化学物质、不同种类的神经通路和网络、不同种类的神经电活动，但它并非杂乱无章，而是一个多样化的多层次结构。大脑活动的神经生理基础包括神经元(静息电位、动作电位)、突触、神经网络，所有的神经信息处理都表现为兴奋与抑制效应。神经元和神经元之间的传递时间约为10毫秒，大脑里有10^{12}个神经元，每个神经元在10毫秒内可做相当于1000次乘法和加法的运算，这也是认知加工的连接主义模型、平行主义模型产生的基础。大脑的活动首先开始于有生物活性的分子，包括各种神经递质(neuro transmitter)、神经调质(neuro modulator)以及能与递质特异结合的受体等。目前已知的神经递质和调质已有100多种，最主要的有乙酰胆碱、多巴胺、5-羟色胺等，在这些分子的基础上组成亚细胞结构，如突触、树突、轴突等，各亚细胞结构组成神经元。神经元是脑的基本单元，它进一步组成简单的局部神经网络。局部网络又组成能完成一定功能活动的脑区，如杏仁核、海马等，多个脑区可以组成功能系统，如视觉系统、听觉系统等。人脑由多个功能系统组成，每一个层次结构都是由下一层次结构为单元组成的系统，具有下一层次结构所不具备的功能。脑结构的这种多层次决定了脑功能的多层次，例如，从外周神经到低级中枢、皮层下中枢、高级中枢，从感觉到知觉、记忆、思维等等即是这种功能层次的反映。而大脑神经网络一旦在婴儿期形成，就长期保持相对稳定并有能力来完成对各种输入模式的处理(刘昌,2003;周昌乐、唐孝威,2001)。

第二,脑的结构是脑功能的基础,但结构与功能之间不存在简单的对应关系。认知神经科学旨在揭示心理与脑的关系,这种关系的实质就是功能与结构的关系。关于这一问题,一直存在着"功能定位理论"与"模块理论"的分歧。前者认为特定的语言或认知功能由特定的脑区完成;而后者则认为,一种功能常需要脑的多种结构参与,而脑的一个结构单位也可能参与多种功能。神经心理学、认知心理学并结合脑功能成像研究分离出一些彼此独立的脑功能系统(模块),但这些脑功能系统不同于计算机上可插可拆的组件,它们可能是彼此重叠或部分重叠的脑神经网络,组成这些网络的脑结构存在一定程度的动态变化,其变化取决于个体与环境的交互作用(刘昌,2003;韩在柱、舒华等,2002)。

人脑的这种认知神经机制为人类的认知活动提供了生物学基础。例如关于智力的作用机制,Lemmon(1927,见罗婷、焦书兰 2002)曾提出:智力取决于神经连接的数量和建立连接的速度。神经连接不可能始终保持最高兴奋度,当最后建立的连接兴奋时,最先建立的连接可能已经失去兴奋,所以建立连接的速度直接影响到能同时保持兴奋的连接的数量。能迅速建立连接的,就能在同一时间内使更多的连接保持兴奋,因而具有更高的认知能力。与此相似的理论还有 Travis 和 Hunter 在 1928 年(见罗婷、焦书兰,2002)提出的智力定义。他们认为,智力较高的人能在同样短暂的时间内通过更多的选择或判断来了解事物的含义和联系,这些人能更快地激活作出判断的反应模式,从而在同一时间内激活并保持更多的反应模式同时进行操作。这些论述都直接或间接地提到了神经活动的方式和速度因素,并认为它们是决定智力和认知能力的重要因素。除智力之外,包括语言学习和使用在内的人类的各种活动也都是受神经机制决定的,人类的活动方式以及对这些方式的解释都离不开这一基础。

2 语言认知的脑功能定位研究简况

对语言功能定位的认识肇始于 1861 年法国外科大夫 P. P. Broca 对失语症病人的研究,他发现了大脑中运动语言中枢的 Broca 区,该区的损伤会导致言语能力丧失性失语症。随后在 1874 年,德国神经学家 C. Wernicke 又发现了语言理解中枢的 Wernicke 区,并在此基础上提出了语言包含分离的运动程序和感知程序,这些程序分别由不同的脑区所控制,一种行为的不同成分是由脑的不同部位处理的,即大脑活动是由一种分布式加工方式进行的。在 Broca 和 Wernicke 关于失语症研究的基础上,德国神经学家 K. Brodmann 从解剖学方面对大脑功能定位作了进一步深入,将大脑皮层分为 52 个功能相异的区域,这就是所谓的 Brodmann 分区法(见周昌乐、唐孝威,2001)。而近年来的研究则根据细胞的功能与生理学特征,对大脑区域有了更精确的划分,发现并确定了一些脑区的主要功能。例如与语言处理有关的脑区主要包括:Broca 区为运动语言中枢;顶叶运动区和运动前区涉及所有的语言运动器官组织,包括口、唇、舌及手等发音和书写运动器官组织;前额区是大脑高级心理功能综合区,与语言思维有关;顶叶联合区主要汇集了顶叶、颞叶和枕叶的神经束,因此是躯体的、视觉的和听觉的信号综合区;颞叶中初级听觉区和听觉联合区主要接收听觉刺激并进行语言高级信息处理;Wernicke 区是语言理解中枢;枕叶中的初级视觉区和视觉联合区涉及阅读活动。以上涉及语言活动的脑区均位于同侧,一般是左半球(只有大约三分之一的左利手人,语言中枢各区是位于右半球)。一般而言,语言活动大多数发生在左脑,但隐喻以及声调、表情、体态等内容和意义则发生在右脑(对于语言中枢位于右脑的左利手人则恰好相反)(邵郊,1998:pp.541～561;周昌乐、唐孝威,2001)。Brodmann 分区中与语言相关的主要脑区如下:

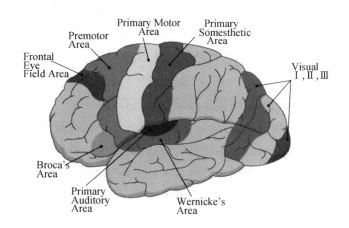

大脑语言功能的实现是极其复杂的,特别是其动态功能的实现可能要比静态解剖的功能的对应性更复杂。语言脑功能区的形成是长期语言环境中适应性发展的结果,并由于经济原则所起的支配作用以功能分布式搭配来最有效地满足语言加工的需要。对于成熟大脑的脑区功能定位分布,实际上应该是长期神经活动彼此消长和相互作用的结果,是整体神经活动中各输入刺激源相互作用、竞争的产物。根据大脑分区功能化的特点,人的各种能力的形成及其在大脑皮层中的定位,不仅与大脑神经联结的布局有关,也与后天训练使用时对大脑各区位的"争夺"有关。视觉区最易接受来自视觉刺激的影响,但如果从出生时就剥夺视觉刺激,则视觉区的视觉功能就不会形成,其神经元群甚至会被其他功能活动所"争夺",参与到其他神经功能的活动中去。同样,对于语言能力,相关的各区都有潜在发展出语言能力的可能,而语言能力又是一种综合能力,与手的运动(书写)、发音、听觉、阅读等都有关系,所以"争夺"脑区的现象和结果必然更为复杂(语言中

枢的多极化也就成为必然结果),比如右利手、左利手对于语言功能的定位就起了很大的作用。因此,语言能力是一种综合能力,不但左右半球都有参与,而且大脑皮层的各个功能区也都会有或紧或松的联系,它是多区域共同合作与协调的结果,甚至左、右脑在语言分工方面的单侧化,应该也是因为左、右脑竞争过程的结果而逐渐发展起来的。由于书写习惯,左、右手选择差异以及左脑对言语声音反应的倾向性等原因,才导致了大多数人的左脑语言优势。有时,往往只需要非常微小的与生俱来的差异,由于系统对初始条件的敏感性,随着时间的推移,这种优势便不断得到加强。因此人脑内庞大无比的神经网络的任何一部分功能都不是固定的,它们均相互依赖于其他部分的功能,并且各功能之间关系的全面和谐发展决定了整个网络的功能分布(周昌乐、唐孝威,2001)。这种观点也是认知神经科学领域关于大脑可塑性研究的一个重要理论基础。

人脑认知神经的组织结构和活动方式决定了人类的认知活动,我们前面所讲的感知觉、注意、记忆等也都受这种生物基础的制约。神经机制很难改变,但我们的学习方式却可以顺应、利用这种机制。例如:杏仁核的主要功能是控制和处理情绪信息,是大脑整体结构中的情感中枢,它甚至可以造成大脑神经中枢的"短路"。非智力因素的主要成分,如需要、兴趣、动机、情绪等都与情绪中枢密不可分。在人脑结构中,处理情感信息的杏仁核及边缘系统等与处理记忆存储信息的部分紧密相连,它们可以对学习活动起催化或抑制的作用。因此在语言教学和学习中,就应该尽可能地发挥情感区域对智能区域的催化作用,努力增强教学的趣味性,调动积极的情绪,激发成功的愿望和学习的动机。又比如,人脑功能具有一侧化特点,多数人的语言优势半球为左半球,但积极有效的学习应该在保持左半球优势的基础上充分调动右半球的机能,促进两半球的优化协同作业。因此在教学中,在可能的条件下,应该多途径地增加信息输入方式,包括声音、图像、韵律、音乐、活动表演等;多方式地帮助学生增强记忆,例如运用意象法、出声法、冥想法等,充分利用和强化右脑对声音、形象和韵律等信息的处理功能,提高学习效率。

3 阅读障碍

阅读障碍是表现在智力正常儿童身上的一种无法胜任字词学习任务的现象。西方研究者通过大量调查发现,阅读障碍作为学习困难的一种,在学龄儿童中占有相当大的比例(10%~15%)。中文学龄儿童的阅读障碍发生率在4%~8%(孟祥芝等,2002),因此这一领域的研究目前在汉语儿童中也逐渐展开并深入,这些研究对比了不同母语阅读障碍儿童的异同点,分析了汉语的阅读障碍儿童在基本认知能力与语言加工各方面的特征。

阅读障碍者的"障碍"是只表现在语言方面还是表现在各种能力中？阅读障碍的"语言障碍"理论认为，阅读障碍来源于语言学层次的加工缺陷，阅读障碍者言语信息的表征和加工存在障碍。而强调基本认知过程的理论则认为，阅读障碍是由更基本的视觉与听觉障碍造成的，其根本原因在于非语言听觉和视觉能力受损或发展不完善，这类理论的核心是阅读障碍没有语言特异性。尽管强调基本认知过程的理论假设还存在争论，但很多行为实验和神经生理学研究已经发现阅读障碍者视觉与听觉加工过程及其大脑激活模式与正常读者存在显著差异。也就是说，阅读作为一种高级的信息加工过程，要受到低水平基本感知过程的影响（孟祥芝等，2002）。阅读障碍者在基本认知能力方面存在某些缺陷，而这种缺陷影响了其语言加工的多个方面，涉及不同的语言认知技能。

由于语言文字性质的不同，读者的语言加工方式存在着差异，而这一点也同样地表现于阅读障碍者中。西方发展性阅读障碍的分布特点是以语音障碍为主，语音辨别能力的缺损是核心因素，阅读困难者的共同特点是缺少从语音到单词的分析策略，这与英语中拼音文字的特点是相符的。汉字是一种表意文字，与拼音文字有很大不同，因此阅读障碍的表现形式也有很大差异。张承焕等（1996）的研究表明：在影响汉语阅读的诸多因素中，语音能力对阅读水平的影响并不显著，在各认知任务中，发音能力在困难组与非困难组间没有显著差异，而图形记忆与加工能力的缺失则是汉语阅读困难者的一种主要特征，这应该与汉语文字特点有密切关系。由于汉字的结构方式，对图形的记忆与加工是掌握汉语文字的基础，而掌握一定的字形及其含义又是阅读的基础，因此，在汉语阅读困难者的认知特征中，图形记忆与加工能力的缺损是主要特征，而这也与以往行为实验研究中发现的字形是汉语阅读中的重要线索相一致。实际上，在汉语作为第二语言的学习中，有些外国学习者在汉字字形、笔画和部件位置的记忆上出现的困难，有些也与他们的空间图形分解与组合能力方面的欠缺有关，但目前关于这一问题的研究成果还比较少。

小　　结

在本章中，我们概括地介绍了汉语认知研究的含义与内容、与语言认知相关的主要心理机制、语言的认知神经机制问题，并将有关理论在对外汉语教学中的应用进行了解释。我们希望提示的几点是：

（1）学习者是主体，大到教材编写、课程设置，小至课堂教学中例句的选择、提问与反馈方式的设计等每个细节，与学生有关的各种智力与非智力因素都应该是我们认真考虑的。由于这些理论涉及教学与学习的几乎每个环节,它的应用非常具体甚至琐细,我们无法设计和描写出一个系统的应用方案。认知心理学、教育心理学领域关于学习心理的许多研究成果对外汉语教师应该了解,更应该在教学实践当中运用和体现。

(2)学习者的个体差异是一个不容忽视的因素,教学设计既要参照语言学习的共性理论,也要适应我们所面对的每个具体的学生。学习者在性格、认知方式、加工资源总量、记忆能力与方式等影响语言学习的许多方面都存在着个体差异,这些差异既与神经机制等最基础的生物学层面的因素有关,也与他们的文化背景、生活环境有关,其改变难度要远远大于学习策略、行为方式等因素,有些甚至是无法改变的。因此在教学中,在采取一定方式帮助他们提高学习效率的同时,也应该及时调整教学设计以适应不同学生的学习特点。

(3)相关的研究选题。我们在第一部分介绍了汉语认知研究的范围与内容,这些研究主要是以汉语母语者为对象而进行的。相比而言,关于汉语作为第二语言学习者的汉语认知研究成果无论是从研究内容还是从方法上都还不够丰富和成熟,这也为对该领域有兴趣的研究者确定研究选题提供了很大的空间。另外,对信息的注意是信息加工的起点,尤其是随着教学手段的多样化,有关课堂教学中信息呈现方式的研究已经引起了越来越多的关注。但总体来说,该专题研究的深度与广度都还不够。教师们思考和讨论的、可以直接应用于教学设计的一些问题,例如,针对不同环境、不同年龄的学习者,什么样的输入方式是有效的?学习者对输入的注意程度受到哪些因素的影响?如何将多媒体技术有效地应用于课堂教学?根据注意理论,如何开发吸引学生学习兴趣的课外自主学习软件等等,相关的研究成果尚比较缺乏,这也有待于数量更多、更有针对性的面向课堂教学实际的研究成果出现。同样,在记忆方面,外国学习者在对汉语短时记忆和长时记忆的编码方式、数量等方面与汉语母语者有何不同?它如何随着汉语水平的提高而发展?如何利用内隐记忆来提高学习效率等问题,既是记忆理论基础研究的组成部分,也能为实际的课堂教学提供参考,因此也是值得研究者们所关注的选题。

主要参考文献:

陈永明、杨丽霞(1999)当代心理语言学研究的若干重要问题,《心理科学》第5期。

崔 耀、陈永明(1997)工作记忆和语言理解,《心理科学》第1期。

方 立、程 工(1997)评语言共性论中的几种不同的观点——来自学习理论的证据,《世界汉语教学》第3期。

葛列众、朱祖祥(1996)双作业信息输入通道对作业绩效的影响,《心理学报》第2期。

耿海燕、张述祖(1996)汉语语句句式表征及命题表征能力的年龄比较,《心理学报》第3期。

桂诗春（2000）《新编心理语言学》，上海：上海教育出版社。
郭小朝（2000）汉字识别早期知觉过程中的整体优先效应，《心理科学》第5期。
郭秀艳、杨治良（2002）内隐学习与外显学习的相互关系，《心理学报》第4期。
韩布新（1998）汉字识别中部件的频率效应，《心理科学》第3期。
韩世辉（2000）视觉信息加工中的整体优先性，《心理学报》第3期。
韩世辉、肖　峰（1999）影响视觉复合刺激中整体和局部性质加工的几种因素，《心理学报》第3期。
韩玉昌、杨文兵（2003）图画与中、英文词识别加工的眼动研究，《心理科学》第3期。
韩在柱、舒　华、柏晓利、徐忠宝（2002）认知神经心理学的基本假设和研究方法，《心理科学》第6期。
刘　昌（2003）认知神经科学：其特点及对心理科学的影响，《心理科学》第6期。
刘永芳（2000）儿童记忆发展研究的历史与现状，《心理科学》第1期。
罗　婷、焦书兰（2002）认知加工速度研究中常用的实验和统计方法，《心理科学进展》第1期。
孟祥芝、周晓林、孔瑞芬（2002）中文读写能力及其相关因素研究，《心理科学》第5期。
孟祥芝、周晓林、曾　飚、孔瑞芬、庄　捷（2002）动态视觉加工与儿童汉字阅读，《心理学报》第1期。
莫　雷（1986）关于短时记忆编码方式的实验研究，《心理学报》第2期。
彭聃龄（1988）《普通心理学》，北京：北京师范大学出版社。
彭聃龄（1990）《认知心理学》，哈尔滨：黑龙江教育出版社。
彭聃龄（1997）《汉语认知研究》，济南：山东教育出版社。
彭聃龄、谭力海（1991）《语言心理学》，北京：北京师范大学出版社。
邵　郊（1998）《生理心理学》，北京：人民教育出版社。
苏　岗（2000）多项定语的统计分析，《河北师范大学学报》第4期。
王甦等（1993）《当代心理学研究》，北京：北京大学出版社。
王　甦、汪安圣（1992）《认知心理学》，北京：北京大学出版社。
王小明等译（2008）《学习心理学——面向教学的取向》（M. P. Driscroll 著），上海：华东师范大学出版社。
王晓均、孙昌识（1998）汉字材料的性质对视觉短时记忆广度影响的实验研究，《心理科学》第2期。
肖丽辉、罗　倩、陈宝国、彭聃龄（2005）不同任务下情绪词类型对无意识重复启动效应的影响，见李其维主编《第十届全国心理学学术大会论文摘要集》，中国心理学会。
杨丽霞、陈永明（1998）语言理解能力个体差异的理论述评，《心理科学》第6期。
杨丽霞、陈永明（2002）句子加工水平上对外在干扰的抑制机制，《心理学报》第6期。
杨丽霞、陈永明、崔　耀、周治金（2002）理解能力不同的个体抑制干扰信息的效率，《心理学报》第2期。
叶茂林（2000）中国记忆研究回顾，《心理科学》第3期。
喻柏林（1988）短时和长时记忆中的句式效应，《心理学报》第1期。
张积家、盛红岩（1999）整体与部分的关系对汉字知觉分离影响的研究，《心理学报》第4期。
张建伟、陈　琦（2000）认知结构的测查方法，《心理科学》第6期。
张　翔、杨治良（1992）内隐学习与外显学习的比较研究，《心理科学》第4期。
张向葵（1997）影响信息加工容量的语言因素研究，《心理科学》第3期。

周昌乐、唐孝威(2001)对语言神经机制的新认识,《心理科学》第 4 期。

Ellis, N. C. (2002) Frequency effects in language processing: A review with implications for theories of implicit and explicit language acquisition. *Studies in Second Language Acquisition* 24.

Gass, S. (1988) Integrating research areas: A framework for second language studies. *Appllied Linguistic* 2.

Seidenberg, M. S. (1997) Language acquisition and use: Learning and applying probabilistic constraints. *Science* 275.

VanPatten, B. (2002) From input to output: A teacher's guide to second language acquisition(从输入到输出——第二语言习得教师手册). 北京:世界图书出版公司 2007 年版.

第二章 汉字的认知加工与汉字教学

> **导　读**
>
> 　　在本章的前三节,我们依据目前的研究成果,较为详细地介绍成年汉语母语者、汉语儿童、以汉语为第二语言的学习者的汉字认知规律。学习者汉字认知方式的形成与发展是一个受多种因素影响的综合过程,因此建议读者在阅读每一个专题时,既要了解各部分的内容,同时也要将它置于学习者总体的认知框架中加以考虑,这样才能更好地理解某一种认知模式的实质及其作用。在本章的最后一个部分,我们依据学习者的汉字认知规律和汉字系统的特点,就汉字教学的内容与方法进行探讨。基础阶段的汉字教学是任务最重、也是最难的,对教学内容与方法的选择尤其要引起我们的注意。

　　汉字是记录汉语的书写符号,也是具有鲜明自身特点的、显著区别于其他书写方式的文字系统,因此吸引了不同领域的众多学者对其认知过程的研究兴趣,就汉字认知中的加工单元、汉字加工中形音义的作用方式及相互关系、汉字的认知神经机制、儿童的汉字认知规律及其发展、以汉语为第二语言的学习者的汉字认知规律等进行了研究,并取得了丰硕的成果,从不同的角度建构了汉字认知的模型,描写和解释了汉字的心理表征模式与加工过程。

第一节　字形属性在汉字识别中的作用

　　在汉字加工的开始阶段,人们如何去知觉汉字?汉字字形中的哪些特征会成为加工单元?受西方研究理论的影响,最初关于汉字识别的加工单元有两种观点:一是认为识别汉字要先对笔画、部件等汉字的局部字形特征进行分析,然后将分析的结果整合从而识别整字;二是认为识别汉字直接以整字为单元,强调字形知觉的整体性。随着研究的深入,目前更多的学者倾向于认为在汉字识别中两种加工方式并非对立,整体识别与特征分析这两种加工在汉字识别过程中是并存的,二者的关系取决于汉字中的笔画配置和部件与整字的关系等因素。

提示

建议读者参考第一章第二节"知觉加工中整体与局部的关系"等相关内容,以便更好地理解汉字加工中整字与部件的关系。

1 笔画

笔画是汉字的基本结构单元,因此自然也会影响汉字识别的过程。关于笔画在汉字识别中的作用,最初的研究来自于笔画数效应,即笔画数的多少会影响汉字加工的速度与正确率。彭聃龄、王春茂(1997)的实验发现了汉字识别中显著的笔画数效应。他们的实验材料是 64 个高频和低频汉字,分成多笔画字(14～17 画,平均为 14.69 画)和少笔画字(6～9 画,平均为 7.72 画)两部分,两部分字在部件数和频率上都一一匹配。命名与真假字判断两种任务的结果都表明:笔画数多的汉字加工时间要显著长于笔画数少的汉字。它表明在汉字的加工过程中,存在着对其字形特征,如笔画的分析,特征的多少影响着加工进程,因此,笔画数越多,识别速度就越慢。而笔画数效应在高、低频字中都显著,说明笔画数对高低频汉字的影响是一致的。喻柏林、曹河圻(1992)曾系统考察了 2~15 画常用字和不常用字的命名反应时,结果表明:总的趋势是,无论是常用字还是不常用字,反应时都随笔画数的增多而加长,但这种变化不是线性的,而是阶梯式上升,即在笔画数相差较少的某几个范围内,反应时的变化不是很显著。采用眼动技术进行的阅读中笔画数与阅读注视时间关系的研究(Just 1983,见陈传锋、黄希庭 1999)发现:汉字从 1 画增加到 24 画,注视时间增加 106 毫秒,平均 1 画增加 4.6 毫秒。这些结果都表明了笔画在汉字识别中的作用。

从汉字构成来讲,笔画仅仅是一个构形单元,本身不带有任何的字音与字义信息。那么笔画在汉字识别中起作用的机制是什么?汉字识别是否必须经过笔画加工的阶段?下面的研究结果可以为我们回答这一问题提供一些线索。

首先是笔画复杂性的研究。汉字的各种笔画在复杂性上有所不同,主要表现在两个方面:(1)有的笔画有不同的变体,有的则较为一致;(2)有的笔画连续,没有转折,有的笔画则有转折。如"竖"没有变体,也没有转折,因此它可以称得上是简单的笔画;而"点"和"撇"则有不同的变体,因而就相对复杂些;"折"不仅有各种变体(如横折、竖折、撇折、弯折等),而且也不连续,属于折笔,因而属于复杂的笔画。笔画自身的复杂性对笔画识别有无影响?王惠萍等(2003)采用笔画识别和真假字判断的方法,对汉字笔画认知和笔画在汉字认知中的作用进行了考察。

在其研究中,根据傅永和《中文的信息处理》中对汉字笔画频率的统计和对笔画复杂性的评定选择了"竖、撇、折"作为实验材料。这三种笔画频率相近,但复杂程度不同且差异显著,其中竖最简单,撇居中,折最复杂。由于其频率接近,如果它们的反应时有差异,就可以推论是由于笔画的复杂性不同造成的。研究选取了20个"竖"作为无变体的连续的简单笔画;20个"撇"作为有变体的连续的中等复杂笔画,其中10个平撇,10个竖撇;选取20个折作为有变体不连续的复杂笔画,横折、竖折、撇折、竖弯勾各5个。实验任务为笔画再认,即判断后出现的笔画是否为先前呈现过的笔画。

实验结果显示:无论笔画是否连续,也无论笔画是少变化的还是多变化的,是简单笔画还是复杂笔画,只要笔画的频率接近,再认的反应时和错误率就接近。因此,汉字笔画的识别不存在复杂性效应,笔画自身的特征不影响它在汉字识别中的作用。这说明由于被试长期学习和书写汉字,当对它们的加工达到自动化以后,笔画简单与复杂的差别就不再显示出来。

在汉字识别中,笔画加工具有自动化特点,这在大多数情况下保证了不需要汉字笔画的信息进入意识,从而大大减轻了工作记忆的负担,使有限的认知资源能够更多地被分配于字词加工的其他方面。

虽然汉字加工中不需要经过笔画识别的过程,但作为基本的构形单元,笔画的组合方式会对汉字识别产生影响。例如,笔画在构成汉字时的组合方式不同,由此所产生的汉字空间通透性也不一样。汉字空间通透性是一个衡量汉字笔画之间离散程度的量化指标,其具体算法是:将汉字中可以在水平或垂直方向上连线的两个点称为垂直或水平偶点对,首先算出所有的垂直或水平的偶点对之间的距离,然后将垂直水平偶点对的距离相加并且除以垂直或水平偶点对数,所得的汉字垂直或水平偶点对的平均距离就是该汉字在垂直或水平方向的空间通透性(曾捷英等,2001)。研究发现:汉字笔画之间的离散程度是影响汉字整字再认成绩的一个重要因素。汉字空间通透性和笔画间的离散程度成正比,笔画间离散程度越大,则汉字的空间通透性越高,汉字越容易检测,再认成绩越好。喻柏林等(1997)以命名任务进行的研究也发现:无论以正常方式还是以倾斜方式呈现,被试对直线型汉字(主要由横竖笔画构成的汉字)的识别都快于曲线型汉字(主要由撇捺点笔画构成的汉字),而混合型汉字的识别速度居中。

将有关笔画在汉字加工中作用方式的研究进行比较,我们可以发现:笔画的作用机制与它在汉字构形系统中的功能是相一致的。在汉字构成中,笔画是一个构形单元,自身不具有音义信息,它的功能是与其他笔画组合形成部件或整字,因此母语者的汉字加工中不需要独立的对笔画单元加工的过程。笔画数效应可能首先来源于早期视觉加工中的知觉过程,同时更多地来自于笔画组合所构成的更高层单元的特征。这与佟乐泉等(1979)根据汉语儿童的汉字认读研究结果所得到的结论也相吻合:"单就识记来说,最重要的不在于笔画的多少,而在于这些笔画怎么组合。儿童并不把笔画作为识记单位,他们大多是努力记住一个字的特征,或者一个字的某些特异组成部分"。汉字笔画在汉字加工中的这种作用机制应该是汉语母语者在长期的汉字书写与使用过程中逐渐形成的结果。

2 部件

部件是一个重要的构字单元,现代汉字中的许多部件仍然携带着丰富的音义信息,因此部件也是汉字识别中一个重要的加工单元,部件的多种属性,如部件数量、位置、频率等都会影响它在汉字加工中的作用。

2.1 部件数量

多数汉字都是由两个或两个以上的部件按照一定的方式组合而成的,因此部件的数量影响汉字加工。张武田、冯玲(1992)的汉字命名实验中首先发现了汉字识别中的部件数效应。彭聃龄、王春茂(1997)的实验中,以84个汉字为材料,按部件数分成三部分(部件数分别为1、2、3),三个部分的字在笔画数上一一匹配,实验结果发现了显著的部件数效应:在控制笔画数的条件下,部件的数量影响汉字的识别,但这种影响不是线性的,2部件字识别最快最好,3部件字最差最慢,而独体字居中。作者认为:在不同结构汉字中加工单元有不同的表现。多部件字的加工要受到笔画和部件两个层次的影响,因此在笔画数既定的条件下,部件是重要的加工单元,2部件字识别快于3部件字。而独体字和多部件字不同,其加工单元是笔画而不是部件,由于加工单元的数量相对较多,导致其识别速度慢于2部件字。

2.2 部件频率

统计分析(韩布新,1994)表明,在 6763 个基本汉字集合中,可切分出 567 个部件与 7583 个两部件组合,它们的频度均呈偏态分布,绝大多数的频率很低。那么部件频率的这种不均衡性如何影响它在汉字识别中的功能?黎红等(1999)用错觉性结合的实验范式探讨汉字识别中的部件加工,要求被试对两个刺激部件之后出现的目标字进行再认,结果显示:部件频率在汉字识别中有重要作用,当一个整字所包含的两个部件均为高频时,整字识别的正确率更高,错觉性结合率较低。这说明当部件频率较高时,整字的加工也更为迅速和准确。

多个部件在构成汉字时具有不同的层次,从而形成部件组合。在汉字识别中,部件组合具有与部件类似的频率效应,频率高的部件组合可促进合体字的识别。但部件组合表现出位置效应,研究(韩布新,1996)发现:在识别高频三部件左右型合体字时,如果位于左边的两部件组合(如"部")频率高,会对整字识别表现出易化作用,而位于右边的两部件组合(如"湿")频率高时则对整字识别表现出干扰作用。

2.3 部件位置与功能

从汉字构形系统的角度来说,"现代汉字的字形在构形上是以系统的方式存在的,每个构形元素都有自己的组合层次与组合模式,因而汉字的字符既不是孤立的,也不是散乱的,而是互相关联的,内部呈有序性的符号系统"(王宁,2000:p.38)。在汉字这种二维平面结构中,书写单元的位置和组合方式对字形系统的构成起着重要作用,不同单元的分布也有很大差异。根据对《辞海》11834 个汉字的切分结果,组字功能最强的部件"口"构成了 2409 个汉字,频度为 20.35%,而许多部件的构字能力仅为 1。即使对于同一部件,其位置分布也有很大不同。例如"木"是一个构字能力很强的成字部件,在其所构汉字中,它在左边出现了 585 次,在右边仅 4 次,而在内部仅出现 1 次(苏培成,2001:p.328),说明其位置分布是相当有规律的。对于同一个部件来说,它在不同的汉字中也可以有不同的功能。例如"口"是一个频率很高的部件,它通常起义符的作用,如"吃、喝、唱"等,但在某些字中,它也可以作声符,如"扣"。这些特征就构成了汉字的部件位置频率及正字法规则。

上述关于部件数量与部件频率的研究从汉字构成的角度解释了部件在汉字加工中的作用。作为汉字组合层次性和系统性的重要因素,部件的位置信息和功能信息在汉字加工中也起着非常重要的作用,部件的位置分布及位置频率是影响部件识别的重要因素。对汉字中某部位部件的识别成绩可能优于或劣于另一部位部件,目前在不同的作业方式中都观察到了这一现象,如部件识别或部件搜索、整字识别等。这些研究结果发现,在部件搜索任务中,右部件比左部件容易;在速示方式下,被试往往抽取左右结构字右下角的笔画,他们倾向于首先从左右字的右部件或上下字的下部件中提取笔画或笔画组合;在左右和上下结构汉字的部件识别中,一般的结果是下比上容易,右比左容易(曾捷英等,2001);在真假字判断任务中,右部件高频的字比右部件低频的字反应速度快,而左部件频率的改变对真假字判断结果没有显著影响,这也证实了右部件在汉字加工中更强的作用(Taft,1997)。

但也有一些研究认为在汉字加工中作用更大的是部件的功能而非位置。Feldman(1997)的实验分别考察了声旁和形旁的组字频率和位置两个因素在汉字加工中的作用。结果显示:对于声旁和形旁,都发现了显著的组字频率的效应但是没有发现位置效应,也就是说,一个部件无论在右还是在左,决定其作用方式的更强的因素都在于其构字功能。研究还发现,将标准形声字中的左形旁和右声旁与非形声字中的左右部件以部件识别的任务相比,形声字中的左形旁与右声旁的识别速度差异不大,但形声字的右声旁识别快于非形声字的右部件,左形旁也快于非形声字的左部件识别,说明形声字的构成方式与部件功能对部件知觉具有易化作用。

综合这些实验结果可以看到:由于汉字加工过程的复杂性与实验研究方法的多样性,目前关于部件在汉字加工中的作用方式还没有得到完全一致的结果,但可以明确的是在汉语母语者的心理词典中存储的不只是部件单纯的形音义特征,而且包括其位置分布、构字功能等多方面的信息,在汉字加工中这些信息也都会得到激活并对汉字识别产生影响。这些来自汉字系统深层特点方面的因素在汉字加工中的作用应该是汉语母语者在长期学习和使用汉字中所逐渐形成的结果,同时也是在儿童汉字教学和对外汉语教学中应该着重注意的方面。

3 独体字加工

特征模型(feature model)是西方心理学家用于解释字词视觉识别过程最为流行的理论模型之一。该模型认为:对英文字母的视觉加工是一个从提取基本视觉特征(如垂直线段、水平线段)开始,通过视觉特征的积累与综合,从而获得整个字母的视觉形状的过程。按该模型预测,在视觉识别过程中不同英文字母的形状越相似,存在的共同特征越多,它们产生相互混淆的概率也越高(见沈模卫、朱祖祥,1997)。这一理论不仅得到了许多研究结果的支持,例如字母识别中 M 与 N、P 与 R 的高混淆度,同时也创立了以字母的混淆矩阵为基础资料,分析构成字母的基本视觉特征及其表征形式的研究思路。

关于汉字的视觉识别,我们在前面介绍和讨论了笔画和部件在合体汉字加工中的作用,那么独体汉字作为一个不可分解的整体结构,其加工中常被提取的特征除笔画之外还有哪些?沈模卫、朱祖祥(1997)借用英文字母混淆矩阵的研究方式,以独体汉字和字符为材料,运用聚类分析和多维量表法对独体汉字的字形相似性进行了研究。结果证明:土、十、干、王之间的混淆率较高,说明上述刺激模式的共同特征是"十",而且这一模式在具有该特征的独体汉字加工中被提取。研究还发现:对以"十"为骨架的整体汉字,如"革",被试首先提取"十";对包围结构的汉字,如"图",被试首先提取"口"。"十"和"口"是这两类汉字的突出视觉特征。

独体字加工中框架结构的识别早于整字,所谓框架结构就是构成一个字基本框架的笔画。启动实验(启动部件与目标字之间的间隔时间分别为 11.5 和 23.46 毫秒)的结果发现:被试从含"十"和"口"的整体汉字(如王—目)中首先提取"十"和"口",首特征的提取时间约为 16.8 毫秒;在呈现时间为 23 毫秒时,被试基本上已经提取首特征,但未完成对整字的加工;完成整字"王"与"目"识别的平均时间为 38.8 毫秒(沈模卫、李忠平等,1997)。肖崇好等(1998)的研究也发现框架结构对独体目标字识别具有促进作用,说明在识别独体字过程中提取框架结构是必经阶段,而且这一阶段开始较早。独体字识别过程是首先获得字的某些笔画,然后在此基础上提取该字的框架结构,最后达到对整字的识别。

4 汉字的字型结构与汉字识别

笔画和部件在构成汉字时不同的组合方式形成了汉字的不同结构,这种不同的字型结构也是汉字加工中被试所提取的信息。肖少北等(1996)采用启动条件下的真假字判断任务,发现在汉字识别过程中存在着结构方式的启动效应。如果启动字和目标字的结构方式相同,不管字形相似与否(如"息—要"结构相同但形状不相似,而"换—挠"结构相同且形状相似),都会产生启动效应,结构相同的启动字会对目标字识别产生促进作用。这说明在汉字识别中存在着对结构特征的加工过程,而且结构特征可以独立于汉字的音义信息被提取。

艾伟(1949)在二十世纪二十年代考察字形要素对汉字辨认和默写的影响时曾提出:笔画对称的字易于观察。曾性初等(1988)在谈到汉字好学好用时也指出:完美图形的一个标志是对称,绝大多数汉字是对称的(有的是完全对称,有的是部分对称,有的则是对称的重复或再重复)。由于对称本身是一种美,使人看起来感到舒服,又使信息量减少一半或更多,使冗余度相应增加,要学要记的新内容相应地减少,故汉字易学易记。关于儿童对汉字的形位知觉的研究(李铮,1964)也发现:凡相似且对称的笔画均知觉为一组,如"亚"字中的2横、2竖和2点(实为一点一撇,近似且对称);"夹"字中的2横和撇捺(近似且对称);"班"字中的2个"王"等(见黄希庭、陈传锋等,2002)。这些研究结果符合图形知觉的一般规律,即在图形中凡距离接近、形态相近或对称的各部分易组成知觉的整体对象。它同时也符合汉字加工的"多层次交互激活模型"(multi-level interactivation model,简称 MIA,见彭聃龄 1997:pp.90～95)。根据 MIA 模型,相同的部件单元会受到同一组笔画(或特征)单元以及它们之间相对位置的激活信息的影响。部件的重复将导致这组笔画单元的重复激活,进而导致该单元只需较少信息便可达到阈限水平,因此部件单元的激活将得到一定的加速,并进而促进整字的识别。

近年来的一系列心理物理实验(黄希庭、陈传锋,1999;陈传锋、黄希庭等,2002)的研究结果也发现:当知觉条件发生变化、知觉难度增加时,无论是对称字还是非对称字的识别反应时都随之延长。但无论在哪种难度条件下(如不同倾斜角度,每个刺激字有8个呈现方位,即垂直正位0度、由0度开始以45度间隔分别按顺时针和逆时针方向旋转生成正负45度、正负90度、正负135度和180度),结构对称字的识别速度都明显快于非对称字,而且结构对称字的反应时随着识别难度增加而延长的幅度明显小于非对称字,说明汉字的结构对称性可以增强汉字识别的恒常性,结构对称有助于汉字识别、可加速汉字识别的进程。研究还发现:汉字的整体对称性对其局部加工也有促进作用。同一个部件,作为结构对称字的构成部件的启动效应明显大于它作为非对称字的构成部件的启动效应;结构对称字中部件的识别反应时和错误率显著地小于非对称结构字中。这意味着结构对称汉字中的部件(或笔画)比非对称汉字中的同样部件(或笔画)具有加工优势,显示出汉字加工中多层次的结构对称效应。

随着影响汉字识别的不同字形因素被发现与证实,研究者们建立了不同的模型来描写与模拟汉字表征的结构与汉字加工的进程。其中在字形加工方面较有影响的是从模式识别的角度建立的汉字识别的层次模型(沈模卫等,1997)。该模型认为:与汉字字形结构层次相对应,模型中存在着特征、部件和整字三个水平的觉察器网络。字形刺激一经出现,该网络就进行预加工处理,使字中的部件分配到特定的部件空间通道上进行特征分析。特征觉察器由特定通道上部件所含的特征激活后,一方面向与这些特征相应的部件觉察器传输兴奋,同时对与这些特征不相容的部件觉察器产生抑制。部件觉察器由兴奋性输入激活后,再将兴奋传输给与该部件及其位置相应的字觉察器,并且抑制与这些部件或空间位置不相容的字觉察器。这种加工机制使得不同结构的汉字可以采用不同的加工通路,尤其是抑制机制的作用使得中枢注意机制有更多机会和加工资源分配于适当信息的加工,从而保证汉字识别的顺利进行。虽然这是从心理物理学和模式识别角度所建立的汉字特征识别模型,但从其描写的汉字识别过程来看,特征与部件同为汉字识别中的单元,而识别速度与结果同时依赖于兴奋性激活与抑制机制。这提示我们:某些学习者(包括以汉语为第二语言的学习者)汉字识别速度较慢甚至识别错误,也许来自于对形似特征或部件的抑制机制的薄弱。

> **提示**
>
> 我们在第一章的第三节曾谈过认知神经机制、输入环境、神经网络模式的关系,上述研究所发现的汉语母语者对汉字字形特征的知觉与加工模式,应该是在长期的汉字接触与使用中所形成的。对初学汉语的第二语言学习者来说,其汉字知觉与加工方式既受人类普遍的知觉模式的制约,也受其已有的语言知识结构和认知方式的影响。

第二节　声符和义符在汉字加工中的作用

关于形声字声旁的表音规律,研究者们已进行了长期的探讨。由于统计方法和材料选择范围的不同,所得到的结果也不太一致。周有光先生(1978)的研究表明在 1348 个汉字声旁中,具有表音作用的声旁为 408 个,占 30%;现代汉字中声旁的有效表音率为 39%。范可育、高家莺等(1984)的研究在倪海曙的《现代汉字形声字字汇》中共得到形声字 5990 个,声旁 1522 个;其中一音的声旁有 1090 个,有效表音声旁 244 个,有效表音率为 22.4%。尹斌庸(1988,p.257)的研究认为:汉字形声字声旁的预示力为 0.50 左右,就是说根据声旁正确认识整字读音的可能性约为一半。李燕、康加深等(1992)对声旁与整字读音的声、韵、调关系的研究表明:声旁与整字读音的声、韵、调全同的情况占 38%,声旁与整字读音的声、韵相同而调不同的占 18%,声旁与整字读音的韵相同而声、调不同的占 16%。总体来说,形声字的表音规则性与字的频率有关,字频越低,声符与整字间的读音规律性越强。声旁与整字的这种关系使它成为汉字认知加工研究中不可忽视的一个领域。

1 声符的作用

1.1 规则性效应

所谓规则性(regularity)是就形声字声旁与整字读音间的关系而言,声旁与整字读音相同的为规则字,如"抬";反之为不规则字,如"排"、"胖"。汉字加工中的规则性效应(regularity effect)在许多实验中都得到了证实。研究发现,规则形声字的命名快于不规则形声字,汉字读音反应时间的顺序由快到慢依次是规则形声字—象形字—会意字和不规则形声字,这说明规则声旁对整字语音识别起了促进作用而不规则声旁有干扰作用,且多数研究发现在不熟悉的低频字中,声旁的语音提示作用更加显著(舒华、张厚粲,1987;Seidenberg,1985)。规则性效应的存在说明在汉字加工中,声旁的语音信息得到提取,并对整字的语音加工产生了影响。这种规则性效应也表现在儿童的汉字识别中,而且就语文能力而言,同一年级内语文能力高的学生会更早地发现并使用声旁对语音识别的线索作用。对儿童来说,规则性意识有一个逐步发展的过程,它以识字量的增长、汉字知识的积累为前提(张积家、王惠萍,2001)。

声调是汉语语音的一个重要特征,这一特征也作用于汉字的语音识别中。采用命名任务的实验结果发现(张积家、王惠萍,2001),声旁与整字的声调关系对命名时间有重要影响。形声字的命名存在着"规则效应",也存在着"声调效应"。声旁与整字声调相同的形声字(如"稀")的识别时间显著快于二者声调不同(如"阶")时,而且这种效应不受字频影响。这说明声旁与整字的声调关系在汉字识别中的作用与汉字的熟悉度无关,它对高、中、低频字命名的影响是一致的。

有关语音知觉的研究发现,人类对声调的知觉具有不同于声韵母的模式,因为它们各自所依赖的发音机制是不同的。形声字识别中的声调效应表明在形声字识别中,声旁和整字语音中的声调信息被作为相对独立的成分得到提取和加工,当声旁的声调与整字声调相同时会大大促进整字声调信息的识别。

1.2 一致性效应

所谓一致性(consistency)是指由同一声旁构成的一组形声字的读音相似性。若具有同一声旁的全部形声字读音相同,则称为一致字;若某个字与同一声旁的其他大多数字的读音不同,则该字称为不一致字或例外字。与某个同声旁字读音相同的字称为"友字",而读音不同的同声旁字称为"敌字"。如以"黄"为声旁的形声字"璜、潢、簧"读音均为 huang,而同样以"黄"为声旁的"横"读音则为 heng,它就是一个例外字,它也是其他同声旁字的敌字。在汉字识别中,一致字的读音快于并好于不一致字,而且同声旁家族中形声字读音多的字(如"台"作声旁有 tai(抬、胎、苔)、dai(怠、殆)、yi(贻、怡)、zhi(治)、shi(始)、ye(冶)等读音)的识别反应时较长。一致性效应(consistency effect)的存在说明在形声字识别中,声旁语音的识别不仅激活它所构成的目标字,同时激活由它构成的一组同声旁的其他形声字,这些字对目标字的识别形成促进或干扰。

提示

> 我们在第一章第二节曾谈到知识表征系统和激活扩散理论,汉字加工中的这种一致性效应就来自于表征系统中相关节点间的联结以及激活扩散。不同学习者的语言经验和背景不同,其表征方式与激活模式也会有所差异。

既然形声字声旁、整字及其邻近字的语音都可能得到激活,那么它们之间是否在时间上存在着一定的顺序?杨晖等(2000)以启动—命名范式进行的实验结果给予了肯定的回答。实验发现:在汉字加工的早期(56ms),字水平(如赫—鹤)和字下水平(如悔—镁)的语音都得到了激活;在加工时间充分的条件下(84ms),邻近字(如湖—葫)的语音也可以得到激活。也就是说,声旁和整字语音的激活要早于邻近字。

作为构字部件,形声字的声旁有两种意义上的频率:构字频率(即在特定汉字集合中含有该部件的汉字数)和使用频率(即含有该部件的汉字使用频率之和)。杨利利等(2002)用识别整字和识别部件两项任务探讨声旁两种频率的作用,发现汉字声旁的构字频率和使用频率对汉字识别中声旁的提取以及汉字的整体识别都有易化作用,其中声旁使用频率的作用更为显著。也就是说,某声旁所构形声字的使用情况比该声旁所构形声字的数量作用更为重要。

请思考

> 1. 根据上述研究结果,你发现在利用形声字声符进行汉字教学的过程中,教师可以利用哪些因素?
> 2. 根据上述形声字识别中声符与整字声调的关系、声符构字频率和使用频率的作用,你认为教师在利用声符进行形声字教学的过程中,应关注哪些因素?

2 义符的作用

关于形声字中的表义部件,有"形符""形旁""义符""义符"等不同的术语指称。总体来说,现代汉字系统中义符的数量远远少于声符,其规律性也强于声符。根据康加深(1993,pp.70～71)对《现代汉语通用字表》中 7000 通用字的统计:其中有形声字 5631 个,占 80.5%;共分析出义符 246 个,其中成字义符 177 个,占义符总数的 72%以上。义符的位置分布不均衡,形声字以左形右声结构为主,占 67.39%,右形左声占 6.46%,上形下声占 10.58%。

关于义符的意义与字义的关系,康加深认为可分为三种:完全表义,如"爸";部分表义,如"被";不表义,如"铺"。在部分表义中,形旁可以表示字的类属义(如"钢")、物质构成义(如"柜")、相关引申义(如"浮")。在形声字中,完全表义的占 0.83%,部分表义的占 85.92%,形符的平均表义度为 43.79%。

虽然义符的总体规律性较强,但由于意义本身较为抽象,而且义符与整字意义间的关系也很复杂,因此在语言学中,对形声字义符本体的研究相对较少,心理学中对形声字义符的表征与加工的研究较声符也少得多。已有的实验结果发现:在单字词的语义提取中,形声字的义符对整字的语义判断有显著影响。有标明上属概念的义符存在时,如"松""河",对于范畴判断的肯定反应(即判断"松"属于植物范畴)起促进作用,对否定反应(即判断"松"不属于植物范畴)则有干扰作用。但这种作用主要表现在定义特征的判断中(张积家等 1990,1993)。

从义素的角度来说,字词的语义特征有定义特征(如"有羽毛"是鸟的定义特征)和特有特征(如"会唱歌"是画眉鸟的特有特征),有结构特征(如燕子有羽毛、两足等)与功能特征(如燕子会飞)。形声字的义符对字词的定义特征提取有促进或干扰作用,而对特有特征语义的提取作用不显著,表明义符的促进作用是局部的,只表现在与其上属类概念语义相关的定义特征上。究其原因,可能来自于形声字系统中义符与整字的语义关系类型,同时可能与人类的心理表征系统中对意义的表征方式也有关系。

总体来说,目前的研究中所发现的可能影响义符加工的因素有(梁竹苑,2000):

义符语义透明度:是指义符与整字的语义关系。当义符语义透明,也就是义符表示的意义与整字的义类相同时(如"姐"),能促进整字的识别;相反,当义符语义与整字不一致时(如"婿"),它的语义会干扰整字的识别。

义符密度:是指由某义符构成的形声字的数量,也称作义符的构字频率。义符的密度越大,加工中同一义符所激活的字就越多,对目标字的识别影响就越大。

义符意义一致性：是指由一个义符所构成的一组形声字中的意义关系。如"鸟"是一个意义一致性很高的义符，因为它所构成的一系列字（鸥、鸵、鹭等）的语义大多都与鸟有关；"女"的意义一致性也较高，因为它所构成的形声字意义大多与"女"有关；而"弓"的意义一致性就较低，因为它组成的13个字中，与"弓箭"义有关（如"弦"）的只有两个，而多数与此义无关。意义一致性高的义符更有利于义类相同的整字的识别。

义符是否独立成字：独立成字的义符由于本身的意义较为明确，因此对整字识别更有可能产生干扰或促进作用，这取决于义符与整字的语义关系。如"婿"中义符语义的激活会对整字识别产生干扰效应，而在"姐"字识别中则产生促进作用。当义符在现代汉字系统中不独立成字或意义对被试来说不明确时，它对整字识别的作用较弱。

与声符一样，形声字义符的效应也更强地表现在低频字中，而且由于汉字的特殊性质，在形声字识别中，义符线索的作用在某些情况下可能大于声符。有研究发现：当义符与字义不一致时，出现了显著的负启动，义符抑制了形声字的识别；而当声符不一致时，负启动效应不显著（余贤君等，1997）。但汉字加工中语音与语义的信息激活一直是一个争论的焦点，我们在后面的相关部分会做更详细的分析。

3　汉字字下单元加工的性质

前面的研究发现了声符和义符在汉字加工中的作用，这些因素都属于字下水平（或称亚词汇水平）单元，那么这些单元在汉字加工中是如何被激活的？它们在整字中的标音示义功能与它们自身作为一个具有形音义信息的部件这种双重身份如何影响它们在汉字加工中的作用方式？

周晓林等（2000）的研究利用启动命名技术，探讨了汉字加工中义符的信息激活方式。实验材料中的启动字为含有独立成字义符的合体字（如"躲"），目标字为与义符同音的字（如"深"）。结果发现：在低频字中，与启动字义符语音相同的目标字识别得到显著的促进，其命名速度显著加快。也就是说，启动字中能独立成字的义符被分解出来，并且其相应的语音表征也得到激活，从而促进了目标字的加工。

在其后续实验中，作者探讨了声旁的语义激活。启动字仍为合体字（如"祥"），目标字为与启动字声旁语义相关的字（如"牛"），要求被试对启动字与目标字进行语义相关判断。目标字与启动字整字之间并无语义关系，被试正确的反应应是"否"。实验结果表明，相对于完全无关的控制组（如"词—牛"）来说，被试对声旁语义相关目标词的反应明显减慢，出现了抑制效应。这种抑制来自于启动字声旁（"羊"）语义的激活，而且这种效应基本不受整字读音规则性的影响。这一实验结果反映了合体字加工中的分解和平行激活过程。在整字加工的同时,声旁作为一个独立的单元在心理词典中的语音和语义表征也得到了激活。汉字声旁的字下水平加工既是个语音事件,也是个语义事件,与字水平的加工没有本质的区别。

　　这些实验结果说明:在加工形声字时,可成字的义符和声符作为独立的部件被分离出来,激活它们各自的语义和语音表征,这种激活并不完全依赖于部件在整字中的功能。也就是说,这种字形分解和字下单元加工与整字的语音、语义激活同时进行。字下水平的加工和字水平的加工无本质的差异,都是利用视觉输入通达心理词典中的语音、语义信息,字和字下单元所对应的信息激活之间存在着相互竞争、相互促进的关系。声符的语音规则一致性会促进整字的语音激活,义符语义的透明度和一致性也会促进整字意义的识别,而义符的语音激活以及声符的语义激活几乎总是与整字的语音、语义激活不一致,因此干扰整字的加工。字和字下水平的平行加工是一个自主的过程。

提示

　　我们在第一章第二节的知觉部分曾谈到知觉识别中整体与局部的关系,汉字加工中这种整字与声符、义符的激活方式实际上与这种基本的知觉模式也有关系。

4　汉字形音义信息加工的时间进程

　　关于这一问题的研究主要集中在两个方面,第一是汉字语音在语义通达中的作用,第二是汉字形音义信息激活的时间进程。这两个方面的研究是互相关联的,只是研究的侧重点有所不同,前者侧重于讨论语音是否为汉字语义通达的必要条件,而后者则侧重于考察汉字不同信息激活的先后时间顺序。严格来讲,由于这里涉及意义的加工,因此所谈的加工单元实际上应该是词素或单字词,但这两种单元在形式上都表现为汉字,相关研究也都以汉字形音义信息的加工为专题,因此我们将它放在这里进行讨论。

　　关于语音在汉字语义通达中的作用。由于汉字表意文字的特性,字形本身不直接提供语音信息,有关汉语字词识别过程中的语音中介问题一直是研究的焦点,即在汉语字词的视觉识别中,是否必须通过字音为中介来实现对意义的提取?从理论上来说,视觉呈现的字词的语义激活可以有两条途径:一是由视觉输入激活心理词典中的字形表征后,直接由字形信息通达语义;二是以语音为中介,字形表征的激活首先传输到相应的语音表征,然后经语音信息通达语义表征。与此对应,目前对语音中介问题主要有两种观点:一是强语音作用观,认为在汉语字词的视觉加工中,语音激活是自动的,而且在时间上也很早,由字形到字义需要经过语音为中介。另一种观点是强字形作用观,认为汉语字词加工中的语义激活过程不同于拼音文字,它主要由字形到语义之间的直接激活传输(或计算)决定,语音信息在视觉字词加工中虽然可以自动激活,但对语义通达作用很小。这两种观点各自得到了一些研究结果的支持。

一些实验结果支持语音自动激活的观点。研究发现:如果目标词字的意义是精确的,语音效应大约比语义效应早14毫秒;如果目标字的意义是模糊的,则大约早28毫秒(Tan,1995)。在单音节或双音节词中,无论实验任务是否需要,多音字的不同读音都会得到激活。启动词中的多音字不但会促进与其适当读音相近的目标字的反应,而且对读音不适当的目标字也有促进作用。如启动词"率领"对目标字"帅"和"律"的识别均有促进作用,这表明熟悉的中文字词的语音信息在语义通达之前就已经得到了激活(谭力海、彭聘龄,1991;张积家等,1996)。

也有不少实验结果支持弱语音作用观,因为在形音义启动及特征匹配任务的实验中虽然都发现了语音的激活,但它的激活时间并不早于语义,因此不可能成为语义通达的必需条件(金志成等,1995;林仲贤等,1999)。周晓林(1997:pp.159~188;2000)的实验发现:以语音为中介的语义启动词(如"鸽")并不能对目标词(如"舞")产生显著的促进作用,而直接的语义启动词(如"歌")则可以,表明在汉字加工中,从字音到字义的直接激活扩散的作用非常微弱。

陈宝国等(2001,2003)的两个实验分别采用基于语义的和基于语音的启动判断作业,在不同的SOA条件下,全面考察了高低频汉字形、音、义信息的激活点问题。实验结果显示:高频汉字形音义激活的顺序是字形、字义、字音,对低频字来说,在加工的初期阶段只有形似字的启动效应。随着时间的延长,出现了音同字、义近字的启动效应,因此低频汉字的加工中,字形最先激活,字音和字义的激活同时进行。从这里可以看出,以字频为指标的汉字熟悉度是影响汉字形、音、义激活时间进程的一个重要因素。汉字加工开始于知觉的过程,在这个过程中,首先要从视觉刺激中抽取出汉字特征进行加工,因此字形必然成为汉字加工的第一阶段,这种加工不受字频因素的影响。字形加工的信息传递到与之相关的语义、语音系统。对于高频字来说,其形义之间的联结强度有可能大于形音的联结强度,从而导致高频汉字字义激活早于字音。对于低频字而言,形义、形音之间的联结强度没有表现出哪一种占优势,因此低频字识别时,字音与字义的激活大致同时进行。

总体来说,上述从不同角度、采用不同方法进行的实验结果在一定程度上支持了汉字视觉识别过程中由形到义的"直通假设",形义通路的观点也得到了来自失语症研究结果的支持。在该领域,关于形音义加工方式的研究结果颇为一致,即汉语失语病人都不同程度地存在形音失读与形义失读,前者是指由形到音的通达出现障碍但不影响语义的识别;后者则相反,指由形到义的通达出现障碍而语音识别能力保留。这一现象从另一个侧面证明汉字认读过程中形音义的整合途径可能是以字形的视觉感知为基础,分别与字义和字音单独建立联系,它们有各自的神经传输路径和结构基础。也就是说,汉字的意义识别与拼音文字以语音为中介通达意义的识别不同,它可以直接地由字形分别通达字音或字义。

为什么在汉语视觉字词加工中语义的激活可以早于或至少不迟于语音的激活?这取决于字形经字音到语义以及字形直接到字义的计算速率(computational efficiency)。现代汉字的形音对应与拼音文字不同,汉字字形本身不直接提供语音信息,这就降低了字形—字音的计算速率或激活传输速度。而且汉字中存在着大量的同音字,一个激活的语音表征对应着多种语义模式,仅从语音激活难以得到确定的语义。而另一方面,汉字的字形(特别是义符),能够提供大量的语义信息,因此从字形直接到语义成为汉字识别中一条迅速有效的途径。

请思考

你发现了成年汉语母语者汉字认知研究的基本方法吗?即以反应时为主要指标,将所要研究的关键因素作为自变量进行实验室研究。例如:如果研究汉字部件数量对汉字认知方式的影响,可以部件数为自变量,通过汉字部件数量的改变所引起的汉字识别反应时间的变化分析部件数在汉字认知中的作用。如果部件数量的改变引起了汉字识别反应时间的变化,说明部件数在汉字认知中起作用;否则说明部件数量对汉字认知方式没有影响。

假设要研究汉字的结构类型,也就是左右、上下或包围结构对汉字认知方式是否有影响,可以怎么设计实验呢?

我们在下面会介绍汉语儿童的汉字认知研究,你会发现不同的研究方法。

第三节 儿童的汉字认知方式与发展

与成人相对完善的语言知识结构不同,儿童对语言知识的表征尚处于不断建构、丰富和完善的过程中,因此研究他们的汉字认知方式,对于我们更好地了解汉字认知的发展过程有着重要的参考价值。

1　规则性效应

儿童汉字识别中的规则性效应在不同实验任务中都得到了证实。舒华等(1996)采用纸笔测验方法探讨了二、四、六年级小学生形声字读音的加工特点,发现:儿童对规则字的读音识别好于不规则字和不知声旁字。读音错误分析表明:随着年级的增高,儿童的汉字读音识别中非系统错误(如将"略"读作"tian",将"缺"读作"kuai")的比例减小,而声旁类推错误(如将"琼"读作"jing",将"秕"读作"pi")的比例增加,这些错误或者是受了高频声旁的干扰(如"京"),或者来自于另一同声旁高频字(如"批")的影响。在对不熟悉字的读音识别中,儿童需要更多地利用汉字结构中的语音线索,因此更多地表现出语文能力的差异,语文能力高的儿童对低频字的读音更多地出现系统错误,而语文能力低的儿童更多地出现非系统性的、随意的错误。孟祥芝等(2000)采用听写和选择任务的测验结果也发现:汉字声旁的规则性影响所有阅读水平儿童汉字听写和选择的正确率,但阅读水平低的儿童比阅读水平高的儿童产生更多的同音替代错误,他们对形声字声旁信息的运用能力较差。儿童汉字识别中的规则性效应表明在汉字加工中声旁能够被分解出来,并作用于整字语音的识别与提取,而且这种分解与提取的能力随儿童年级的提高、语文能力的增强而发展。

在半规则字、不规则字大量存在于现代汉字系统中的情况下,儿童逐渐发展起来的声旁规则性意识如何在学习和记忆汉字过程中起作用?舒华等(2003)使用类似课堂教学的学习—测验任务探讨了声旁提供的部分读音信息在儿童学习和记忆汉字中的作用。其基本方法是:让儿童学习和记忆不同类型的生字,这些字的声旁为整字读音提供不同程度的语音信息,通过比较儿童学习、记忆各类生字的效果,探讨儿童对声旁语音信息的敏感性。被试为四年级学生,实验中要求学生学习和记忆3种生字:(1)声旁提供汉字读音全部信息的规则一致字(如"猡");(2)声旁提供汉字读音的部分信息,如声调不同字或声母不同字(如"孢");(3)声旁不提供汉字读音的信息,如声旁不知字(如"钜")。要求学生学习所有的字后回忆生字的读音,共学习3遍。实验结果发现:儿童学习和记忆汉字的正确率随声旁提供的整字读音信息不同而不同:声旁提供的部分信息越多,汉字回忆的正确率越高。当声旁提供全部信息时正确率最高,声旁提供部分信息时其次,当声旁不提供信息时最低。

形声字声旁提供的读音信息能够在一定程度上帮助儿童学习和记忆生字,而且信息的多少直接影响汉字的学习和记忆,这表明四年级儿童对声旁提供的部分读音信息敏感,他们已经能够将在汉字学习过程中发展起来的汉字读音规则性意识运用于新字的学习和记忆中。儿童对形声字的声旁表音规则的认识是他们能利用声旁部分信息的基础,这种认识可以帮助儿童在记忆系统中存储大量形声字并提取学过的汉字,同时也有助于他们学习和推理未学过的新字。声旁意识的发展对学习和记忆汉字具有积极作用。

2 一致性效应

在形声字学习中,儿童不仅能利用声旁提供的部分语音信息,而且也能意识到由同一声旁构成的一组形声字之间的语音关系,从而表现出汉字识别中的一致性效应。舒华等(2000)采用同音判断的方法,考察儿童汉字读音声旁一致性意识的发展。实验中一个熟悉字和一个不熟悉字共用同一声旁,该声旁在提示整字发音时可以是一致的(如遍—碥),也可以是不一致的(如桃—姚),要求儿童预测不熟悉字的读音,作出它与熟悉字是否同音的判断。结果发现:儿童很早就可以意识到汉字的结构以及声旁和形旁在表音、表义功能上的分工,能够利用声旁猜测整字的读音,随着年级的提高,这种能力逐步增强。儿童至迟在四年级就产生了对汉字结构的认识,知道了声旁的表音功能,而且意识到共用声旁与单纯的字形相似之间的区别,意识到同声旁的形声字家族内各成员间存在着联系,并自觉地利用这些知识学习新的汉字。但在四年级这种意识还局限于一小部分语文能力较高的儿童;六年级时则只有一部分语文能力较低的儿童一致性意识较弱;初二年级的学生则全部发展了这种意识。说明声旁一致性意识是随着语文能力的提高、识字量的增加而逐渐发展的。

汉语儿童的形声字意识通过他们在汉字书写中的错误形式也可以表现出来。在小学四年级儿童的汉字听写和听后选择任务中,阅读能力低的儿童产生较多的同音替代错误,替代的方式常常是用另外一个更熟悉的字来代替目标字(如用"迟"代替"驰",用"迷"代替"弥"),表明他们在字词记忆和输出中较多地利用语音信息,而对于字形与意义之间的关系还不太清楚。对不同的汉字,儿童在听写过程中所产生的错误类型有明显差异。规则字条件下的主要错误是同声旁错误(如以"溏"代"塘"),不规则字条件下的主要错误是同音错误(如以"迟"代"驰"),不知声旁字的主要错误是同音错误和同形旁错误(如以"推"代"撤"),形旁语义透明字主要错误为同形旁错误(如以"撒"代"撤"),形旁语义不透明字的主要错误是同音错误(如以"优"代"犹")(孟祥芝等,2000)。这些错误类型一方面说明四年级的汉语儿童已经基本掌握了汉字的构成方式,较少产生随意性错误,只是在部件与整字关系的清晰性、稳定性上还有待完善;另一方面也说明他们已经意识到了汉字结构及部件功能的差异,从而在字形输出中表现出不同的错误。而且,当汉字的声旁读音不规则、形旁的语义不透明时,字形输出会产生大量的同音替代错误,说明规则声旁与透明形旁可以为小学儿童学习和记忆汉字提供线索,减少他们字形输出中的同音替代错误。这也为语文教学中加强汉字结构意识的培养提供了理论依据。

在听写和选择任务中,汉语儿童产生较多的语音替代错误,这也从一个侧面反映了儿童心理词典的表征与加工模式。首先,汉字中同音字较多,语音输入使儿童心理词典中所有与目标字具有共同语音表征的字形得到了不同程度的激活,如果同音字激活强度超过了目标字就会被错误地输出和选择。另一方面可能与儿童,尤其是低阅读水平儿童的汉字表征方式和加工特点有关。汉字的加工有赖于音形义表征之间的联结强度,只有各种表征的联结达到一定的强度,才会实现相互激活和扩散,也才会顺利实现字形的输出。在字形输出过程中,字形表征不准确,音形义的对应关系不巩固,都可能使得目标字表征的激活强度低于同音字,在与同音字的竞争中处于劣势,从而导致字形输出中的同音替代错误。相比而言,四年级阅读水平高的儿童已经较多地注意到了字下单元与整字间的音形义联结,因此其类推能力、记忆汉字的能力都好于阅读能力低的儿童。因此,充分发展字下单元与整字间关系的意识、在形音义表征之间建立清晰的联系是儿童正确认知和使用汉字的前提,而儿童的心理词典也是随着语文能力的提高、识字量的增加而逐步发展和完善的。

3 形旁在儿童汉字加工中的作用

在声旁语音意识迅速发展的同时,儿童如何发现和利用形旁在汉字识别中的作用?刘燕妮等(2002)的实验利用语义相关判断任务,探讨了儿童汉字加工中形旁语义信息的激活方式。目标字是语义透明的合体字(如"姐"),启动字选用两种与目标字语义无关的字,一种是共用形旁但语义不透明的合体字(如"姚"),一种是无关控制字(如"程")。结果发现与无关控制字相比,儿童和成人在共用形旁字上的"否"反应(即判断形旁相同的两个字语义无关)得到了延迟,说明其中的形旁被分解加工,而且语义被激活。当形旁被激活的语义与整字意义相悖时,会对整字的语义判断产生干扰。研究还发现:小学儿童利用汉字形旁信息的能力随着年级和年龄的增长而发展,小学中、高年级儿童已经发展了形旁意识,并且能够在汉字识别和字形输出过程中加以利用。形旁意识也是随着儿童识字量的提高而形成和发展的。

4 儿童对汉字字下成分功能的认识

声旁规则性与形旁语义透明度效应同时存在,表明儿童在汉字学习和记忆中使用了多种线索,包括声旁的语音线索、形旁的语义线索,而且这两种信息相互作用。规则字声旁读音与整字读音一致、语义透明字的形旁能够提示整字的语义等功能增强了语音表征与字形表征、语义表征与字形表征的联结,从而在汉字加工中减轻了计算资源的负担,促进了对整字的加工。

要利用声旁提供的语音线索,儿童必须能够解析汉字的结构,知道声旁的功能及其与整字的关系,必须把对一致字共用声旁这一特性与一般的字形相似区分开来。上述研究表明,小学中高年级的儿童已开始认识到声旁和形旁在功能、形状、位置分布上的不同,也认识到汉字间共用声旁、共用形旁与简单字形相似的差异,这说明他们已经能区分汉字中对整字读音有贡献的部分,也开始认识到形旁提示意义的功能。其汉字加工系统中已发展了字下单元的意识,但这种意识在最初是不完善的,儿童对汉字结构以及声旁、形旁功能的认识随着年级的增高、识字量的增加和语文能力的增强而不断提高并趋于成熟。

那么字下成分的意识是如何发展起来的?这首先与儿童的汉字学习过程有关。由于人类对视觉信息的加工特点及汉字的构成方式,输入的字形刺激可被分解,在激活整字语音、语义表征的同时也激活了字下单元的信息。这些同时激活的语音或语义表征之间相互竞争,相互促进。随着儿童学习越来越多的汉字,他们逐渐认识到了汉字的构成方式,在通过视觉输入激活心理词典中的汉字表征时,逐渐能够根据所认识的部件对汉字进行分解和整字、部件的平行加工。同时,心理词典中的语音和语义表征越来越丰富,视觉输入所激活的信息越来越多,竞争与融合也越来越强烈。不同年龄、不同能力儿童在各种意识上的差异说明心理词典的形成和发展是一个不断建构的过程。

上面讨论的人类的信息加工特点和汉字的结构方式为儿童发展声旁和形旁意识提供了基础,另一方面,小学课本中汉字的形音状况为这一过程的形成也提供了可能性和必要性。根据舒华等(1998)对小学语文课本中 3262 个汉字的表音特点及其分布的统计分析:形旁能够提供整字语义信息的汉字占形声字的 89%,这种形旁与整字语义之间的规律性便于儿童学习、记忆和提取汉字。在汉字学习过程中,形旁语义透明字帮助儿童建立了形旁与整字语义之间较强的联结,使得字形表征与语义表征的相互激活比较容易。从语音状况来看,在小学中高年级,小学生所学的中、低频字比例上升,高频字比例下降。低年级所学习的高频汉字中,非形声字、不规则字占很大的比率,这使得低年级儿童认识形声字表音规律的可能性很小。随着年级的升高,学生所学生字的频率下降,非形声字比例下降,规则形声字比例上升。小学课本中汉字的这种分布规律为小学高年级学生在学习过程中了解形声字的规则性提供了可能,而了解形声字的规则性、掌握汉字表音线索对于他们有效地学习汉字、扩大汉字量有重要作用。在小学汉字系统中,绝大多数形声字的声旁本身也是独立的汉字,而且小学低年级学习的70%以上的非形声字成为中高年级所学形声字的声旁。因此,声旁与整字的频率关系、各类汉字学习的先后顺序,都有利于儿童发现和利用声旁的表音作用。

但同时要看到的是,在标准形声字中,形声字的声旁可能出现在多种位置,还有少部分字的声旁也可以作其他字的形旁,这表明声旁表音规则的掌握并不是一件容易的事,声旁位置的不固定、声旁与形旁可能的混淆等都会对形声字中声旁的识别产生干扰;另外,形声字中大量不规则字的存在,尤其是高频字的不规则性,给儿童了解形声字的表音规则、掌握汉字表音线索、确定生字读音都会带来很大的困难。

小学汉字的这种分布规律为儿童汉字学习中声符和义符意识的发展提供了可能性与必要性。从研究方法的角度讲,根据小学汉字库统计分析结果所进行的关于儿童汉字学习方式的预测与从儿童汉字认知实验中得到的数据结果也非常相近,这也从一个角度说明,语言材料数据库的研究是我们了解人类语言获得和语言加工过程的一条很好的途径。

 提示

与第二语言学习者一样,汉语儿童的汉字表征与加工方式也处于发展之中。他们所学习的都是相同的汉字系统,该系统的性质与构成对二者的汉字学习方式有着共同的制约;但他们在认知能力、语言背景、语言环境、学习方式等方面都存在着差异,这些都会导致他们在汉字认知方式发展上的不同。

第四节 汉语作为第二语言学习者的汉字认知与发展

目前关于外国学生汉字认知与识别规律的研究结果主要来自两个方面:初期主要是通过对学生书写中产生的汉字错误及语料库中汉字错误的分析,来探讨学生汉字学习的规律。近年来随着第二语言学习研究与语言心理学的发展,更多地利用实验设计和数据统计来分析外国学生的汉字认知机制。所进行的研究既有对外国学生汉字学习规律的总体探讨,也有对某些问题的专项研究,如形声字的学习机制、正字法意识、汉字学习策略等。

1 外国学生的汉字偏误规律

1.1 日本学生的汉字偏误规律

谈到日本学生的汉语,尤其是汉字学习,一般都认为他们具有很大的优势。陈绂(2001)从中级汉语水平的日本学生所写的作文、作业以及日常的听写中,收集到他们所写的错字、别字289例,通过对这些错字、别字的分析发现,在日本学生学习汉字的"优势"背后同样存在着许多值得思考的问题,而且所谓"日本汉字的负迁移"也并不是他们学习中最主要的障碍。

作者将日本学生所误写的汉字分为三大类型:第一种是将日语汉字误写成汉语汉字,也就是说,从汉语汉字的角度讲,他们写的是错字,但从汉字的总体角度讲,这些字并不错,只不过是日语中使用的汉字而已。第二种是通常讲的"别字",从用字的角度讲,他们写的字是错误的,但从汉字的构形来讲,它们是正确的汉语汉字,但却不是在语境中该使用的字。第三种是真正的错字,即在汉字的字符库中不存在的字形。这三种错误类型的分布有很大不同:

汉日混淆字:误将日语汉字当作汉语汉字这类偏误共有23例,在全部289例中仅占7.9%,数量是比较少的。

别字:这种类型共有154个,占讹误总数的53.3%,超过了一半。这一比例足以反映日本学生学习汉字时最容易出现的偏误,也是应该特别重视的问题。正字与别字之间的关系有下述四种类型:

由于形体相近产生的错用(占别字总数的23.38%):正字与别字之间不存在读音上的联系。这种讹误绝大多数发生在合体字上,包括:(1)形近部件替换,如:民族—民旅、航行—般行。这种情况数量最多,占形近讹误的80%以上;(2)多写或少写部件,如将"广"写成"扩";(3)整体字形的讹误,如将"丧"写成"衷"。

由于读音相近产生的错用(占别字总数的32.46%):在正字与别字之间,没有字形相近的因素。而正字与别字之间的读音关系也各有不同,例如:站立—站力、排队—派队、依靠—以靠、一番——方、影响—印象。

由于声音和形体都相近而产生的错用(占别字总数的 40.26%):在全部别字中,这种类型的数量最多。正字与别字之间的关系也有不同的类型:(1) 正字和别字均为独体字,如"失去—矢去";(2) 正字与别字共用声旁,这种情况占这类别字的绝大多数,如:欺骗—期骗、忧愁—优愁、犹愁;(3) 别字为正字的声符,如:年龄—年令、悬挂—县挂;(4) 正字为别字的声符,如:力量—励量、包子—抱子。

由于意义相近而产生的错用:在这类正字与别字之间,虽然也可能存在着形体上或语音上的相似之处,但更为突出的是它们在意义上的关联。这种类型的错误很少,占总数的 4.4%。如:父亲—爸亲,这应该是由于"父"与"爸"的词义一致而将二者相混淆了。

错字(占讹误总数的 38.8%):指在汉字的字符库中根本找不到的字,即学生们自造的"汉字"。无论从出现数量,还是从讹误的类型上讲,它们同别字一样,都反映了日本学生学习汉字时的某些规律。这种错字大体上分为两种类型:一种是部件错误,包括写错部件(担—捏)、增加部件(策—萊)、减少部件(懂—懂)、写错部件的位置(码—驼);另一种是笔画错误,包括笔画数不对和写错笔画,或方向不对,或位置不对。

从上述偏误类型及出现数量可以看到:首先,日语汉字的"负迁移"现象是存在的,这不仅表现为他们会将一些日本汉字用作汉语汉字,也表现为在一些错字的形成过程中,很明显地存在着日本汉字的痕迹。但是,在肯定日语汉字"负迁移"的同时,更应该看到,它并不是造成日本留学生写错、用错汉字的主要原因。这可以从两个方面得到证实:第一,此类错字所占比例不大,不到总数的 8%。而因其他原因写错、用错的汉字却占到偏误总数的 90%多,其中完全写错,即根本不成字的"字"占到总数的 38.75%。这一比例可以充分说明,大多数的偏误是由于不能正确地了解与使用汉字造成的,并不是混淆了日语汉字和汉语汉字的区别。即使有些在日语中也存在的汉语汉字,他们也会写错。其次,有一些汉字在中国已经简化了,但日本仍在使用繁体字,然而学生并没有写出日语中相应的繁体字,而是在写简体字时写错了。这些偏误的产生说明,日本学生还是清楚汉日在某些字书写上的区别的,而且他们主观上也想写汉语汉字,但因没有掌握好汉语汉字的字形结构而写错了汉字。

在日本学生所写的别字中,由于读音相同或相近而造成的讹误有 112 例,占别字总数的 72%还多。这就意味着,他们并未真正意识到汉字字形与意义之间的内在关系,而是将汉字字形作为记录意义的语音符号,因此在学习汉语汉字时,他们很容易也很自然地将音与义联系在一起,较多注意每个词语的声音,而汉字中很重要的形与义的联系反倒被忽略。

从上述日本学生使用汉字的特点我们可以看到:由于汉字是日语的书写符号之一,与欧美学生相比,日本学生在学习汉字时确实有一定的优势,但这种优势主要是他们对汉字的形体比较熟悉、不至于像欧美学生那样把汉字看作是一幅画。同时,他们也可以根据自己所掌握的日语汉字推测他们所见到的汉语汉字的意思,但对于汉字的结构、汉字的造字理据,尤其是现代汉字字形与其所表达的意义之间的关系等方面的知识,他们还存在很大欠缺。也就是说,日语汉字只是帮助他们熟悉了汉字的书写方法,并不能使他们真正了解汉字系统的形义规律,这也正是日本留学生在学习和使用汉字时容易产生偏误的主要原因。

1.2 非汉字背景学生的汉字偏误规律

由于目前关于非汉字背景学习者的研究大多以欧美学生为对象来进行,因此许多研究中也常用欧美学生来指代非汉字背景的汉语学习者这一整体。从已有的研究结果来看,他们在学习和使用汉字时表现出以下特点和规律:

初学汉语的欧美学生出现的汉字错误常与笔画有关。首先,他们书写汉字的错误率受汉字笔画数的影响,笔画数越多,错误率越高,但二者的关系并非是线性发展的,当笔画数是6画时,学习者书写汉字的错误率仅为3.6%;当笔画数增加到7画,这一错误率急剧上升到5.2%;当笔画数为8画和9画时,错误率分别为4.7%和5.8%,与7画字的平均错误率差异不大。由此可见,7画字对于非汉字文化圈学习者来说可能是一个难度的临界点(尤浩杰,2003)。马燕华(2002)通过对初级汉语水平欧美留学生汉字仿写、听写、默写中所出现的错误分析发现:笔画错误的比例最大,其中又以少了笔画最突出,而少写了横的比例最大,其次为少写了点,少写或多写竖、捺的错误率极低;在笔画错误中以"该出头而未出头"、"不该出头而出了头"的比例最大。肖奚强(2002)的研究也发现不成系统的增减笔画的错误多发生在初学汉语的欧美学生中。

随着所学汉字数量的增多,欧美学生成系统的汉字偏误大多与部件有关,其错误形式表现为部件的改换、部件的增减和部件的变形与变位(肖奚强,2002;马燕华2002)。

部件的改换

采用不同方法进行的研究都发现,欧美学生的汉字书写中义符错误多于声符错误。他们改换部件的汉字偏误一般都是改换义符,包括形近改换、义近改换、类化改换。

形近改换　一些常用义符之间虽然在意义上没有什么联系,但是由于形体相近,学习者在书写中往往换用。比如,因笔画增减而形近的有:冫、氵、厂、广、土、王、大、犬、口、日、曰、目、尸、户、礻、衤、弋、戈、木、本、朩、禾、冖、宀、穴等。因笔画长短、曲折与否而形近的有:土、士、贝、见、目、月、力、刀等。表面的笔画增减或相近实质上反映的是书写者对这些义符的表义功能或者说对它们所表示的类义还不是很清楚,因而此类偏误多产生于初级水平的学习者,中高级水平的学生已较少出现。

义近改换 汉字的义符所表示的只是宽泛的类义,许多义符所表示的类义往往是相近的,相同或相近的类义也可以用不同的义符来表示,这是产生异体字或俗字及外国学生出现义符改换的客观原因。在这类偏误中常被外国学生替换的义符有:走、辶、足、艹、竹、彳、米等。产生这类偏误者的汉字水平比产生形近改换的学生汉字水平要高一些,此类偏误大多出自中级水平的学习者,这是对汉字的义符有所了解并有了一定的类推能力的结果。

类化改换 这类偏误主要是由于受上下文的影响而改换字的义符,如根椐(据)、批抨(评)等。这类偏误主要表现在受词内前后字的影响,脱离了上下文,学习者一般不会产生此类更换义符的偏误。有时这种类化偏误也并不依靠上下文而产生于书写者已经内化的语言和汉字知识,如将"偷东西"写成"揄东西","爬山"写成"趴山"。这些偏误都是书写者根据义符的意义类推出来的,说明他们对汉字义符的功能已经有所了解并具有了一定的类推能力。

在所产生的偏误中,被改换的部件多数都是义符,改换声符的偏误很少,如将"牺牲"写成"犒牲",将"树叶"写成"椒叶",这类偏误的产生说明学习者已经意识到了形声字中声符的功能及其与整字读音的关系。

义符和声符改换的数量为何存在如此大的差异?从汉字本身的角度分析,至少应该有如下两个原因:第一,形声字义符的数量远远少于声符,因此义符的构字能力比声符强。也就是说,义符的类推性和能产性远远高于声符。同时,声符虽然具有提示整字读音的功能,但从本质上讲,声符本身并不能直接提供语音信息。汉字的这些特点必然为学习者所注意并内化,所以常出现改换义符的偏误。第二,汉语中存在大量的音同音近字,这为汉字的同音替代提供了方便。也就是说,当学生由音及形而不得其形时,他们会直接找到另外一个音同或音近字来代替。学生汉字使用偏误中存在的大量别字都是因同音而造成的,这也表明他们对汉字以形表义的性质以及汉字形义之间的关系还缺乏系统的认识。

部件的增减

这类错误也多发生在义符层次,是指在书写过程中增加或减少字的义符,包括增加义符(如漂浤、惊悒)和减少义符(如"城保"、"京居")。无论是增加还是减少义符,学习者所形成的错字或别字中都保留着声符,这也再次证明了他们对汉字形义关系的忽视。

部件的变形与变位

部件变形主要来自于母语迁移。常出现的以母语字体或字母为原型所产生的类推现象有:将竹字头写成两个字母K,将口字旁写成字母O等。这种源于母语迁移的偏误多产生于初学者,但也有部分中高级水平的学习者因初期错误的书写习惯未得到及时改正而出现此类问题。部件镜像变位的偏误是将左右结构汉字的部件位置互换,比如较—
斠,站—岾等。部件的镜像变位与部件在构字时所占据的位置密切相关,部件通常所占据
的位置常常成为镜像变位的原型。在学生的汉字错误中,部件往往从不常占据的位置移
至部件通常所占据的位置,如"月"、"口"用在左右结构的汉字中,绝大多数占据左边的位
置,仅"胡、朝、期"、"加、知、和"等例外。受系统特征的影响,学生常常将这几个字中的
"月"、"口"置于左边。符合汉字正字法规则的镜像变位多产生于较高水平的学习者,而
无理据的镜像变位,如斠—较,则多发生于初学者。

  汉字的构形理据不仅决定于构成部件的字形,同时与部件的组合方式也有很大关
系。学习者对汉字分解组合的操作加工能力是影响汉字字形学习效果的重要心理因素。
对于中国小学生来说,在汉字部件的分解和组合任务中,语文能力高者反应速度快,正确
率高。语文能力低的学习者较多产生位置错误、笔画增减错误以及部件替换错误,表明
他们不仅在字形和部件特征识别方面能力较低,而且缺乏对各部分之间空间和顺序关系
的认知能力(刘鸣,1993)。上述非汉字背景的学习者汉字书写中所出现的偏误规律表
明:对于学习汉语的外国学习者来说,对汉字部件特征以及部件之间位置关系的认识显
然也有一个随汉语水平的提高而发展的过程。

请思考

根据日本和欧美学生在汉字使用中所出现的上述偏误,你认为在针对零起点、
不同文字背景的教学对象的汉字教学中应当分别注重什么呢?

2　形声字的分布与外国学生形声字学习规律

2.1　对外汉语教学用形声字的语音分布状况

  在汉语母语者的汉字加工中,声旁的性质及其与整字读音之间的多种关系,包括规
则性、一致性、声旁是否成字、声旁的频率等因素都影响着形声字的识别,那么这些因素
在外国学生的汉字加工中作用方式如何?为了讨论这一问题,我们首先需要了解他们所
学汉字中声符和整字的语音分布状况。根据冯丽萍(1998)对外国学生《汉语水平词汇与
汉字等级大纲》中的甲乙丙丁四级共2905个汉字中1920个形声字进行的分析,其语音
状况分布如下:

形声字比例

2905 个汉字中共有形声字 1920 个,占 66.1%,其中各级形声字所占比例不同。甲级共 395 字,占 20.6%;乙级共 496 字,占 25.8%;丙级共 472 字,占 24.6%;丁级共 557 字,占 29%。从绝对数量看,甲级形声字的数量最少,比例最低。如果计算每一级字中形声字的相对比例,结果如下:甲级字共 800 个,形声字比例为 49.3%;乙级字共 804 个,形声字比例为 61.7%;丙级字共 601 个,形声字比例为 78.5%;丁级字共 700 个,形声字比例为 79.6%。从相对比例看,甲级字中形声字比例也是最低的,只有将近一半,从乙级到丙级,形声字比例逐级升高,到丁级中已占了绝大多数。这一分布趋势与我们前面介绍的舒华等(1998)对小学汉字分布状况的研究结果相一致,即汉字的表音规律性随着字频的降低而稳定增强。

声旁与整字的读音关系

在声旁成字的形声字中,声旁与整字声母相同的比例为 7.6%,韵母相同为 21.3%,声韵全同为 37.2%,声韵全不同为 14%。在四级字中,声韵全同的规则形声字在甲级与丙级中所占比例大体相同,为 36%,在乙级与丁级中均为约 38%。也就是说:在这 1920 个形声字中,声旁与整字读音完全没有关系的所占比例较低,但读音完全相同的也不到一半,而且声旁与整字语音关系在四个等级汉字中的分布相差不大。

声旁的分布状况

声旁独立性 在全部四级字中,声旁成字的形声字比例为 80%。从甲级到丁级,成字声旁的比例呈递减趋势,但各级差异不大,甲、乙、丙、丁四级形声字中声旁成字的比例分别为 81%、81%、80.1%、77.9%。这表明具有独立形音义的成字声旁在各个等级的形声字中都占了主体。

声旁位置 左形右声字被称为标准形声字,这类字在全部形声字中所占的比例也最高,为 60.8%。按照递减的顺序,依次为特殊位置 9.1%,声旁在下 8%,声旁在上 6.9%,声旁在左 5.5%。在甲乙丙丁四级字中,声旁位置比例也表现出同样的分布趋势。

声旁的等级 在 1920 个形声字中,成字声旁占 80%。在这些单独成字的声旁中,甲级字所占比例为 33%,乙级字占 16.5%,丙级字占 8.4%,丁级字占 7.4%,而不在这四级之中的超纲字占 14.1%。说明在这些形声字的声旁中,常用字占了很大比例,甲级字占了三分之一。也可以说,在中高年级所学汉字中,多数形声字的声旁已经较为熟悉,等级高的低频形声字在教学和学习上都具有很大的优势。

声旁构字能力 声旁构字能力最低的构成 1 字,最高的构成 14 字。其中构字 1 个的占了 14.7%,构字 14 个的占 0.6%。从构字 1 个到构字 14 个,声旁的分布曲线呈前半部分较高的不规则抛物线型,即从构字 2 个的 13% 到构字 3 个的 14%,上升到构字 4 个的

15%,到达此顶点后开始迅速下降,到构字 5 个的 7.2%,直至构字 14 个的 0.6%。也就是说,多数声旁的构字能力都在 5 个以下(占 64%),构字 5 个以上的占 22%,构字 10 个以上的占 4%。

不同等级声旁的构字能力　在成字声旁中,共有甲级声旁 639 个,累积构字 3029 次,平均每个甲级字声旁构字 4.74 个;乙级声旁共有 316 个,累积构字 1317 个,平均构字 4.17 个;丙级声旁共 162 个,累积构字 578 个,平均构字 3.57 个;丁级声旁共 143 个,累积构字 493 个,平均构字 3.45 个。也就是说,甲、乙级声旁的平均构字能力都较高,这也是对汉字教学非常有利的一点。

语音一致性　从声旁的构字能力可以看出,85% 左右的声旁都可以构成两个或两个以上的形声字,那么由同一声旁构成的各形声字之间读音关系怎样?语音一致性是衡量由某一个声旁所构成的各形声字之间读音关系的一个指标。如果某声旁构成的音节数为 1,说明由它构成的各形声字读音都相同,则形声字的一致值为 1。一个声旁构成的音节数越多,则由该声旁构成的形声字读音越不集中,一致值越低;反之,一致值则较高。根据计算,在成字声旁中,最少的构成了 1 个音节,最多的构成了 8 个。构成 1 个音节的占 30.3%,构成 2 个音节的占 24.9%,构成 8 个音节的占 0.3%。需要指出的是:虽然看起来构成 1 个音节的声旁比例很高,似乎这些汉字的一致值也很高,但这里包括了那些构字能力为 1 个的声旁。也就是说,其中有一部分声旁是只构成了一个形声字,当然所构音节数也就为 1。计算结果表明:全部 1920 个形声字的平均一致值为 0.23。也就是说,对某个形声字而言,平均 23% 的同声旁字与它读音相同。在四个等级汉字中一致性分布状况大体相当。

从上面的统计分析结果来看,对外汉语教学用 2905 个汉字的语音分布表现出如下特点:

总体特征:形声字占主体(66%),左形右声的标准形声字占较大比例(61%),声旁成字的形声字占绝大多数(80%),成字声旁中甲级声旁的比例最高(33%),声旁与整字读音有关系的占 80% 以上。这是形声字的静态分布中较有规律的一面。

但进一步深入探讨这批形声字的读音状况,我们会发现声旁与整字之间、由同一声旁构成的形声字之间读音关系还有着很不规整的一面。声旁与整字读音相同(不包括声调)的规则字在全部形声字中所占比例只有 37%,而形声字平均的一致性值只有 0.23。同时,从声旁的构字能力看,构字数在 5 个以下的声旁占了多数(64%)。再加上约 10% 的声旁变体字、声旁多音字,说明提示读音的形声字声旁并不像表面看起来那么简单,声旁表音还有着很多的例外和干扰。

纵向分布特征:在大多数指标中,甲乙丙丁四级字所表现出的分布状况相近。比较起来,甲级字中成字声旁比例最高,位置规则的标准形声字最多。但从语音状况看,甲级字中形声字和规则形声字比例都较低,甲级字读音的规律性要显著低于丁级字。从声旁来看:甲级声旁的比例最高且从甲级到丁级比例呈大幅度下降趋势,也就是说,在这批形声字中,大多数声旁的等级较低、使用频率较高。从构字能力来讲,声旁的等级越低、越常见,其构字能力越强。

请思考

基于对外汉语教学中形声字的上述分布规律,你认为在汉语教学的不同阶段,汉字教学的重点与方法应有何不同?

2.2 外国学生的形声字学习规律

鉴于形声字在现代汉字中的绝对数量优势及其自身标音示义的特点,外国学生的形声字学习规律一直是一个研究的热点,而研究的焦点则集中在声旁在形声字识别中的作用。

有的研究没有发现外国学生汉字学习和使用中的规则性效应,如高立群(2001)的研究。依据从北京语言大学的中介语语料库中筛选出的日、韩、欧美学生共同使用的形声字1891个为材料,作者对外国留学生在规则形声字和不规则形声字方面的错误进行对比分析显示:欧美、日、韩留学生的汉字学习没有表现出规则性效应,规则字和不规则字的错误率没有差别,这似乎表明他们对规则字和不规则字的学习机制没有差异。对外国学生来说,规则字和不规则字的形音关系是一样的,他们对两种字可能利用了同样的依赖字形信息的加工策略,或者说他们尚未意识到规则字中声旁的示音功能。

但是大多数的研究还是发现了外国学生汉字学习中对声旁信息的利用。陈慧(2001)以不同汉语水平的留学生为被试,以规则和不规则字为材料进行实验,探讨了不同水平的外国学生在识别汉字时出现的错误以及由此反映的汉字识别方式。实验结果显示:初级水平学生犯规则性错误(按照声旁的读音来识别整字读音,如将"拙"读为"出")的比例相当高,这说明初级水平的学生已经意识到形声字的声旁具有表音作用,因此遇到那些还不认识的形声字时,会按照这个形声字的声旁进行识别。中级水平学生犯规则性错误的比例比初级水平的学生低,说明随着汉语水平的提高,学生逐渐认识到了形声字声旁表音的局限性。从这个角度来看,外国学生对形声字的习得与中国小学生有共同之处,即学生在学习过程中首先意识到形声字的声旁具有表音作用,随着学习时间的延长和汉字量的增加,逐渐意识到形声字声旁表音具有局限性。

　　学生在猜测不认识的形声字读音时,也会产生一致性错误,即按照这个形声字家族中的某一个字去认读,如将"怀"读成"杯"。而规则性错误或一致性错误的出现是由字频决定的。如果形声字的声旁是一个使用频率很高的字,学生就按照这个形声字的声旁认读;如果形声字家族中某一个字的使用频率很高,学生就按照这个高频字认读,如把"吻"读成"勿",把"淡"读成"谈",就是由于"勿"和"谈"是学生经常见到或使用的汉字。但总体来说,无论是初级水平还是中级水平的学生,一致性错误的出现比例都比较低。其原因可能来源于两个方面:一是由于在他们所学的形声字中,能明显形成形声字家族的数量还不多,多数声旁的构字能力还比较低;第二个原因与此相关,即学生还没有形成形声字家族的概念,还不善于利用一个声旁线索将相关形声字系联在一起并分析其异同。

　　江新(2001)的研究选择高低频的规则字与不规则字为材料,采用注音任务所得到的结果也发现:外国留学生对规则形声字的读音好于不规则字,三年级留学生的形声字读音规则性效应比二年级留学生强,他们也比二年级学生更多地使用声符类推策略去探测生字的读音。这表明外国学生对形声字读音的识别也明显受到声符表音规则性的影响,声旁与整字读音相同时能促进学生对汉字的记忆,而且他们对形声字声旁功能的认识随汉语水平的提高而增强。

　　分析上述研究结果出现不同的原因,我们可以发现,不同研究中所采用的方法不同,高立群的研究中分析的是学生输出的汉字字形材料,而陈慧和江新的研究中采用的都是命名(即根据字形给出读音)任务,其研究结果的差异也许说明对汉字不同层面的加工所利用的声旁信息也是不同的。

3　正字法意识

　　现代汉字的字形在构形上是以系统的方式存在的,每个构形元素都有自己的组合层次与组合模式,汉字部件的位置分布与组合关系构成了汉字的正字法规则。在外国学生的汉字学习中,汉字的正字法意识、部件位置意识等是一个随汉语水平的提高而逐步形成和发展的过程。

　　冯丽萍等(2005)的实验通过改变不同位置部件频率的方式,利用真假字判断任务考察了汉字结构和部件位置对中高级汉语水平外国学生汉字加工方式的影响。实验结果发现:对外国学生来说,以反应速度和正确率为指标,左右结构中的右部件、上下结构中的下部件对汉字识别起更大的作用。这与我们在第一节谈到的汉语母语者对汉字部件的认知方式相同。

在另一实验(冯丽萍,2006)中,作者以汉语中实际存在且学生认识的真字(如"好、责")、合乎正字法规则但汉语中不存在的部件组合构成的假字(如"盰、亩")、不符合正字法规则的部件组合构成的非字(如"豕、㔷")为实验材料,以中、高级汉语水平的欧美、日韩留学生为被试进行的研究发现:从反应时和正确率来看,欧美和日韩两种不同汉字背景、中级和高级两个不同汉语水平的外国学生对汉字识别表现出了基本相同的反应模式:对学过的、熟悉的真字识别速度最快,错误率最低;对不符合汉字正字法规则的非字拒绝速度次之;而对符合正字法规则的假字拒绝速度最慢,错误率最高。说明这些学生在经过一定时间的汉语学习和一定数量的汉字积累以后已经初步具备了汉字的正字法意识,对部件位置信息和部件组合规律也有了一定的了解,而且能在汉字识别中运用,因此对位置合法的部件组合的拒绝比较困难。但欧美学生的反应时和错误率要明显高于日韩学生,说明外国学生汉字正字法意识的形成与运用要受到汉字背景的影响。具有汉字背景的日韩学生由于较早接触汉字,对汉字字形和结构比较敏感,因此汉字正字法意识强,形成时间早,他们能更有效地提取汉字部件的位置信息,对部件组合方式的合理性也更容易做出判断。

研究还发现:正字法意识的形成与汉字结构有关。日韩学生的正字法意识在中级水平已经形成,并且在左右和上下两种结构汉字中的发展是基本同步的。但是对欧美学生来说,其正字法意识的形成受汉字结构的较大影响,中级汉语水平的欧美学生对左右结构汉字的正字法意识已基本形成,但是在上下结构中,他们还不能很好地区分合乎正字法规则的假字和不合乎正字法规则的非字,他们对此类结构汉字的正字法意识仍处于发展之中。

相关的研究(李娟、傅小兰等,2000)也曾发现:汉语儿童对左右结构汉字的正字法意识比上下结构和半包围结构都更敏感,外国学生汉字正字法意识的形成和发展与此有相似之处。分析其原因,可能有以下两方面因素的影响:首先与汉字的结构特征有关。我们知道,汉字的正字法规则主要表现为部件的组合方式与位置分布,因此,正字法意识的形成应该是与部件位置信息密切相关的。据《汉字信息字典》(李公宜、刘如水主编,科学出版社1988,见冯丽萍2006)的统计,现代汉字中左右结构占64.933%,上下结构占21.105%。也就是说,外国学生生活中所见的、课本中所学的左右结构的汉字比例会远高于上下结构,明显的数量差异可以使学生对左右结构的组合方式形成更高的熟悉度。其次应该与汉字加工方式有关,以不同任务进行的关于部件分解组合的研究都发现:上下结构汉字中部件的分解与组合都较困难,左右结构字比上下结构字容易产生知觉解体,其部件的分解加工更为容易。这也导致欧美学生在汉字识别中对左右结构的部件位置信息会更为敏感。

正字法规则表现的是部件的位置分布与组合方式,这种规则在外国学生的汉字识别中起作用,说明在其汉字加工中被提取的不仅是部件的形体特征,而且还有部件的位置信息。这一识别方式与偏误分析中所发现的学生在汉字书写中会产生镜像变位错误应该是同样的道理。

与儿童正字法意识的形成一样,外国学生的汉字正字法意识也是随着汉字量的增加而逐步形成和发展的。有关研究发现:欧美学生从初识汉字到正字法意识的形成需要2年左右的时间(鹿士义,2002)。在正字法意识的发展过程中,学习者的汉字识字量是一个重要的相关因素,识字量越高,正字法意识的形成与发展越好。

请思考

1. 成年汉语母语者采用的是成熟、经济、最适应汉语和汉字系统特点的汉字认知方式,儿童的汉字认知方式处于发展之中,将汉语作为第二语言学习者的汉字认知方式与前二者相比较,你认为对外汉字教学的重点和难点是什么?

2. 结合第一章第二节所谈的内隐学习与外显学习,你认为在外国学生学习汉字的过程中,哪些内容适合采用内隐学习?哪些适合采用外显学习呢?

4 汉字学习策略

对于不同的学习目的和学习群体,汉字学习也具有多种不同的方法和策略,那么外国学生在学习汉字时如何使用这些策略?目前较为系统的研究来自江新等(2001)利用汉字学习策略量表对初级阶段外国留学生的汉字学习策略进行的分析。作者将汉字学习策略分为两大类:认知策略和元认知策略。认知策略(cognitive strategies)是指在对学习材料进行直接分析、综合和转换等问题解决过程中采取的步骤或操作,是与完成具体学习任务直接联系的。元认知策略(meta-cognitive strategies)是指利用对认知过程的认识,通过计划、监控和评价来规范语言学习活动,如引导注意、自我管理等,元认知策略可以为学习任务的完成提供间接的支持和促进。就汉字学习而言,认知策略包括以下6种:(1)笔画策略,即学习笔画笔顺并且按照笔画笔顺书写;(2)音义策略,即注重汉字的读音和意义;(3)字形策略,即注重汉字整体形状和简单重复;(4)归纳策略,即对形近字、同音字和形声字进行归纳,利用声符义符学习汉字;(5)复习策略,即对学过的汉字进行复习;(6)应用策略,即应用汉字进行阅读和写作,在实际应用中学习汉字。元认知策略包括两种因素：(1)监控，即对汉字学习中出现的错误进行自我监控，并对学习进展情况进行自我评价；(2)计划，即制订汉字学习的计划以及要达到的目标。

提示

汉字学习策略是语言学习策略的一部分，建议读者参考第五章的相关章节中关于学习策略、元认知等内容，以便更好地理解本部分的汉字学习策略。

调查结果发现这些策略在初级阶段学生汉字学习中的分布状况如下：(1)在总体上，留学生最常使用的是整体字形策略、音义策略、笔画策略、复习策略，其次是应用策略，最不常用的是归纳策略；(2)"汉字圈"国家的学生比"非汉字圈"国家的学生更多使用音义策略、应用策略，较少使用字形策略和复习策略；(3)"汉字圈"国家的学生比"非汉字圈"国家的学生更加经常使用制订计划和设置目标的元认知策略。

汉字学习策略的使用与学生的母语背景有关。"汉字圈"学生比"非汉字圈"学生更多使用音义策略、应用策略，更少使用字形策略、复习策略。"汉字圈"学生经常做汉字的发音练习和意义理解练习，并且能够借助词典或词汇表去阅读汉字课文、用汉字写作。这些策略的使用与他们具有一定的汉字知识有关。"汉字圈"学生在学习汉语之前，或多或少接触过汉字，对汉字的字形特点并不陌生，记忆汉字的字形不会成为其难点。而且相对于"非汉字圈"的学生来说，他们认识的汉字数量增加较快，这使得他们能够进行简单的汉字阅读和写作，能在使用中学习汉字。而"非汉字圈"学生在学习汉语之前多数人并没有真正接触过汉字，对汉字的感性认识少，特别是对汉字的字形结构、汉字的特点等基础知识还缺乏了解。在汉字学习初期，字形是大难点，这使得他们更多地使用记忆整体字形的策略，同时还要及时复习，以避免遗忘。

在元认知策略方面，对于监控策略，"汉字圈"学生和"非汉字圈"学生的使用频度没有显著差异，但对于计划策略，前者比后者频繁。"汉字圈"学生比"非汉字圈"学生更加经常使用制订汉字学习计划、设置汉字学习目标的元认知策略。这可能与"汉字圈"学生学习汉语的职业动机较强有关。在各种汉语学习动机中，"汉字圈"学生由于将来职业的需要而引发的汉语学习动机最强，"非汉字圈"学生由于对汉语感兴趣而引发的汉语学习动机最强。将来职业需要是语言学习的工具性动机，这种动机强的"汉字圈"学生，对汉字学习有明确的目标，并能根据该目标制订具体的汉字学习计划。学习策略的使用与学习动机有关，这一结果在许多相关研究中已得到了证实。Oxford & Nyikos(1989)研究美国的大学外语系的学生，发现动机的强度是影响学习策略选择的一个重要因素，动机强的学习者比动机弱的学习者使用更多的学习策略。而且动机的类型也影响策略的选择,如果学外语的动机主要是为了完成课程的要求、获得一个好分数,那么形式(语法)练习策略比功能(交际)练习策略更加经常使用;相反,因为职业需要而学习外语的学生,功能(交际)练习策略就比形式(语法)练习策略更加经常使用(Ehrman 1990,见江新、赵果 2001)。

  总体上来说,"非汉字圈"的学生对于音义策略、归纳策略等使用较少,他们更多地使用一些基本的字形策略、反复练习等策略。音义策略、归纳策略等是层次稍高一级的策略,它需要学生有意识地将学过的汉字进行对比、归纳,分析并利用形声字的声符和义符在汉字中的功能。如果运用得当,这一策略及其所产生的效果对于加强其心理词典中汉字表征的系统性、区别形近音近意义相关字、提高汉字学习能力等都会有很大的益处,但初级阶段的多数学生显然还不会有意识地主动去使用这些策略。这与我们前面所介绍的中国儿童汉字学习方式的发展有类似之处,即认识并利用汉字的内在特征(例如声符和义符的功能)是一个随语文知识的增多、能力的增强而逐步发展的过程。而汉语教学中应该充分利用教学对象的思维和理解能力已经成熟的特点,引导学生有意识地去使用更多的适应汉字系统规律和内在特征的学习策略,提高其学习效果。

  不同的汉字学习方法和策略对汉字的加工深度不同,因而会产生不同的汉字学习效果。字形策略、笔画策略等属于对字形的简单重复抄写,而音义策略、归纳策略等则是有意识的通过对汉字特征的分析来学习和记忆汉字。教学实验(江新、柳燕梅,2003)结果表明:引导学生利用回忆默写法所学汉字的成绩远远好于重复抄写法所学的汉字。回忆默写法是指写汉字之前,先看汉字和对汉字进行分析,如由几个部分组成,哪些部分是熟悉的,熟悉部分与不熟悉部分有何区别,汉字的部件结构等。写完后再进行比较和修正,哪部分写不出或写错,看完再重新写,直至独立完整地根据记忆写出所学汉字。用这种方法所学习的汉字,记忆保持时间长,且效果更好。

  这一现象也符合认知心理学的记忆原理。我们在第一章介绍过:记忆的加工理论认为,学习者对材料的记忆取决于他们对材料编码时的加工水平。在分析、综合的水平上加工的材料,比在了解水平上加工的材料回忆得好;信息从感觉和短时记忆进入长时记忆,主要依靠的是精细重复而不是简单的机械重复,上述汉字学习策略与记忆效果的关系正是这种理论的体现。回忆默写法是一种将看、写、想、复习等多种行为集于一体的学习,与简单的重复抄写法相比,回忆默写法可以对汉字进行更深度的加工,它有利于学习者利用原有认知结构对汉字进行结构分析和部件熟悉性及功能的判断,从而使学习者对看到的汉字有更清楚、更深刻的认识,因而其学习和记忆效果也更好。

第五节　基于汉字认知规律的汉字教学

上一节我们介绍了不同汉语学习者的汉字认知与学习规律,本节我们将以这些规律为基础探讨汉字教学问题。在此之前,我们首先依据相关的统计和分析结果简单概括汉字系统的规律。简单地说,汉字系统的规律可以告诉我们教什么,而汉字认知规律可以告诉我们怎么教,科学的汉字教学应该是二者的有机结合。

1　汉字系统的规律

1.1　整字

(1) 汉字总体数量多,但常用字数量有限,且在分布上不均衡。在国家语委汉字处颁布的《现代汉语常用字表》(1988)的 3500 字中,常用字 2500 个,次常用字 1000 个。2500 个常用字的覆盖率为 97.97%,1000 次常用字的覆盖率为 1.51%,总覆盖率达 99.48%。周有光先生(1980)的"汉字效用递减率"也指出:汉字最高频 1000 字的覆盖率大约是 90%,以后每增加 1400 字大约提高覆盖率十分之一(见苏培成,1994:p.34;2001:p.86)。现代汉字中也存在着"常用字笔画趋减率",即字的使用频率越高,它们的平均笔画就越少;反之,字的使用频率越低,平均笔画数也越多。使用频率高的字一般趋向于简化(陈明远,1983:p.302;王凤阳,1989:p.612)。

(2) 合体字数量多,2~4 部件字占总数的 84.9%,单部件字占 4.5%,但单部件字的使用频率高。在以《信息处理用 GB13000.1 字符集汉字部件规范》为依据建立的"现代汉语研究语料库系统"中,汉字的平均使用率为 381.6,而单部件字的使用率为 1831.7,远远高于平均使用率(邢红兵,2005:p.3)。合体字结构分布也不均衡,在一千高频度汉字中左右结构最多,占 47%;其次为上下结构,占 32.5%;包围结构最少,只占 7.7%(陈仁凤、陈阿宝,1998)。

(3) 形声字占多数,结构分布较有规律。7000 个现代汉语通用字中,形声结构字有 5636 个,约占通用字总数的 80.5%。其中左形右声字占 67.39%,右形左声字 6.46%,上形下声字 10.50%(李燕等,1992)。在《现代汉字形声字汇》的 6206 个形声字中,左形右声字 4903 个(78.9%),左声右形字 380 个(6%)(吕永进,1994)。关于声旁的表音度问题,周有光(1978)的统计结果认为:现代汉字中声旁的有效表音率为39%;范可育等(1984)将声调计算在内,认为形声字中有22.4%的声旁可以准确表音;康加深等(1993)的统计结果认为现代形声字声符的总体表音度为66.04%(见苏培成,2001:pp.372～376)。总体来说,形声字声旁表音的规律性随着汉字使用频率的降低而提高,即高频汉字的读音规则性较弱,这从对小学语文课本和《汉语水平词汇与汉字等级大纲》中汉字的统计结果(舒华,1998;冯丽萍,1998)都可以体现出来。

1.2 部件

(1) 部件数量有限。汉字的数量较多,但组成汉字的构形元素可以归纳为一定数量的形位。汉字构形学的研究表明,在汉字使用的每个历史时期,形位的数量都大致在250～300个左右(王宁,2000:p.95)。由于统计时作为基数的语料来源不同、部件的切分方法不同,关于部件数量的统计结果也存在一些差异。国家语言文字工作委员会1998年颁布的《信息处理用GB13000.1字符集汉字部件规范》中共有部件560个,相关部件可归纳为393组,它们共构成20902个汉字。国家文字改革委员会在二十世纪八十年代以《辞海》为基础所做的《简化字和未简化的汉字集》中收单字11834个,它们可切分出末级部件648个,其中成字部件327个,不成字部件321个(苏培成,2001:p.326)。在现代汉语3500个常用字中得到部件447个,其中成字部件195个(晓东,1994)。在一千高频度汉字中,成字部件有86个(陈仁凤,陈阿宝,1998)。在《汉语水平词汇与汉字等级大纲》8822个词的2866个汉字中,共使用了413个部件,其中独体字部件有216个,约占50%。这216个独体字部件参与构成了56%的汉字(万业馨,2007)。在这些部件中,可称谓的占61.5%,加上基本可称谓的共占近70%,可称谓部件与不可称谓部件的比例为255:176(崔永华,1997)。

(2) 部件使用频度不均衡。据"现代汉语研究语料库系统"的统计结果,使用频度最高的部件为"口",频度为5.7%。使用频度在前10位的部件的累计频度为26.9%,前20位的部件累计频度在38.9%,前100的部件累计频度达79.3%,前160位的部件累计频度可达90%(邢红兵,2005:p.9)。

(3) 部件位置分布规律性强,构成了汉字正字法规则的一部分。例如根据对《辞海》16339个汉字进行部件切分和分析的结果,构字能力在前三位的部件"氵""艹"和"木"的构字能力分别为761、697、690,而它们在左、上、左位置的出现频率分别为760、697、585,可以看出其位置分布是相当有规律的(苏培成,2001:p.328)。部件位置是汉字构成中的一个因素,相同的部件处于不同的位置可以构成不同的汉字,如"杏—呆"。

(4) 部件在构字时具有不同的功能,它们分别承担表音、表义、表形、标示四种功能

(王宁,1997)。具有表义和示音功能的称为义符(形符)和声符。在《现代汉字通用字表》的7000字中有形声字5631个,可分析出义符246个,根据《现代汉语词典》,其中的成字义符177个(72%),不成字义符69个,义符的平均表义度为43.79%(康加深,1993)。3500个常用现代汉字中有2522个形声字,使用义符167个,义符的有效表义率为83%(施正宇,1992)。在《汉语水平词汇与汉字等级大纲》中构成甲级词的汉字共有801个,可切分出330个部件,其中表义部件有226个,占总数的68.5%,不表义部件占31.5%。从动态的角度看,表义部件的构字数是不表义部件的近3.5倍(崔永华,1997)。义符的构字能力差异较大,在7000个通用字的246个义符中,有54个构字能力很强的义符,由它们构成的形声字就有4898个,约占形声字总数的87%(康加深,1993)。

与义符相比,声符的规律性较弱。现代汉语的音节计调约一千三百多,而现代汉字声符共有一千五百多,近四分之一的声旁只构成一个形声字,是很不经济的(石定果,1997)。在通用字表的5631个形声结构中包含了1325个不同的声符,声符数量是义符的五倍多。对《大纲》所收形声字进行分析,得到义符155个,声符820个,后者也远远多于前者(万业馨1999,2001)。这一现象是汉语汉字发展和演变的结果。

声符的标音功能虽然不如义符的表义功能强,但仍是有一定效率的。对《大纲》所收2905汉字的分析共得到声旁819个,其中为《大纲》所收者558个,占声旁字总数的68.1%;由它们组成的形声字1445个,占全部2001个形声字的72.2%;不属于《大纲》的超纲声旁字261个,约占31.9%,由它们组成的形声字557个,占27.8%(万业馨,2000)。这表明在对外汉字教学中,多数声旁可以为汉字教学和汉字的学习提供有效信息,利用声符学习和记忆形声字是有很多优势的。

(5)声符和义符分工明确,自成体系。声符和义符不仅数量相差悬殊,而且二者存在着角色分工。有的部件在合体字中只作义符,有的只作声符。作义符时构字数越多,充当声符的可能性越小,即使能作声符,构字数也极少。声符的情况也同样如此。林涛(1994)将既可用为声旁又可用为形旁的偏旁称为"两用偏旁",对《现代汉字形声字汇》的统计结果显示单用偏旁1328个,两用偏旁仅195个。据万业馨(1999)对《汉语水平词汇与汉字等级大纲》中形声字及其声符义符的分析,在构字能力最强的前15位的部件中,共有16个义符,其中有10个只充当义符,不充当声符。而义符构字力弱的,充当声符时的构字能力就相对强些。例如在构字能力为1的57个义符中,有40个在其他字中可充当声符。又如,手(扌)、水(氵)作义符时,构字数均高达140个以上,但在7000通用字范围内从不充当声符。构字数最多的前10个义符中可充当声符的只有3个,充当声符时的构字数一共只有8个。同样,构字数最多的前10个声符中,可充当义符的只有2个,构字数3个。从这些数据分析结果可以看出:声符和义符在构字功能上的分工是相对明确的。

义符与声符的来源也有所不同。在《大纲》用字中,构字数最多的前10个义符"手(扌,构字166个)、水(氵,140个)、口(106个)、木(93个)、人(亻,90个)、心(忄、小,85个)、言(讠,70个)、艹(66个)、糸(纟,60个)、土(50个)"作为独体字时,它们记录的都是与人体或人的活动有关的名词。充当声符时构字数最多的前5位分别是:者(构字13个)、工(12个)、分干艮圭肖(各构字11个)、方令皮(各构字10个)、白包丁各交莫尚少昔佳(各构字9个),它们所记录的词或词素以动词、形容词性居多。这与汉字发展史上形声字大量产生时的构字方式有关。

2　汉字认知规律

我们在前面较为详细地介绍了成年汉语母语者、汉语儿童、以汉语为第二语言的学习者在汉字认知与学习中表现出的规律,我们在这里把它们简单地进行概括。

对汉语母语者来说,在心理词典中存储着汉字的形音义信息,且三个层次之间存在着联结。在汉字加工中,笔画、部件、整字都可能成为加工单元,其加工通路受字频、不同加工单元间相对频率的影响,笔画往往因加工的自动化而不体现在加工过程中,熟悉的高频字加工以整字通路优先。部件是汉字加工中一个重要的层次,部件的频率、位置频率、功能等信息在汉字加工中都得到激活。形声字加工中声符、同声符家族字都可以得到激活,因而出现规则性效应和一致性效应。义符信息的提取对整字意义的激活起促进或干扰作用。形声字加工中声符和义符的激活不只同部件的功能有关,字下水平的加工同字水平的加工没有本质的差异。随着识字量的增加和语文能力的提高,汉语儿童逐渐将简单的字形相近和声符、义符相同区分开,认识到声符和义符的功能,并逐渐发展出汉字正字法意识。

对以汉语为第二语言的学习者来说,其心理词典中各相关单元之间(同一字符的形音义之间、相关字符之间)的联结不太稳定,因此在汉字识别和汉字输出中会发生错误。初级水平的学习者较多出现笔画错误而中高级水平学习者大多在部件层次发生错误,包括以形似或音同音近部件及同类义部件替代、部件变位、增加或减少部件等错误形式,义符的错误多于声符。语音在汉字加工中的作用不强,同声符家族字的意识较弱。正字法意识、声符义符意识、心理词典的稳定性随汉语水平的提高和识字量的增加而发展,其汉字学习策略和认知方式与学习者的母语背景有关。

3 关于汉字教学

3.1 汉字教学内容

汉字是由笔画、部件构成的层次系统,因此在汉字教学中,其教学内容应当包括笔画、部件、整字三个层次。

3.1.1 笔画

笔画是汉字最基本的构形和书写单元,笔画的形状、书写方式和顺序以及笔画的组合模式构成了汉字系统性的基础,而外国学生汉字识别和书写中出现的错误也反映了他们对这一系统认识的不足。

在汉字教学中,要注意汉字笔画形体特征的教学,帮助学生形成良好的汉字书写习惯和有效的汉字识别能力。汉字中有基本笔画和由它们派生出的复合笔画,基本笔画包括横、竖、点、撇、捺、折、钩、提,复合笔画数量较多,因此在教学中可以从基本笔画入手,帮助学生首先掌握汉字最基本的书写方式。书写正确包括形体的正确,也包括书写方式的正确。汉字书写是沿着一定的方向有序地展示字形的过程,其间以向右运笔和向下运笔占多数,所以有序且横平竖直地运笔是书写的基本要求。初学者的错误往往表现为书写的无序性和随意性,例如笔画、笔顺、结构的逆向书写。这种无序书写从静态的结果来说容易导致形体的不完整或错误,包括笔画、部件的缺损易位以及结构的松散和扭曲;从动态的汉字认知角度来说,反映了书写者对汉字构成理据认识的不足,从而也必将影响他们对汉字最基础阶段的视觉加工和记忆。基础汉字教学中,教学者和初学者往往只重视书写的静态结果,而忽略形成结果的书写过程。这种错误书写方式如果不得到及时纠正,一旦形成习惯,会在很长时间内影响学生的汉字书写方式。

在汉字字形系统中,有可变特征与不可变特征,前者如笔画的粗细长短,后者如笔画的书写方向、位置等等,这些特征不仅是正确书写汉字的必要条件,同时可以为汉字的记忆与识别提供一定的线索。例如末笔为"一""乀"的部件出现在左部件位置时,应当分别变成"丿""丶",否则从视觉上就不符合汉字形体的拓扑特征。对外国学生来说,这样的规律应该是正确、全面的汉字心理表征系统中所不可缺少的部分。

可变特征与不变特征是相对的,二者是相互依存的。书写时,任何笔画的长短、粗细、距离、形状上的变化都以保持笔画和部件及结构类型的稳定为前提,否则,汉字字符将被改换或不成字,汉字符号系统的稳定性也无从谈起。例如,"外"字,左边"夕"的一点过长或右边"卜"的一竖过短,就有可能写成另一个字"处";左右两个部件写得过宽,两者的距离过大,超越了可变的范围,就可能写成"夕"和"卜"两个字。如果笔画杂乱无章,笔画的种类和数量发生改变或增减,就会导致错字的产生。初级水平学生常犯的"午"和"牛"、"天"与"夫"、"干"和"于""千"、"贝"与"见"、"挽"与"换"相混淆,都是对笔画形状和组合方式认识或注意不足的结果。因此,可变特征的变化要以保持不变特征的相对稳定为前提条件,不变特征要以保证可变特征的一定变化为其存在的环境。留学生书写汉字的错误,表现在字形上,主要是笔画和部件的错用、增减或异位、形近字混淆等等,这些都可以归结为书写完成后在静态结果中显示出来的问题。造成这些问题的主要原因首先在于初学者缺乏对汉字拓扑性质的认识,混淆了可变特征与不变特征的界限,或改变、增减笔画和部件的种类与数量,或改变笔画和部件的相对位置而仅保留其大致轮廓,误将汉字的不变特征当作可变的因素。

笔顺也是汉字教学中不可忽视的内容,科学的笔顺规则是快速准确地书写汉字的基础。现代汉字的笔顺规则是人们在总结了汉字自产生以来特别是隶变以来书写实践的基础上得出的最佳选择,汉字的约定俗成是遵循优化原则而进行的。它在顺应书写的生理机制的同时,也符合汉字作为整体结构的几何原理,如最短连笔距离——包括单个汉字笔画与笔画之间的最短距离,以及相邻两字中前一字的末笔与后一字的起笔之间的最短距离等等。正确的笔顺不仅能保证学生快速、正确、美观地书写汉字,同时也能提高他们对汉字结构与理据的深层认识。

具体到课堂教学设计来说,上述有关笔画与笔顺的内容有些是比较容易讲解的,例如笔画名称与形状、汉字基本笔顺规则等;有些对初级水平学生来说则不易清楚地解释,例如有些笔画的可变特征。在教学中,可采用的基本方法是精讲多练,通过例字的呈现和任务的设置来帮助学生体会和掌握这些基本知识,通过任务的完成结果来检验其掌握的程度。在讲解过程中,要注意所选汉字的典型性及其呈现顺序。例如为了讲清汉字"从上到下"的笔顺规则,首先可选择并顺序呈现"下、上、只"这些作为例字,因为它们不仅结构简单清晰,而且分别代表了单笔画在上、复合笔画在上、部件在上等不同的上下结构,同时这些字也是他们在开始学习汉语后会马上接触到的、使用频率很高的汉字。而对于"㇏"出现在左部件位置的末笔时应当变成"丶"这一规则的教学,在这一阶段教学对象的特点是汉语理解能力非常有限但思维能力成熟,因此可以给学生同时呈现"木""桌""杏""沐"与"林、村"等字,让学生在对比中发现"㇏"的变形方式及其与所在位置的关系。之后让他们正确地书写一批体现了不同书写规则的汉字,书写时可采用个别学生演示或同时书写等不同方式,并通过教师的反馈来进一步强化其所学的规则。尤其是现代教育技术在教学中的广泛应用,通过笔顺动画、颜色的设置等手段会大大有助于我们针对学习者的知觉、注意、记忆等认知机制来设计更能促进其信息加工效果的教学方式。

3.1.2 部件

部件的形状、功能、位置、频率等内容都是影响汉字加工方式的因素,因此也都应该成为汉字教学的内容。基础部件在作为构形元素时,有着相对明确的分工,其中声符表音和形符表义是最重要的两种功能。从分布规律看,声符的数量远远多于义符,而从汉字认知方式来看,声旁提示读音的功能和同声旁家族字意识是外国学生相对较弱的,他们可以较早地发现和利用义符,甚至类推义符,但是对声旁表音功能的意识则发展较晚。即使到了中高级阶段,仍有不少学生刻意寻找声符与整字意义间的联系,尤其是对于声旁语音线索不明显的形声字。我们在教学中就曾遇到过学生提问"逐渐"与"豕"和"车"之间有什么意义关系。他们明白"氵、辶、车"的意义,甚至根据字典了解了"豕""斤"的本义,他们可以联想"逐渐"的意义与"氵""辶"之间的关系,但同时也会设法在"豕""车""斧"与"逐渐"之间建立意义联系。"'似'和'可以'有什么关系?"、"'准'和'谁'有什么关系?"等此类问题也是学生常有的疑问,提出这些问题的学生往往是已经意识到了汉字部件与整字间存在着联系,但他们更加关注的是部件意义的作用。造成声符意识较弱较晚的原因来自多方面,主要原因在于声旁本身数量较多,而且声旁本身也是一个字符,其表音线索不直接;其次也与许多教材和课堂教学中重义符而轻声符有关;同时也来自于许多学生对汉字性质的心理"图式"。他们在学习汉语以前通过不同的途径了解到汉字是一种表意文字,甚至认为是图形文字,在这样一种汉字意识之下,他们在汉字学习中会刻意地去寻找汉字字形中与意义有关的成分,反而忽视了声符的功能。因此在对外汉字教学中,基于汉字自身的特点和学习者的认知规律,应该给予声符和义符以同样的重视,而声符意识的培养也许需要更多的关注。

学生的记忆系统中相关知识之间会产生联系和迁移,如果迁移正确能促进新知识的学习,反之则会产生干扰作用。在教学中不可忽视的一点是形声字声符和义符的分工是相对的,有些部件同时具有两种功能。如"禾"在"秀、季、种"中是表义部件,但是在"和"字中有示音功能。又如"口"是一个构字能力很强的义符,但是它也可以在"扣"字中作声符。这样的提醒可以帮助学生形成对汉字的全面了解,从而避免将不完整的汉字知识迁移至新字的学习中造成干扰。

现代汉字是一个有规律的系统,部件的书写、组合、分布都有自己的规律,这就形成了汉字的正字法规则。汉字的部件有不同的组合方式,同样的部件因不同的组合方式就可以构成不同的字,如"呆"与"杏"、"部"与"陪"。正字法规则也是汉字记忆和识别中可以利用的信息,学习者的汉字正字法意识是随着识字量的增加与汉语水平的提高而形成和发展的,从汉字书写中部件变位的偏误类型可以看出中高级水平学习者已经对汉字构成有很强的类推能力。因此在教学中,应适当地向学生讲解汉字的部件组合知识,培养学生的汉字正字法意识。这种意识的培养可以依据汉字的研究成果将理论简要地介绍给学生,也可以依据内隐学习理论,通过相关汉字的对比让学生自己进行总结。但同时,我们也应该注意到:许多部件除常规位置外,还有很多非常规位置,而这些往往正是学生,尤其是没有汉字经验的外国学生的学习难点。因此在汉字教学中,对与总体规律相悖的例外字、对易于产生镜像变位的部件的构字方式应该在定量分析的基础上对其常规位置和非常规位置有具体的说明,应该利用部件将相关汉字适当地系联在一起,并将例外汉字区分开。同时,汉字构件的组合有不同方式,从而可以形成相同的平面结构和不同的层次结构,其组合过程以及层次结构的层级数和各级构件的关系,是理解汉字构字理据的重要途径。上面提到的学生试图寻找"逐渐"意义与"车、斤"意义的关系,也是由于不了解三部件字"渐"的组合层次而造成的。汉字教学应该同其他语言要素的教学一样,采取功能与结构并重的原则,功能表现为部件在构字中的作用,结构表现为部件的位置分布与组合方式,从而帮助学生形成正确、清晰、全面的汉字心理表征系统。

3.1.3 整字

组合方式与正字法规则是属于汉字结构层面的教学内容,除此之外,汉字教学中还应当注重汉字功能的讲解。在现代汉语系统中,多数汉字记录的是单音节词或词素,而在许多语言中,字、词素、词的区分并没有这么明显。因此在教学中,可以将汉字教学与词汇教学甚至句子教学、阅读教学、文化教学相结合,互相促进。词是句子的基本构成成分,而句子又是最重要的表达与交际单元,汉字量的增加有助于提高词汇量和阅读水平,而阅读水平的提高又可以帮助学生更深入了解汉字的性质,培养汉字学习能力。

关于外国学生阅读理解影响因素的研究(冯丽萍,2011:pp.115~122)发现:学生的识字量与词汇量之间存在着显著的相关关系;虽然汉字量对其阅读理解成绩没有显著的解释作用,因为在阅读中更多地是以词而不是以字为理解单位的,但是反过来,阅读理解能力对学习者的汉字量有显著的解释作用。这是因为许多汉字记录的是意义并不明确的词素,只有进入词和句子语境中,汉字所记录的词素意义才能得到确定,因此阅读能力的发展有助于识字量的提高。而不同母语背景的学习者都会出现将某字误认误写为合成词中另一汉字的现象也从一个角度说明他们利用整词理解和记忆汉字的策略,但是在初期阶段,他们尚未将汉字的形音义信息完全独立出来。因此在教学中,可以将同一个字在不同的"词"环境中反复出现,字词教学相结合,这有助于学生把"字"从"词"中提取出来,形成对"字",或者说词素的认识。关于词素教学我们在下一章会做更详细的讨论。

3.2 汉字教学方法

教学方法的选择应当建立在对教学阶段、教学对象、教学内容、教学目的的深入分析基础上。

3.2.1 基于学习阶段的汉字教学

从总体上来说,汉字是作为语素文字或表意文字而存在的,但是不同汉字的形音义关系是各不相同的,学习者在不同阶段的汉字认知规律也在不断发展。因此,在汉字教学的不同阶段,应该侧重选择不同的汉字,帮助学生掌握系统的汉字规律。

在汉字系统中,汉字在频率、笔画、语音规则性方面都有着一定的分布规律。在对外汉语教学中,有关专家和机构也在深入分析和研究的基础上,对不同阶段所教的汉字数量和内容提出了相关的建议。从汉字的分布规律来看,随着频率的降低,汉字的语音规则性逐步提高。在对外汉语教学中,初级阶段的甲级字规律性是最弱的,形声字数量少,多数声旁的相对频率较低,构字能力也较弱,这是汉字教学中的一个不利方面。因此在这一阶段,必须选择有效的教学方法和适当的教学内容,帮助学生渡过初期的汉字难关。同时,也可以将这一不利方面转化为一个可以利用的因素。正是因为甲级字中形声字比例低,我们可以在教学的初期引导学生正确认识现代汉字的全貌,避免他们将汉字简单地形声化;同时,牢固掌握一批在中高级阶段可以作为构字成分的高频字。随着学习程度的提高,随着汉字自身规律性的加强,在中高级阶段的学生掌握了足够数量的汉字、积累了相应的汉字知识后,可以引导他们对汉字进行对比、归纳,从而更加全面、深入地认识汉字规律,在培养汉字学习能力的同时,使其汉字知识表征系统逐渐有序、丰富、完善。

初级阶段是打好汉字基础、培养汉字意识的关键阶段,也是汉字教学最集中、任务最重的阶段。按照一般的教学计划,《大纲》中甲级词教学需要半年时间(约 400 学时),占《大纲》规定掌握的 8822 个词(用四学年)八分之一的学习时间。在总学时八分之一的时间里,学习者要识记占大纲规定总数 27.9% 的汉字和 76.6% 的部件。从汉字系统的分布来说,基础阶段的汉字系统性、规则性较弱,难以类推和聚合,但是"常用字笔画趋减率"使得这一阶段的汉字形体结构不太复杂,而且基础阶段许多高频汉字成为中高级阶段所学汉字的构字成分。因此充分利用这段时间,掌握一批基础部件和基本字,对学生在不同阶段的汉字学习和教师的教学都是大有益处的。从学习的角度来说,在这一阶段,强化记忆避免遗忘、将信息从控制性加工向自动化加工转化的主要途径是通过大量的练习,这些基础的认知规律我们是无法改变的,但是我们可以通过信息输入方式的多样化、通过引导学生从简单的保持性复述转向深加工的精细复述、合理利用学生的已有知识结构等教学策略来提高其记忆的效果。

提示

建议参考第一章记忆部分的相关内容,关于短时记忆向长时记忆的转化、信息记忆的原则等内容会有助于加深对本部分的理解和思考。

汉字体系的特点对汉字教学有利有弊,关键是要找到有效的方法、选择合理的内容进行教学。母语汉字教学已经对汉字进行了一系列定性定量研究,对外汉语教学应该吸收与借鉴这些研究成果,形成自己的规范体系。在深入分析和研究的基础上,许多学者对基础阶段所学汉字的选择与确定也提出了许多建议,一般认为,它们应满足以下条件:出现频率高、构词能力强、理据性强、便于称谓、涵盖汉字基础知识等,依据这些条件,可以选择一批基础部件和基本字作为教学重点。基础部件是指不再进行拆分的部件,主要包括构字能力强、可称谓的表音或表义部件。基本字指笔画不多又有较强构字能力,或者对构字有较强的音义解释力的汉字,包括一些独体字和笔画不多、结构较简单的合体字,如"口、木、日、又、土、贝、止、虫、目、皿、示、尸、酉、青、化、乔"等。崔永华(1997)把依据这些标准所建立的"基本部件+基本字"教学体系与传统的部件体系进行比较,发现前者具有可称谓性强、音义解释力强、便于教学和学习记忆等优势。

在选择汉字时还有一个非常重要的问题是合理控制汉字输入与输出的量。人的加工资源和记忆容量是有限的,如果所输入的内容超过了这一容量,不仅会造成信息的遗漏,甚至会导致学习者因无法接受而失去兴趣甚至信心,因此在教学中要选择符合人类记忆与学习机制的、数量合适的教学内容。同时,对于外国学生来说,应将汉字分为"会用"与"会认"两类,"会用"的汉字指会认读、会书写、会在交际中使用,讲解这类汉字不仅要释形、释音、释义,而且要注意其用法。"会认"的汉字指不需会用、会写,甚至不需会读,只要结合语境能明白其意思即可。"会认"的汉字可通过泛读或快速阅读的训练使其反复多次出现,加强学习者的视觉记忆,为初级阶段的汉字积累及以后递进为"会用"的汉字做好相应的准备。

3.2.2 基于教学对象的汉字教学

对不同汉字背景的学生,在初期阶段应确定不同的教学目标,采用不同的教学方法。对于"非汉字圈"的学习者来说,在汉语学习之初,汉字是一种完全陌生的、类似于图画的符号,根深蒂固的母语文字的形状和书写方式还干扰着学生对汉字的书写和认识,因此在教学中应该先从笔画、独体字和一些使用频率高的简单合体字入手,帮助他们了解汉字的基本构成方式。正确的笔画书写方式和顺序是该阶段的汉字教学中应特别强调的内容。待学生有了一定的汉字基础以后,可以采用集中识字的方法,通过相关汉字的系联与比较,帮助学生了解汉字系统的规律,培养声符与义符的意识,扩大汉字量和词汇量。在适当的阶段,也可以训练学生查字典、利用工具书独立识字的能力。无论对儿童还是第二语言学习者来说,汉字意识都是随着汉字量的增加而逐步形成和发展的,因此初级阶段在正确书写和识别的基础上,一定数量的汉字积累是学生了解汉字性质、培养汉字能力的前提。

由于日韩等亚洲国家的学生已经具有了相应的汉字经验,字形的书写不是难点,其不足之处主要在于对汉字的构字理据和系统规律缺乏了解,以及一定程度的母语的干扰。因此在教学中应注意帮助他们排除母语的负迁移,引导他们了解汉字的特征与规律,增加识字量与词汇量。对日本学生的汉字教学是我们以往所忽视的。与其他国家的学习者相比,他们确实存在着不少优势,但是从前面的分析结果来看,日本学生在识别与使用汉字时也还存在着不少问题,因此对他们的汉字教学也应该引起我们的注意。

就实质而言,日语的音节文字与汉字在书写汉语时所具有的"音节—语素"文字的特点有着本质不同。既然存在如此大的差异,那么针对日本学生的汉字教学就应该认真区分开这种差别,将汉字与其所对应的汉语词之间的关系作为教学的重要内容。也就是说,在教授汉字时,应该科学地讲解汉字的结构,使学生清楚地了解汉字的造字理据以及汉字在构成合成词时的功能。只有这样,才能使日本学生在理解的前提下学习和记忆汉字,从而真正懂得汉字的性质和规律。当然,这种讲授并非要系统地传授文字学知识,而是要以讲解汉字的特征为途径,使日本学生能够树立对汉字的形与义关系的正确认识。

对具有汉字背景的日韩学生,由于他们已经基本了解汉字的书写方式,在其知识结构中已经具有了相应的同化新知识的信息,所以对他们的汉字教学可以在较高的起点上开始,不必从笔画教起,可以部件教学为主,尤以部件组合的原则和汉字的深层理据为重点,培养汉字的系统性意识与汉字学习能力。字词结合、以词素为本的教学法不失为一种有效措施。同时,也可在适当阶段为他们开设汉语泛读课,充分利用他们的汉字优势,促进各项技能的综合发展,提高其汉语学习的整体效率与水平。

3.2.3 基于汉字特点的汉字教学

汉字的构成方式是多元的,王宁(2000:pp.58~63)将汉字结构分析为11种构形模式,它们是分析汉字的结构与理据、对汉字进行认同和别异的重要依据。汉字教学要考虑不同构形模式的特点和作用,依据汉字的多元属性来设计教学。

形声字在现代汉字中比例高,覆盖率大,而且它以声符提示读音,以义符标明义类,又通过声符和义符构成相互关联的形声字家族。随着汉字量的积累,外国学生逐渐发展出形声字意识,在汉字识别中能够利用声旁提供的语音线索,因此在教学中可以以形声字为主体,充分利用形声字的结构优势,以点带面,帮助学生快速掌握一定数量的汉字。但由于汉字的发展与演变,现代汉字中声旁准确表音的功能已比较有限,尤其是在形声字内部,声旁表音也存在着很多例外,而且有些声旁的出现频率低于整字,因此在以形声字为汉字教学主体的同时,对声旁的教学应该把握好"度",不可将汉字简单地形声化,应该引导学生正确认识形声字与汉字的全貌,培养正确的汉字意识。在汉字教学中,我们不完全反对利用一些"俗字源"帮助学生理解和记忆汉字,但是这种讲解不能偏离汉字的内部规律,必须是适度的、作为一定的辅助手段来使用,否则会使学生随意拆分和理解汉字,从而过高或过低估计汉字的特点。过高估计汉字的特点,会把某些局部现象扩大化为普遍规律,产生"见字知义""见字知音"的错误。而过低估计汉字的特点,则会将汉字看作混乱无序的集合,因找不到有效的汉字学习方法而丧失信心与兴趣。

声旁教学是以往的汉字教学中有所忽视的方面,声旁意识也是外国学生发展较晚较慢的,因此应当引起我们的重视。关于形声字的声旁教学至少有以下因素应当考虑:声旁的构字能力、声旁与由它组成的形声字的读音关系、声旁与由它组成的形声字的频率关系等。据统计,在《汉语水平词汇与汉字等级大纲》中约40%的形声字比它们的声旁常用(万业馨,2001)。对不同种类的形声字可以采用不同的教学方法,例如对"吗、妈"等声旁熟悉且构字能力较强的字,可以声旁带整字;而对于"根跟很狠"、"通痛桶勇"等声旁构字能力强但熟悉度较低的字,则可以采用整字带声旁、同声旁字互相系联的方法。同时,也要让学生了解音义结合并不是唯一的汉字结构方式,还有义义结合、音义与记号结合等多种构字方式,从而使学生逐步了解汉字系统的整体特征。

汉字的使用频率对学习者书写和识别汉字都有显著的影响,也就是说,大量、反复的练习有助于学习者对汉字的掌握和记忆。但是外国学生,特别是欧美学生对于单调、机械地抄写大量生字比较反感,这就需要我们采取丰富多样的练习形式强化书写训练,激发并调动学习者的学习兴趣。如将汉字课与书法课结合起来,用描红、拓写、临摹等形式,及时练习当堂所学汉字。针对不同的教学目的也可以设计不同形式的练习,例如针对字形学习可以设计形近字辨析、加减笔画;针对字音可以进行音同音近字归纳对比;针对字义则可以安排组词、填空等多种形式。

不同的学习方法会产生不同的记忆效果,因此应当鼓励学生在对汉字进行分析的基础上进行深层加工,而不是简单地重复和抄写。对汉字的分析越精细,理解和掌握的效果也会越好。教师应当了解不同学生的汉字学习策略与特点,鼓励学生采用多种方法来学习汉字,引导学生经常使用制订计划、设置目标的元认知策略来有意识地监控和管理自己的汉字学习,发挥元认知的有效作用,形成定期检查、复习、评估的学习计划与习惯。

3.2.4 知识与能力并重,引导学生建立清晰有序的心理词典

目前我们的汉字教学对象,主要定位于基础阶段的拼音文字背景者。对这些学生而言,有一个从表音文字到语素文字、从单向线性排列到二维平面结构、从形音联系到形音义三结合的转变过程。因此汉字教学中一个很重要的任务就是要帮助学生形成正确的汉字观念,初步了解汉字的性质、特点与规律,培养汉字意识与汉字学习能力,形成逐渐接近于汉语母语者的成熟、完善的中文心理词典,将它作为一种知识表征系统自上而下地影响汉字学习和识别的心理过程。

从不同学习者的汉字加工方式我们可以看到:在合体字的加工中,汉语母语者对笔画单元的加工是自动化的,这就保证了他们能将更多的认知资源分配到部件等更高的层次,不仅提高了加工速度,同时也减少了识别的错误率。这种加工方式与汉字的构成方式也是对应的,因为笔画本身只是不提供音义信息的构形单元。初学汉语的学生显然在这个方面的能力还比较欠缺,因此在教学中除了应重视部件单元的教学以外,也应当引导学生运用以部件为单元来记忆和识别汉字的策略,从而提高识别的速度和准确性。

在教学方法上,除适当的讲解外,在汉字教学中,相关字的系联是一种有效的方法,这种系联的线索可以是多层次、多方位的。在部件层次,可以有形似部件之间的对比,如"牛、午""广、厂、疒""木、禾""几、九、力""冖、宀、⺍、⺍""礻、衤"等;可以有同部件字的对比,如"兑、况""呆、杏""部、陪"等;可以有同类义部件的归纳,如"走、足、彳、辶"、"艹、竹""牜、马、犭""氵、冫"等。在字层次上,可以系联同声符字、同义符字、同结构字、同部件字、同音字、形近字等等。通过这些系联,帮助学生在归纳、对比、分析的基础上了解汉字的构成规律与系统特点,将所学汉字存储在中文心理词典中合适的位置,加强汉字形音义之间、某单元与相关单元之间的联结,从而形成清晰、有序的汉字心理词典。这种清晰和有序性不仅可以减少学生在识别和书写汉字中的错误,而且对于培养和提高汉字学习能力也有着很大的促进作用。

小 结

在这一章,我们对成年汉语母语者在汉字字形(包括笔画、部件、整字)和形声字方面的加工方式进行了介绍,它反映的是语言和认知能力均已成熟发展的汉语母语者所采用

的最经济的汉字认知方式。以此为参照,通过对汉语儿童和以汉语为第二语言学习者汉字认知与习得规律的分析,我们可以发现汉字认知方式随儿童的认知能力而发展的过程,以及外国学生因已有的母语和文字使用经验的影响而形成的汉字认知方式与特点。通过对比我们可以发现:外国学生对汉字的构成及系统性的认识还比较欠缺,其中文心理词典中各汉字节点表征的稳定性及各节点间联结的有序性较弱,这是导致其汉字识别速度慢甚至识别和输出错误的重要原因。因此,在汉字教学中,在教学内容上既应关注笔画和部件等表层的知识,也应体现汉字的结构与正字法等深层的内容;在教学方法上,则应根据不同文字背景、不同汉语水平的学习者已有的汉字知识,针对不同类型汉字的特点,有针对性地设计汉字教学,兼顾学习者汉字量的增加与汉字学习能力的提高。

  从研究的角度来讲,如我们在前面所说,汉字教学应该基于汉字系统的特点和学习者的汉字学习特点来设计,汉字本身的研究成果相对已比较丰富,而下述三个方面是值得关注、并且目前的成果也还不够深入和系统的研究专题:(1)学习者的汉字学习方式。外国学生具有什么样的汉字与汉字学习观念?他们究竟如何看待和学习汉字?他们所认为的汉字的学习和记忆难点是什么?这些难点是确实存在的还是因为其汉字观念或学习方式的偏差而导致的?这些问题的解决是我们进行汉字教学设计的基础之一。(2)学习者的汉字学习效果。目前的偏误分析和实验研究已经发现了一些特点,但不同文字背景、不同学习阶段的外国学生在记忆和识别、运用汉字中究竟存在着哪些难点和规律?其形成原因究竟来自哪些方面?对这些问题的回答还有待于数量更多、角度更广的研究。(3)汉字教学方法。在适应学习者语言认知机制的前提下,如何根据其学习方式和汉字的特点设计有效的汉字教学方式?哪些汉字学习策略是可教的?哪些汉字学习机制是应顺应的而哪些又是可改善的?这些问题的研究,一方面需要我们在已有研究的基础上进一步拓宽思路、更新方法;另一方面,这也正是目前第二语言习得与教学领域所提倡和期待的、面向汉语教学实际的成果。

主要参考文献:

陈宝国、王立新、彭聃龄(2003)汉字识别中形音义激活时间进程的研究(Ⅱ),《心理学报》第5期。
陈传锋、黄希庭(1999)结构对称性汉字视觉识别特点的实验研究,《心理学报》第2期。
陈宝国、彭聃龄(2001)汉字识别中形音义激活时间进程的研究(Ⅰ),《心理学报》第1期。
陈　绂(2001)日本学生书写汉语汉字的讹误及其产生原因,《世界汉语教学》第4期。
陈　慧(2001)外国学生识别形声字错误类型小析,《语言教学与研究》第2期。
陈明远(1983)现代汉字笔画的统计分析,见《中国语言学报》第1期,北京:商务印书馆。
陈仁凤、陈阿宝(1998)一千高频度汉字的解析及教学构想,《语言文字应用》第1期。

第二章 汉字的认知加工与汉字教学

崔永华（1997）汉字部件和对外汉字教学，《语言文字应用》第3期。

范可育、高家莺、费小平（1984）论方块汉字和拼音文字的读音规律问题，《文字改革》第3期。

冯丽萍（1998）对外汉语教学用2905汉字的语音状况分析，《北京师范大学学报》第6期。

冯丽萍（2005）部件位置信息在外国学生汉字加工中的作用，《语言教学与研究》第3期。

冯丽萍（2006）外国留学生汉字正字法意识及其发展研究，《云南师大学报》第1期。

冯丽萍（2011）现代汉语词汇认知研究，北京：北京师范大学出版社。

高立群（2001）外国留学生规则字偏误分析——基于中介语语料库的研究，《语言教学与研究》第5期。

国家语言文字工作委员会汉字处（1988）《现代汉语常用字表》，北京：语文出版社。

国家语言文字工作委员会（1998）《信息处理用GB13000.1字符集汉字部件规范》，北京：语文出版社。

韩布新（1994）汉字部件信息数据库的建立——部件和部件组合频率的统计，《心理学报》第2期。

韩布新（1996）汉字识别中部件组合的频率效应，《心理学报》第3期。

黄希庭、陈传锋、余华（2002）结构对称汉字识别的加工机制（I）——整字识别的实验研究，《心理科学》第1期。

江新（2001）外国学生形声字表音线索意识的实验研究，《世界汉语教学》第2期。

江新、柳燕梅（2003）欧美学生汉字学习方法的实验研究——回忆默写法与重复抄写法的比较，《世界汉语教学》第1期。

江新、赵果（2001）初级阶段外国留学生汉字学习策略的调查研究，《语言教学与研究》第4期。

金志成、李广平（1995）在汉字视觉识别中字形和字音的作用的实验研究，《心理科学》第3期。

康加深（1993）现代汉语形声字形符研究，见陈原主编《现代汉语用字信息分析》，上海：上海教育出版社。

黎红、陈烜之（1999）汉字识别中的部件加工：错觉性结合实验的证据，《心理科学》第2期。

李娟、傅小兰、林仲贤（2000）学龄儿童汉语正字法意识发展的研究，《心理学报》第2期。

李燕、康加深、魏励、张书岩（1992）现代汉语形声字研究，《语言文字应用》第1期。

梁竹苑（2000）形声字识别中形旁一致性的作用，北京师范大学硕士学位论文。

林涛（1994）两用偏旁初析，《语文建设》第10期。

林仲贤、丁锦红、李娟、韩布新（2001）汉字词在不同方位与不同排列组合条件下对念读速度与准确性的影响，《心理科学》第5期。

林仲贤、韩布新（1999）汉字词识别过程的形、音、义编码作用的研究，《心理科学》第1期。

刘鸣（1993）汉字分解组合的表象操作与汉字字形学习的关系，《心理学报》第3期。

刘燕妮、舒华、轩月（2002）汉字识别中形旁亚词汇加工的发展研究，《应用心理学》第1期。

鹿士义（2002）母语为拼音文字的学习者汉字正字法意识发展的研究，《语言教学与研》第3期。

吕永进（1994）现代汉字左声右形结构析得，《语言文字应用》第2期。

马燕华（2002）论初级汉语水平欧美留学生汉字复现规律，《汉语学习》第1期。

孟祥芝、舒华（2000）不同阅读水平儿童的汉字字形输出与再认，《心理学报》第2期。

孟祥芝、舒华、周小林（2000）汉字字形输出过程中儿童的汉字结构意识，《心理科学》第3期。

彭聃龄、王春茂(1997)汉字加工的基本单元：来自笔画数效应和部件数效应的证据,《心理学报》第1期。

彭聃龄(1997)《汉语认知研究》,济南：山东教育出版社。

佘贤君、张必隐(1997)形声字心理词典中义符和音符线索的作用,《心理科学》第2期。

沈模卫、李忠平、朱祖祥(1997)部件启动对合体汉字字形识别的影响,《心理科学》第2期。

沈模卫、朱祖祥(1997)对汉字字形识别层次模型的实验佐证,《心理学报》第4期。

沈模卫、朱祖祥(1997)独体汉字的字形相似性研究,《心理科学》第5期。

施正宇(1992)现代形声字形符表义功能分析,《语言文字应用》第4期。

石定果(1997)汉字研究与对外汉语教学,《语言教学与研究》第1期。

舒 华、毕雪梅、武宁宁(2003)声旁部分信息在儿童学习和记忆汉字中的作用,《心理学报》第1期。

舒 华、武宁宁、郑先隽、周晓林(1998)小学汉字形声字表音特点及其分布的研究,《语言文字应用》第2期。

舒 华、曾红梅(1996)儿童对汉字结构中语音线索的意识及其发展,《心理学报》第2期。

舒 华、张厚粲(1987)成人熟练读者的汉字语音加工过程,《心理学报》第3期。

舒 华、周晓林、武宁宁(2000)儿童汉字读音声旁一致性意识的发展,《心理学报》第2期。

苏培成(2001)《二十世纪的现代汉字研究》,太原：书海出版社。

苏培成(1994)《现代汉字学纲要》,北京：北京大学出版社。

谭力海、彭聃龄(1991)汉字的视觉识别过程——对形码和音码作用的考察,《心理学报》第3期。

佟乐泉、李文馥、冯申禁、宋 均(1979)笔画繁简和词性差别对初识字儿童识记汉字的影响,《心理学报》第2期。

万业馨(1999)汉字字符分工与部件教学,《语言教学与研究》第4期。

万业馨(2000)略论形声字声旁与对外汉字教学,《世界汉语教学》第1期。

万业馨(2001)文字学视野中的部件教学,《语言教学与研究》第1期。

万业馨(2007)从汉字研究到汉字教学,《世界汉语教学》第1期。

王凤阳(1989)《汉字学》,长春：吉林文史出版社。

王惠萍、张积家、张厚粲(2003)汉字整体和笔画频率对笔画认知的影响,《心理学报》第1期。

王 宁(1997)汉字构形理据与现代汉字部件拆分,《语文建设》第3期。

王 宁(2000)《汉字构形学讲座》,上海：上海教育出版社。

王晓均、孙昌识(1998)汉字材料的性质对视觉短时记忆广度影响的实验研究,《心理科学》第2期。

肖崇好、黄希庭(1998)汉字独体字识别中的框架结构效应,《心理科学》第3期。

肖少北、许晓艺(1996)结构方式在汉字识别中的作用,《心理科学》第19期。

肖奚强(2002)外国学生汉字偏误分析,《世界汉语教学》第2期。

晓 东(1994)现代汉字独体字与合体字的再认识,《语文建设》第8期。

邢红兵(2005)《基于统计的汉语字词研究》,北京：语文出版社。

杨 晖、彭聃龄(2000)汉字阅读中语音的通达与表征——字水平与亚字水平的语音及其交互作用,

《心理学报》第 2 期。

杨利利、韩布新(2002)声旁类型与频率在汉字和部件识别中的交互作用,《心理科学》第 2 期。

尹斌庸(1988)关于汉字评价的几个基本问题,见《汉字学术问题讨论会论文集》,北京:语文出版社。

尤浩杰(2003)笔画数、部件数和拓扑结构类型对非汉字文化圈学习者汉字掌握的影响,《世界汉语教学》第 2 期。

喻柏林、曹河圻(1992)汉字识别中的笔画数效应新探——兼论字频效应,《心理学报》第 2 期。

喻柏林、李朝晖(1995)复杂性对倾斜汉字识别的影响,《心理学报》第 4 期。

喻柏林、张蜀林、潘玉进(1997)笔画类型对直立和倾斜汉字识别的影响,《心理学报》第 1 期。

曾捷英、喻柏林(1999)速示重复和非速示呈现下的汉字结构方式效应,《心理科学》第 4 期。

曾捷英、周新林(2001)汉字识别中的部位部件效应,《心理科学》第 3 期。

曾捷英、周新林、喻柏林(2001)变形汉字的结构方式和笔画数效应,《心理学报》第 3 期。

张积家、彭聃龄(1993)汉字词特征语义提取的实验研究,《心理学报》第 2 期。

张积家、王惠萍(1996)汉字词的正字法深度与阅读时间的研究,《心理学报》第 4 期。

张积家、王惠萍(2001)声旁与整字的音段、声调关系对形声字命名的影响,《心理学报》第 3 期。

张积家、王惠萍、张萌、张厚粲(2002)笔画复杂性和重复性对笔画和汉字认知的影响,《心理学报》第 5 期。

张积家、张厚粲、彭聃龄(1990)分类过程中汉字的语义提取,《心理学报》第 4 期。

张武田、冯玲(1992)关于汉字识别加工单元的研究,《心理学报》第 4 期。

周晓林(1997)语义激活中语音的有限作用,见彭聃龄主编《汉语认知研究》,济南:山东教育出版社。

周晓林、鲁学明、舒华(2000)亚词汇水平加工的本质:形旁的语音激活,《心理学报》第 1 期。

周有光(1978)现代汉字中声旁的表音功能问题,《中国语文》第 3 期。

Feldman, L. B. & Siok, W. W. T. (1997) The role of component function in visual recognition of Chinese characters. *Journal of Experimental Psychology: Learning, Memory and Cognition* 3.

Oxford, R. & Nyikos, M. (1989) Variables affecting choice of language learning strategies by university students. *Modern Language Journal* 73.

Seidenberg, M. S. (1985) The time course of phonological activation in two writing system. *Cognition* 19.

Taft, M. & Zhu, X. (1997) Submorphemic processing in reading Chinese. *Journal of Experimental Psychology: Learning, Memory and Cognition* 23.

Tan, L. H., Hoosain, R. & Peng, D. L. (1995) Role of early presemantic phonological code in Chinese character identification. *Journal of Experimental Psychology: Learning, Memory and Cognition* 21.

Zhou, X. L. & Marslen-Wilson, W. (2000) The relative time course of semantic and phonological activation in reading Chinese. *Journal of Expermental Psychology: Learning, Memory and Cognition* 26.

第三章 汉语词汇认知与词汇教学

导读

　　学习者的词汇认知与习得规律可以启发我们思考词汇应该怎么教,中文词汇系统自身的特点则可以告诉我们词汇应该教什么。对于从事对外汉语教学的教师来说,理论的掌握也许不是知识结构中最重要的,但对于理论的了解有助于我们将教学从主要凭借经验转变为以一定的理论为支撑,提高教学的科学性与有效性。因此本章首先介绍汉语母语者和外国学生中文心理词典的建构模式,使我们对外国学生的中文词汇认知方式有一定了解,之后简要总结汉语词汇系统的特点与词素分布规律,从而使最后一个部分所谈的词汇教学更加具有针对性。

第一节 汉语母语者的中文词汇认知规律

1 心理词典理论

　　根据 Treisman(1960,见彭聃龄 1997:pp.217~218)关于心理词典的理论,心理学家们认为,具有言语和阅读能力的人都具有一个心理词典,它由许多词条组成,这些词条具有不同的识别阈限,当输入刺激对一个词条的激活超过其阈限时,这个词就被识别了。一个词的认知过程就是在心理词典中找到与这个词相对应的词条,并使它的激活达到阈限所要求的水平。那么,心理词典中包含哪些信息?这些信息是以什么样的形式被组织的?又是以什么样的方式被加工?这是心理词典理论提出后学者们所主要研究的问题。

> **提示**
> 关于心理词典理论的心理学基础,读者可参考第一章第二节的知觉与记忆理论;关于其生理学基础,可参考第一章第三节的认知神经机制理论。这两个章节的内容会有助于更好地了解心理词典理论及下面的中文词汇加工模型。

一个词具有形音义三种要素,形和音所提供的分别是视觉和听觉信息,词汇识别的最终目的是利用形音信息通达意义。一般认为,词的视觉加工要经过视觉特征分析(如笔画、部件、轮廓特征等)、词条通达、词义激活等几个阶段,而其中一个承上(整合特征的分析结果)、启下(连接相应的意义)的层次就是所通达的词条。有关这一单元的性质主要有三种观点:词素分解、整词单元和混合单元。简单地说,词素分解的观点认为,整词识别中必须经过词素分解的过程;整词单元的观点认为,词汇识别过程就是将视觉刺激与存储的整词词条相匹配;而混合的通达表征则认为词素和整词都有可能是通达表征的单元,词汇加工中这两种单元如何起作用要受到多种因素的影响。相比之下,混合理论具有更大的灵活性。

2 中文心理词典的建构与实验验证

2.1 中文心理词典中表征与加工单元的实验研究

关于中文心理词典中表征单元的研究开始于 Zhang & Peng(1992)对中文合成词表征与加工方式的探讨。他们的实验采用词汇判断任务,通过改变实验材料的词频和词素频率,研究整词和词素单元在中文合成词加工中的作用。其假设是如果词汇加工要经过词素分解的过程,那么词素在词汇加工中应该起作用,这种作用可以通过词素频率表现出来。反之,如果词素频率的变化对词汇加工的结果没有影响,可以认为心理词典中词汇是以整词的形式表征的。实验结果发现:并列式合成词首尾两个词素均表现出了显著的频率效应,偏正式合成词中首词素的频率效应不显著,而尾词素频率效应在错误率分析中显著。作者认为:这是由于在并列式合成词中两个词素的构词功能同等重要,因此两个词素在词汇加工中表现出了同等的作用;而偏正词中首词素仅起到修饰限制作用,为整词识别提供的线索较弱,因此在偏正式合成词识别中首词素作用不明显。

根据上述实验结果作者认为：汉语的双字词是分解表征的，但词素之间互相联系，形成一个网络。受词汇结构的影响，词素之间的联结具有兴奋性或抑制性的不同性质。对于并列式合成词，两个词素的构词功能与性质是相同的，二者形成兴奋性联结，因此在加工中相互促进，两个词素均得到激活。但是在偏正、补充等合成词中，两个词素的功能是不一致的，因此起主要作用的词素对另一词素的激活形成抑制。

在此后的研究中，国内外学者们采用不同的实验范式，例如改变整词和词素频率（王春茂、彭聃龄，1999；Taft & Zhu 1994、1995，见彭聃龄 1997：pp.86~104)、重复启动（彭聃龄、李燕平、刘志忠，1994；刘颖，1997；冯丽萍，2002；Tan，1999；Zhou，1999）、逆序词启动（丁国盛，1998；彭聃龄等，1999），利用不同的实验材料对整词和词素在汉语词汇加工中的作用进行了研究。虽然在这一问题上还没有完全一致的结论，但是词素在中文词汇识别中得到激活，这一点是采用不同范式、不同任务的许多实验都已经得到的结果。词素的这种作用与汉语、汉字的性质以及汉语构词法等语言学方面的原因应该是密切相关的。

随着实验结果的逐渐积累，研究者们也建构了不同的理论模型对中文词汇表征与加工的方式进行描写。

2.2 中文词汇表征与加工的理论模型

基于其实验结果，Zhou（1994，见 Zhou，1999）提出了 prototypical representation model（多层聚类表征模型），并在1999年进行了修正与完善。

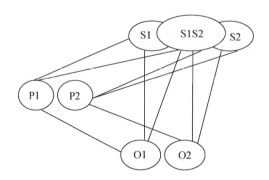

A prototypical model of lexical representation of compound words(zhou)

笔者注：图中 O(orthographic)代表形，P(phonetic)代表音，S(semantic)代表义。
1和2分别代表合成词的两个词素。

该模型认为：在中文心理词典中存在着形音义三个层次、词素与整词两种单元的表征，词素的字形和语音单元相联结，并与词素意义及包含这些词素的合成词的词义相联。

合成词的表征不能独立于词素,合成词与词素有很多交叉。在形和音层次,整词没有独立的表征;在语义层次,合成词与词素共享许多语义特征,其交叉与联结的程度与合成词的语义透明度有关。在心理词典中,不同层次的表征单元间互相联系,因此存在双向的相互激活。例如词素"员"的激活可促进合成词"职员、员工"意义的识别,而整词"保证、保护、保存、保留"的意义也会影响词素"保"的加工。语音"bao"可激活"保、宝、饱"等多个读音相同的词素,而意义"珍贵的东西"的激活也可以促进语音"bao"的加工。在每一个平行的表征层内是一种网络结构,其中互相联系的多个表征形成一个组群(cluster),组群内的表征间是相互竞争的关系。例如意义相近的整词(保存—保留)、字形相关的整词(尽管—不管)、字形相近的词素(复—夏)在表征系统中存在着联系,在词汇加工中都可能由相关刺激的输入得到激活并相互产生竞争。由于在汉语中一个音节常对应于多个词素,因此具有相同读音的几个词素可以形成一个组群,在被激活时同音词素间是相互竞争的。

在词汇加工中,多种因素共同作用使词汇识别可经过不同通道来完成。在视觉词汇的加工中,语义的通达可以通过直接的形义表征联结或间接的形音义表征通路。合成词在加工中可以被分解成更小的单元,词素的字形、语音表征以及词素和整词的语义特征均可以得到激活。

Tan Li Hai & Charles A. Perfetti(1999)根据中文双字词实验的结果,提出了一个有关中文双字词识别的框架。该框架认为,双字词的表征包含两个系统:形式系统(加工和表征形音信息)和意义系统(词和词素的意义被表征为一系列节点)。在形式系统中,一个字的字形与语音产生联结,同时也与整词单元产生联结,而形和音加工器都与意义节点相联。

在词汇加工中,识别系统首先分析双字词的视觉特征,如笔画和位置等,被识别的特征将信息传递至两个成分字的形单元和双字词的形单元(其他相关字词也会被部分激活)。被激活的成分字字形和整词字形将信息传递至相应的语音单元,同时两个成分字结合,这一结合受两字组合频率的影响,频率越高结合越容易。一旦结合成功,则将信息传递至整词词条。成分字与整词词条的加工是各自独立、同时前进的,在语音和意义系统中加工过程也是如此。词的识别究竟是以词素整合还是以整词通路为主,要依赖于形音义方面的多种因素。例如在形式系统,两个词素的组合频率、词素的语音信息等;在语义系统,词素的语义丰富程度以及整词的语义透明度等诸多因素。

该模型主张词素和整词的语音信息在词汇加工中是难以被抑制的,合成词语音的激活发生在词素层次,然后被整合为整词的表征,因此当其中的词素为多音字时,整词的识别会被延迟。

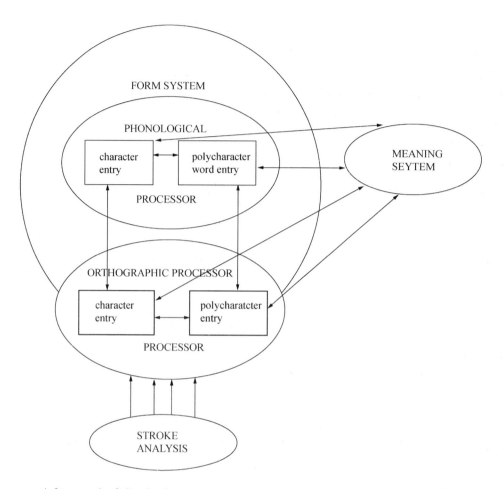

A framework of the visual recognition of Chinese two-character words(Tan Lihai 等)

另一个有代表性的中文词汇识别模型是 Marcus 与朱晓平在英文 MIA（多层次交互激活）模型基础上提出的汉语的多层次交互激活模型（见彭聃龄，1997：pp. 90～92）。该模型认为：在中文里，词形模块的分析层次包括笔画、部件、词素和词素复合词。当视觉呈现一个词时，它将从底层开始激活各层次上的词形单元或节点，在这一过程中，激活也将传递到各层次上与词形单元相联结的语音单元和概念表征单元。在加工中，激活既可以向上扩散，也可以向下传递来加强低层次单元的激活水平。通常，两个相连的单元使用得越频繁，它们的联结强度就越大。词素是词汇通达中一个必经的层次。

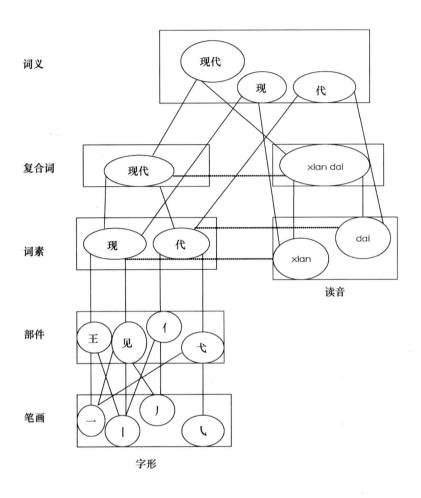

汉语的多层次交互激活模型（Marcus 与朱晓平）

彭聃龄与刘颖、王春茂等用不同的实验范式发现了中文合成词加工中整词通达与词素分解两条通路的存在，并提出了基于词和词素的混合模型（IIC 模型，inter and intra connection model。刘颖，1997；王春茂等，1999）。王春茂等（2000）的研究进一步支持了这种理论。该模型的最大特点是在承认整词单元和词素单元在同一层次表征的同时，更进一步强调了两种表征单元之间因词汇性质的不同而形成的促进或抑制关系。合成词表征受语义透明度的影响，透明词和不透明词的词素和整词在心理词典中的表征关系是不同的，前者是一种兴奋性联结，词素的激活能够对整词识别产生促进；后者是一种抑制性联结，词素信息可能对整词识别产生干扰。

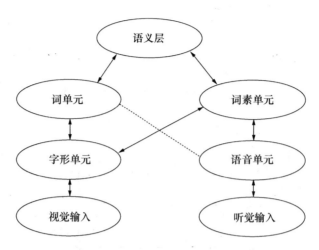

基于词和词素的混合模型(刘颖等)

上述这些模型分别得到了一些实验结果的支持。对这些模型的观点进一步分析比较,我们可以发现它们各自的侧重点有所不同,如中文 MIA 模型比较强调词下水平单元的作用与各层次之间的交互激活,多层聚类表征模型则比较强调词汇加工过程中多重因素的共同作用及其作用的过程,而 Tan Li Hai 等的模型更侧重于阐述词素与整词在词汇识别中的关系及语音的作用,IIC 模型则进一步描写了整词单元与词素单元之间的联结性质。但总的来说,它们有一点是共同的,即都认为在中文词汇的心理表征系统中,存在着整词与词素两种单元的表征,各单元间也存在着形音义的多种联系,在词汇加工中多种因素共同作用完成对词汇的识别。

随着认知神经科学方面的研究结果不断积累,学者们也尝试从神经网络的角度来描述词汇加工的过程。当前在认知神经心理学界比较认可的一种词典理论是(舒华等,2003):心理词典系统至少包含五个相互关联的部分:语音输入词典(phonological input lexicon)、字形输入词典(orthographic input lexicon)、语义系统(semantic system)、语音输出词典(phonological output lexicon)和字形输出词典(orthographic output lexicon)。听觉词汇理解时,听觉刺激先激活语音输入词典中的语音输入信息,这些信息然后激活语义系统中的语义信息,从而实现对词汇的理解;口语词汇产生时,语义信息先激活语音输出词典中的语音输出信息,这些信息得到进一步加工,直到最终发出目标语音。视觉词汇理解和词形产生也经历类似的过程。这种理论主张词典的这些组成部分在功能上既是相对独立,又是彼此相连的。从认知神经心理学的角度讲,脑损伤可能造成该表征系统中某一部分的选择性损伤,或两种功能间的双向分离,从而导致词汇加工的某一部分出现障碍,而其他成分的表征与加工则保持完好。

3 影响中文词汇加工的因素

通过对上述模型的分析,我们可以看到:经过不同角度、不同方式的研究,中文词汇加工的理论模型得到不断丰富和完善,但也仍然存在着很多分歧。这些分歧来源于实验材料、实验范式等实验设计因素,但是还有一个不容忽视的客观因素,这就是心理词典中词汇的表征和加工实际上是一个受多种因素共同影响的复杂系统,因此很难用一个简单的理论或模型将其完整描述。随着实验结果的积累,各种影响中文词汇加工方式的因素不断地被揭示出来。到目前为止,已经发现的影响因素主要表现在以下一些方面。

3.1 语义透明度

所谓语义透明度是指复合词的词义可从其所组成的各个词素意义推知的程度,也就是整词与词素的意义关系,其操作定义为整词与词素的语义相关程度(王春茂,1999)。如"草率",从两个词素的意义很难看出与整词意义的关系,它的语义透明度就较低。而"沉重",两个词素的意义与整词意义关联较强,因此它的语义透明度较高。实验研究发现,语义透明度是影响汉语合成词加工方式的一个重要因素。

语义透明度的评定方法:语义透明度反映的是构成整词的词素意义与整词意义之间的相关程度,在评定中,一般采用的方法是在量表上对整词与两个词素的意义相关程度进行评定,参加评定的被试数量一般至少应该有 20 人,所有被试对第一和第二词素的平均得分为整词的透明度。如对双字词"草率"的透明度进行评定,可以要求被试对"草"与"草率"、"率"与"草率"的语义相关程度进行评定,其平均分为"草率"的语义透明度。

刘颖(1997)的博士论文《中文词汇加工中词素的作用及混合模型》较早地系统研究了词的语义透明度与词汇加工方式的关系。他的研究依据评定的结果选择了一批透明词与不透明词为实验材料,然后利用不同的 SOA(启动词与目标词之间的时间间隔)对两种合成词中词素激活的时间进程进行了探讨。研究发现:在词汇加工的早期阶段(56 毫秒),语义透明度高的词(如"安宁")的词素意义即可以激活;但是,在时间充分的条件(146 毫秒)下,不透明词(如"草率")中的两个词素也可以得到激活,因此词素"草"和"率"分别对词素意义相关的目标词"马虎"和"领导"产生了促进作用。透明词与不透明词加工方式的差异只表现为词素激活速度,而不是加工结构的本质不同。

不透明词的词素意义在词汇加工中也可以得到激活,但是从词义构成的角度讲,不透明词中词素的意义往往与整词意义之间有一定差距,因此词素得到激活的意义对整词识别有什么样的影响?王春茂等(1999,2000)利用改变语义透明度和词素频率的方法进一步探讨了语义透明度在词汇加工中的作用。实验结果发现：语义透明度对词素的影响在两种性质的词汇加工中表现出相反的作用方式：透明词中词素频率越高，整词的反应速度越快，表明透明词的词素对整词起促进作用；但是在不透明词中，词素频率越高，整词的反应越慢，表明不透明词中词素的激活对整词产生了抑制作用。也就是说，心理词典中整词和词素的表征同时存在，二者的联结强度受词频的影响，词频越高，联系越强；联结性质则受整词语义透明度的影响，透明词中词与词素形成兴奋性的正联结，而不透明词中则是抑制性的负联结。在词汇加工中，对于透明词，来自词素单元的激活是正向的，从而促进整词的加工，因此词素频率越高，整词加工越快；对于不透明词，来自词素单元的激活是负向的，从而抑制它的加工，因此词素频率越高，整词加工速度越慢。

3.2 词义具体性

词义具体性的评定一般也采用量表方式。例如可将名词随机排列，进行7点量表的主观评定。7表示这个词所指代的是非常具体的事物，1表示这个词所指代的是非常抽象的内容。在词汇语义加工中，具体性高的词语加工速度快于表抽象意义的词语，这被称为具体性效应。

对于具体性效应的来源，目前的解释主要存在两种理论：双重编码理论和语境有效性理论。双重编码理论认为：大脑中存在着两个分离的加工系统，一个以言语为基础，一个以意象为基础。具体词在两个系统中被加工，抽象词则主要在言语系统中被加工，因此两个加工过程和两组表征代码提高了具体词的操作成绩。语境有效性模型认为：言语理解过程中附加的语境信息对我们所要理解的材料具有重要的促进作用，这种语境信息或者来自刺激环境（外部语境），或者来自加工者已有的知识经验（内部语境），它能使个体获得完全理解材料所需的概念间的必要联系，形成一种认知促进作用。人脑对具体概念的认知背景通常是足够的，但是对抽象概念表征的认知背景则相对较弱，抽象词的内部语境不足，这种认知缺陷可以通过从外部环境（如段落、句子）中提供的语境信息来弥补。因此在单独呈现刺激时，对抽象词的判断时间显著长于具体词，但若提供合适的语境，则对两类词的反应时间无显著差异，词的具体性效应消失。

实际上，双重编码理论与语境有效性理论并不是完全矛盾的。它们都认为具体词在表征内容上比抽象词更具体、丰富，只是在这部分内容的表征方式上两种理论有所不同。前者认为具体词自身存在两个编码系统，词汇识别过程中两个系统的信息均得到加工，因此具体性效应是一种前词汇的、不依赖于语境的效应。语境有效性理论则认为抽象词中所缺乏的具体概念可以通过适当的语境来弥补，因此只有在无语境或语境不充分的条件下两种词汇才表现出加工方式的不同。

张钦等(1997)的研究发现词义具体性效应与词的加工语境有关。在句子语境对位于句尾的目标词有较强预测能力的条件下,具体性效应消失,但是在中性语境条件下,具体词的识别显著快于抽象词。该结果在一定程度上支持语境有效性理论,即语境提供的信息弥补了抽象词认知背景的不足,对抽象词的识别形成了促进作用。陈宝国等(1998)的研究发现:具体性效应在词汇判断和命名任务中都存在,说明具体性效应的作用点在词汇通达之前,因为一般认为命名任务反映的主要是词汇前的通达过程。也就是说,具体词和抽象词在表征方式层面即存在差异,而不仅仅来自于加工方式的不同。

来自认知神经机制的研究也证实了不同性质的词汇具有不同的表征与加工方式。Pulvermiller 等人(见张钦等,2003)采用记录 ERP 的方法比较了名词和动词的加工,发现在刺激呈现后约 200 毫秒,名词和动词之间在广泛的脑皮层区域上存在 ERP 差异。在刺激呈现后 500~800 毫秒,具体名词与具体动词之间存在着显著不同的神经活动模式,在两半球上具体名词所诱发的 ERP 都比具体动词更强。关于这种词性效应出现的原因,研究者认为,这主要是由于词义的差异所诱发的大脑加工区域的不同。大部分动词的含义是和运动神经通道相关的,因而靠近运动区的额叶在动词加工中起一定作用;而具体名词的含义是和视觉通道相关的,因此名词的加工与靠近视觉中枢的颞—枕区有关。对一些脑损伤病人的临床观察也支持了这种观点。这就从生物学层面上为不同性质词语具有不同的表征和加工方式的观点提供了更为直接的证据。

3.3 语义多义性

在语言的发展与运用中,词的本义经过引申、比喻等途径逐渐产生出若干个新的意义,形成多义词。语义的多义性是否会影响词汇的加工?在词汇识别中,多义词的不同义项如何得到激活?这就是对语义多义性效应的检验。

语义多义性的确定一般采用客观与主观双重标准。客观标准主要是依据词典中对词语意义的解释,如利用《现代汉语词典》。主观标准是利用主观评定的结果,如陈宝国(2001)的研究中,参考 Kellas 等人确定多义词的方法,让 30 名大学生对所选词汇进行词义数量的主观评定。即如果该词只有 1 个意义,那么在该词右边相应的数字 1 上划√;若该词有 2 个意义,在数字 2 上划√;若该词有 3 个或 3 个以上的意义,那么在数字 3 上划√。如果某个词有 80% 的被试的评定等级高于 1,那么这个词被确定为多义词;如果某个词有 80% 的被试的评定等级为 1,那么这个词被确定为单义词。

陈宝国(2001)的实验利用四种材料检验词义多义性与词汇加工的关系:高频多义(如"包袱")—高频单义(如"包含")—低频多义(如"手脚")—低频单义(如"手续"),实验结果发现低频词中多义性效应显著但高频词中多义性效应不显著。彭聃龄等(2003)以多义单字词为材料,在词汇判断和命名任务中也都发现了显著的多义词识别优势效应,即多义词识别快于单义词。

多义性效应表明多义词的不同义项在词汇加工中均可以得到激活。在心理词典中,词是通过形、音、义单元以及这些单元间的双向连接来表征的,词汇识别不仅依赖于自下而上的信息传递,而且依赖于自上而下的反馈。也就是说,词形不仅能引起语音和语义的激活,而且语义的激活又能反过来影响语音和词形的识别。当一个词具有多个语义(多义词)时,来自语义对语音和词形的反馈会显著大于来自单义词的语义反馈,易化了对词的命名和词汇判断,因而产生了显著的多义词识别优势效应。语义多义性效应在高频词中不显著,这可能是由于高频词的熟悉度较高,在语义信息的影响到达正字法层次之前,词汇识别已经完成,因此义项数量的多少对高频词的识别没有表现出影响。以往研究中所发现的许多效应在低频词中显著而在高频词中不显著的现象在这里又一次得到验证,表明两种熟悉度不同的词汇在加工过程中各种信息的激活速度与方式确实存在着不一致。

请思考

通过上述语义透明度、语义具体性、语义多义性的研究,你是否发现了心理学研究中对实验材料的性质进行评价的一种常用方法——主观评定?即通过一定数量的被试对实验材料就所要研究的维度进行评定,依据评定的结果对材料进行分类或评价。在第二语言学习与认知研究中,这种方法可以使用吗?若使用,应注意哪些问题?你能举例吗?

3.4 词汇的句法特征

从语言学的角度讲,词汇具有概念意义、色彩意义、语法意义三个不同层面的含义(葛本仪,2001)。语言研究中的概率和约束理论认为,心理词典中的每个词条都具有下述信息:(1)某个词可能有的参数,即可以与该词相联结的特定成分;(2)可能的句法结构类型,如及物与不及物;(3)某参数和句法结构在实际语言行为中发生的频率。例如动词"吃",可以有一个施事和受事角色,即"谁吃"和一个主体角色"吃什么",有两种可能的句法结构;频率是与每一个参数或每一种句法结构相联系的,如"吃"常用于及物用法,较少不及物结构。对句法结构的计算过程利用了各种信息的"约束",包括语义信息和有关句法结构在实际语言中出现的频率的信息。

在这些理论的影响下,近年来,在语言习得研究领域里出现一个新动向:一些研究者从句法和语义交互作用的角度探讨语言的习得(Juffs,1996),此类研究的一个共同点是参照语义结构理论(Rutherford,1989;王初明,1997 等)。根据这个理论,动词语义中含有与句法表达形式相关的成分,即动词在句子中的搭配和使用与动词本身所含的语义成分有关。这些语义成分可用于动词的分类,形成动词聚集(conflation classes of verbs),例如,含"方式"语义成分的动词可归类为方式动词聚集。属于同一聚集中的动词有共同的句法特征,可用在相同的句子结构里。与句法相关的语义成分存在于所有语言当中,但是每一种语言的动词对这些语义成分的编码方式不尽相同,某一语义成分在一种语言中与某种句法表达方式相关,却未必在另一种语言中与该句法相关。

那么,在学习者的心理词典中,词汇的概念意义与句法特征如何被表征?它们又如何影响词汇加工的过程?动词配价理论为研究这一问题提供了一个很好的角度。

关于中文的动词配价理论,虽然在语法学界还存在着一些分歧,但也已取得了许多基本的共识,即从本质上讲,动词的价类决定于它所支配的动元的数目(陆俭明,1997),动词的配价能力包括动词支配的补足语的数目、补足语的句法性质和句法位置、补足语的语义性质等(方绪军,2001)。因此,动词配价是一个涉及语义和句法两个层面的概念,动词价类不同,它对补足语成分的支配能力和支配形式也不一样。根据动词所涉及的动元数量,一般认为现代汉语中具有三个价类的动词,即一价、二价、三价动词。按照动词的构成方式及其与受事、与事、共事等动元的关系,在三种动词内部又可以有不同的分类。例如,一价动词中有述宾式离合动词(如毕业、游泳)、一价普通动词(如前进、成长);二价动词中有补足语成分不可缺少的黏宾动词(如属于、放眼)、能带受事成分的普通带宾动词(如研究、打扫)、受事或共事成分由介词引导前置的协同动词和针对类动词(如着想、见面);三价动词中有能直接带受事和与事成分的双宾动词(如答应、通知)、由介词引导与事成分前置的三价动词(如表白、解释)。这些动词所涉及的动元数量不同,构成的句法形式也不一样。按照心理词典的理论来推测,如果动词的配价特征被表征于词汇的意义层次并在词汇加工过程中得到激活,那么它将影响不同价类动词的识别过程,导致其加工方式的差异。相反,如果配价特征对词汇加工过程没有影响,那么不同价类动词通达意义的过程应该没有差别。对于这一问题,冯丽萍(2006)通过下面的系列实验探讨了动词配价特征在心理词典中的表征及其在词汇加工中的激活方式。

实验以上述不同价类、不同构成方式的动词为材料,词汇判断任务的结果发现:在匹配词频、字频、笔画数等因素的条件下,词汇判断结果中依然出现了显著的动词类型的主效应,对反应时结果做两两比较发现:一价离合动词的反应速度显著快于其他类动词,二价黏宾动词的识别显著慢于其他类动词,其余各组动词之间没有显著差异。该结果的形成应该至少有以下两方面因素的影响:首先从语言学角度讲,在语法分析中,有"语义指向(semantic orientation)"的概念,它是指某个句法成分与另一个句法成分之间的语义联系。借用这一概念分析动词意义可以认为,不同配价特征的动词所隐含的语义指向性也是不一样的,一价离合动词和二价黏宾动词刚好位于词汇语义连续统的两端。一价离合动词从内部构成方式讲,既有位于词首的动词性词素,又有位于词尾的降格宾语——名词性词素,作为离合词,两个词素的结合程度也不如普通一价动词那样紧密。从与补足语的关系讲,它们只涉及一个施事性名词成分,无任何受事、与事参与,可以说,其语义的自足性是最强的。而二价黏宾动词的后面则强制性要求搭配补足语成分,否则其语义是不完整的,而且其受事宾语的位置大多不可改变,如"属于、面向、放眼"等,因此,这类动词的语义对补足语成分的依赖性最强。其次从词汇加工角度来讲,离合动词最容易分解,且分解之后所得到的词素的语义也最清晰,从而为整词意义的识别提供了许多信息。这应该是造成一价离合动词识别速度显著较快的一个原因。从这一结果可以推测:在心理词典中,动词与补足语成分的关联程度(或者说动词的语义指向性)、构词词素之间的关系(或者说动词的词汇结构)是影响词汇加工的两个因素,而这两点也正是动词配价特征的两个重要内容。

其后续的研究结果发现:在动词和名词的搭配合理性判断任务(即判断首先呈现的动词,如"打扫",与随后呈现的名词,如"语言"之间在语义和语法上是否可以搭配),实验中所研究的各组动词后呈现的均是不可搭配的名词,因此正确的判断应该是拒绝反应。实验结果发现:与可以搭配的控制组相比,对二价动词组的拒绝速度(如打扫—语言)显著慢于一价动词(如前进—语言)。说明先前呈现的动词(如"打扫")的配价特征得到激活,使二价动词的意义指向相关的受事成分(如"房间、教室、卫生"),当随后出现的名词(如"语言")与预期的成分不一致时,对这种不合理搭配的拒绝判断就产生了干扰作用。

动词与动元成分之间的语义指向性是一种深层的语义关系。从动词内部来看,动词与动元的关系不同,所形成的表层句法形式也不一样。例如二价动词除施事成分外,可涉及另外一个动元,但对普通带宾动词来说,受事动元一般直接跟在动词之后形成动宾结构,如打扫—教室、研究—问题,而对服务类、协同类、针对类二价动词来说,则需要用介词将共事成分提前,形成"介词＋共事＋动词"的句法形式,如"和朋友见面、为后代着想"。从深层语义关系的角度说,受事和共事都是动词意义所直接指向的动元成分,但从表层句法结构角度讲,它们的组合形式是不同的。在心理词典中,如果动词和相关名词之间的联结性质和联结强度也同时受到句法形式的影响,那么语义关系相同而句法形式不同的动词会对相关名词的加工产生不同的启动效应。在后续实验中,冯丽萍(2006)利用启动条件下的词汇判断任务进一步检验了表层句法形式对动词加工的影响。启动词为二价带宾动词(如"打扫")与二价带介词动词(如"见面"),目标词为与启动动词有语义关系的名词(如"卫生"和"朋友")。实验结果显示:与控制组相比,带宾动词对相关名词的识别表现出了显著的启动效应而带介词动词没有。

综合前面的实验结果可以推论:在汉语母语者的心理词典中存储着词汇句法特征的信息。动词与相关名词之间的联结强度不仅受动词语义特征的制约,而且也受动词与名词间句法关系的影响,二者之间所形成的句法结构形式越直接、清晰,它们的联结强度也越大,词汇加工中动词被激活的意义首先指向语义和句法联结都最强的相关动元。在所带动元数量相同时,可能因动词与动元间句法结构的不同而导致动词激活信息的差异。

以其他语言为材料的实验研究也曾发现:英语动词能够对相关的施事、受事、工具产生显著的启动效应,施事和受事成分的激活方式受其句法线索的支配。动词所隐含的对受事、工具成分的限制是英语中许多动词语义的重要成分,在心理词典中存储的词汇意义也包含句法内容(Todd R. F. et al,2001)。综合上述研究结果可以推测:语法特征影响动词识别不具有语言的特定性,它存在于不同性质的语言之中。

3.5 词汇结构

作为一种语义型语言,构词成分的语义和语法关系对汉语合成词的意义有很强的制约作用,这种关系就是词汇结构。如合成词"语言、心细、爱心"的两个词素间分别构成了并列、陈述、修饰关系;而"语言、国家、矛盾"等合成词中的两个词素间虽然都是并列关系,但它们与整词意义的关系又有所不同。那么合成词的词汇结构对合成词识别是否有影响?其作用机制又来自于哪里?

冯丽萍(2002)的实验采用启动条件下的词汇判断任务考察了词汇结构对词汇加工的影响。实验材料的启动词包括并列式与偏正式合成词,如语言、花园。每一个启动词有两组对应的目标词:首词素相关词和尾词素相关词,如启动词"花园",与它对应的目标词分别为"花草"和"公园"。结果发现:在加工时间充分的条件下,并列式合成词对首尾词素相关的两组目标词表现出了同样的启动效应,但在偏正词中首词素相关目标词的识别显著慢于尾词素相关词。这种差异应该是来自于不同结构的合成词中词素激活强度的不同。

同属于并列式合成词,但像"语言、矛盾、忘记"三种词中整词与两个词素的语义关系实际上是不同的。在类型1(如语言)中,第一成分与第二成分的语义相同,组合在一起产生一个并列式合成词;类型2(如矛盾)中,在语义上相关的两个词素结合后形成一种新的语义;类型3(如忘记)中,语义相关的词素组合成并列式合成词,但仅有一个成分的语义保留。那么这三种并列式合成词的词汇识别方式是否相同?王文斌(2001)采用词汇判断任务的实验结果显示:类型1的反应速度最快而类型2的反应速度最慢,类型3居中。

这一结果可能与三种词的语义透明度有关。在三种并列式合成词中,类型1的第一成分与第二成分语义相同,且这种语义信息与整词的语义也相符,因而其语义透明度最高。而类型2中,尽管两个成分在语义上彼此相关,但组合在一起却构建出一个新的整词意义,这一意义往往是两个成分意义组合后通过比喻、借代或特定的历史典故等原因形成的,因而其语义透明度最低。对于类型3,两个成分意义相关,其中一个成分的意义在整词中得以保留,因而其语义透明度居中。三种类型合成词语义透明度的顺序与词汇识别速度是相应的。

与两个或多个词根按照一定的语义关系组合而成的复合词不同,词缀词由词根与词缀构成,词根表示基本的词汇意义,而词缀或起附加的构形作用,或改变词汇的语法意义,那么这种构词功能的不同对词根和词缀在词汇加工中的激活方式会有什么影响?冯丽萍(2002)的实验考察了词根与词缀、前缀词与后缀词、同一字形的词缀意义与词根意义的表征与加工方式。

以不同词根和词缀频率构成的词缀词为材料所进行的词汇判断实验结果表明:高频词中词根频率和词缀频率效应均不显著,低频词中词根频率效应显著而词缀频率效应不显著,而且这种加工方式在前缀词与后缀词中一致。与以往研究中发现的汉语合成词的加工方式相比较,我们可以看出词缀词加工的特点:首先,与合成词一样,词缀词加工也由词汇熟悉度决定而表现出双加工模式,高频词由于整词加工速度较快,词根和词缀频率的作用都没有表现出来,但是在低频词中,词素信息的提取成为必需的过程;其次,由于词根和词缀在构词功能上的差异,只有词根频率对词缀词加工产生影响,词缀没有表现出被激活的痕迹,至少其作用没有在词汇加工过程中体现出来。

这种加工方式是与汉语词汇的构成特点和词缀功能相一致的。从语言学角度讲,词缀词中词根和词缀的主次关系与偏正式合成词中两个词素的关系不同。在偏正词中,位于首字位置的首词素虽然只起一种修饰作用,但它对整词意义的构成起着不可缺少的作用,它的参与使整词的意义得以确定,并与同一词素家族中其他相关词汇的意义区别开来,如"铅笔"与"毛笔"、"钢笔"、"粉笔"。但是在词缀词中,词缀仅起一种构形或者抽象的附加作用,它们或者没有意义(如老虎的"老"),或者只有一种改变词汇类别的语法意义(如胖子的"子"),因此在词缀词加工中不论词缀位于词首(前缀)还是词尾(后缀),它们的激活都比较困难,这种困难来自词缀意义本身的模糊性。这也说明由于多年学习与使用汉语词汇的经验,汉语母语者已经具有了汉语的词缀意识,在词缀词加工中能够区分表示词汇基本意义的词根和表示附加意义的词缀。

许多以拼音文字语言为材料的研究都发现了词缀在词汇识别过程中的激活,无论是构形词缀,如位于动词词尾表进行时的-ing,还是构词词缀,如位于词首表否定意义的

-un。造成这种差异的主要原因应该是词缀在两种语言中功能的不同。作为形态发达的语言,英语及很多拼音文字语言中词缀词都占相当大的比例,而且这些语言中词缀的能产性一般较强,构词方式也很有规律,因此词缀的激活相对容易。而中文是一种主要通过词序和虚词表达语法意义的语言,词根和词根的组合方式对词汇意义起重要作用。与词根词素相比,汉语里的词缀不仅数量少,而且意义抽象,规律性较弱,因此其激活也较为困难。汉语与西方语言研究结果的不同表明词汇加工方式在某种程度上也受到语言性质的影响。

汉字是语素文字,因此与拼音文字不同的是:汉语中的有些词缀除了其词缀意义外,还有另外的作为实词素的词根意义,如砖头的"头",在该词中是一个词缀,但在单独使用或其他词语中,还有"头部"、"开始"等意思。作为词缀的词素,其词缀意义与词根意义在最初或许也有引申关系,但虚化至今,这种关系已完全显示不出来,它们已分化为形音相同但意义无关的两个词素。这种同一字形的两个不同意义在构词功能上存在很大差异。那么对这部分词素,它们的词根意义与词缀意义在心理词典的词汇网络中是如何存储的?冯丽萍(2002)采用重复启动的实验范式探讨了这一问题。

实验中的目标词为词缀词,对同一个目标词,有两组相关启动词,一组是用相同词缀构成的词缀词,另一组为该词缀构成的复合词。如目标词"画家",一组启动词为"专家","家"为词缀(也有人认为是正在虚化过程中的类词缀),"专家"也是词缀词;另一组启动词为"老家","家"为表示实际意义的词根词素,"老家"为偏正式复合词。对两个启动组各匹配一个结构相同的控制组。实验结果表明:与各自的控制组相比,词缀词启动组的启动效应显著,而复合词启动组效应不显著。实际上,与控制组相比,具有同形词素的复合词启动组对目标词还有一定程度的干扰作用。这一结果说明对于汉语母语被试来说,在心理词典中同一字形的词根意义与词缀意义在形层次共同表征,但是在意义层次则是分别存储的,因此词缀词可以对结构相同、词素相关的目标词(如专家—画家)产生促进,而词根意义的激活则对结构不同、意义不同的词缀词(如老家—画家)识别产生干扰。语言学中将它们作为两个词素,在汉语母语者的心理词典中也是作为两个词素进行表征的。

4 词素形音义加工的时间进程

词汇加工是一个受多种因素共同影响的复杂过程,词素是其中重要的加工单元。那么在词汇加工过程中,词素的形音义信息如何得到激活?这就是关于词素形音义信息激活时间进程的研究。

在英语中,关于词素信息激活的时间进程,研究(Kathleen Rastle & Lorraine K. Tyler,2000)采用43、72、200毫秒三种SOA,以词素相同(departure-depart)、词形相同(apartment-apart)、语义相关(cello-violin)、字形相关(electrod-elect)、一致(cape-cape)为材料进行的启动实验发现:与控制组相比,词素相同组的启动效应显著大于其他组;在43ms短SOA条件下出现了同形词素的促进效应,但在长SOA下消失;整词语义启动效应在短SOA下未出现,仅在200ms时出现;字形相似在长SOA下表现出干扰。从这一结果可以推测英语词汇识别中词素信息的激活进程:词素的字形最先激活(同形词素在早期表现出促进),但词素被激活的意义保持时间长于字形(同形词素的促进作用在后期消失,而且形近词素在后期表现出干扰);词素意义的激活早于整词意义(整词语义启动效应仅在后期出现)。

由于词素在中文词汇系统中的重要作用,因此关于中文词素形音义信息的加工进程也引起了较多的关注。在Zhou(1999)的实验中,设计了四种启动词与目标词的关系:同词素、同字(同音同形)、同音不同形、无关,如对于目标词"华贵",分别有"华丽、华侨、滑翔、完整"四组启动词。为了考察词素加工与时间进程的关系,SOA分别选择57与200毫秒及前掩蔽条件下的57毫秒,实验任务为对目标词进行词汇判断。实验结果显示:与无关控制组相比,在三种SOA条件下同词素启动词均表现出了显著的启动效应,同字启动组在前掩蔽和57毫秒条件下分别表现出了显著的启动,但是在200毫秒条件下有微弱的抑制效应。在各种条件下,同音组均未产生启动效应。

冯丽萍(2009)对这一问题又作了进一步的考察。实验中启动词与目标词之间有五种关系:同形词素启动(商品—商量)、同音启动(程度—承认)、同义词素启动(西餐—西医)、形似启动(复印—夏天)、整词相关(习惯—风俗),每一种条件各匹配相应的控制组。在词素相关的启动组中,使词素相关程度尽可能高而整词相关程度尽可能低,而在整词相关组中保持启动词与目标词的整词语义相关程度较高,目的是更好地分离词素与整词意义对目标词识别的促进作用。SOA分别为80毫秒和200毫秒,实验任务为对目标词进行词汇判断。实验结果显示:在80毫秒阶段,词素和整词意义相关都表现出显著的促进作用,语音表现出促进,但作用比较微弱。同形同音但意义无关的词素、字形相近的词素对目标词识别表现出干扰,且后者大于前者。在200毫秒条件下,整词意义相关的启动词对目标词识别表现出显著的促进,同义词素的作用仍然存在,同形词素和形似词素仍然表现出干扰。

将上述有关词素加工时间进程的研究进行总结比较,可以看到:不同研究都发现了词素意义在早期的激活以及同形词素对目标词的干扰作用(Zhou,1999;Lorraine K. Tyler,2000;冯丽萍,2009),表明同形词素的不同意义在语义层是分别表征的;语音在中文词汇加工中作用微弱(Zhou,1999;冯丽萍,2009);词素意义在初期得到激活但整词在后期的作用更强(Lorraine K. Tyler,2000;冯丽萍,2009)。

综合上述实验结果来分析中文词汇加工中词素表征与加工的特点：

关于词素的表征：词素单元的形音义信息被表征于心理词典之中,其信息可以在词汇加工中得到激活。形近词素之间在形表征层存在联结,同形词素的不同意义在意义表征层被分别存储。

关于词素的加工：词素形音义信息的激活方式随加工时间的延长而变化。词素的字形信息最先得到加工,但随后词素的意义得到激活。词素的激活早于整词,但词素的识别并非词汇加工的最终目的,词素信息的激活为整词识别积累信息,整词信息的加工随时间的延长而逐渐清晰和加强。在中文词汇加工中,语音的作用比较微弱,形义通路是汉语词汇加工的一条快速、重要的通路。

提示

　　至此,我们讨论了与汉语词汇和词素加工有关的实验结果。汉语认知的实验研究有其特定的程序与方法,建议读者在阅读时可结合本章开始部分介绍的中文词汇认知模型,以其为背景了解各环节的词汇和词素加工方式,从而更好地把握中文词汇加工的总体框架。

5　成语与惯用语加工

　　成语是一种在汉语中长期习用的、意义上整体化、结构上定型化的固定结构,有些成语的结构是对称的,如"千变万化、堂堂正正",其前面两个词素与后面两个词素各自叠形或叠音,语义重复或反衬,因此四个词素组合成两个具有局部整体性的更大的结构单元。研究(陈传锋等,2000)发现：成语加工存在着显著的结构对称效应,结构对称性成语的识别明显快于非对称性成语。结构对称性成语由于特殊的内在组合关系,由对称成分构成的两个更大的结构单元具有格式塔性质,它能够促进整个成语的加工进程。

　　惯用语是常用于口语中、表达整体意义、约定俗成且结构短小定型的习惯用语,如汉语中的"拖后腿"、"炒鱿鱼"。关于惯用语的理解机制,目前的研究主要围绕两个问题进行：一是惯用语理解的单元。已有的实验结果支持两种观点：一种认为惯用语是可构造的,加工过程中可以对构成成分进行分解;另一种认为是不可构造的,它认为惯用语与普通词组不一样,它实际上是一个长单词,对惯用语意义的理解与其词素意义无关,惯用语的理解是一个整体提取过程。关于惯用语理解的第二个问题是其不同意义之间的关系。惯用语与普通词组的一个重要区别在于惯用语有字面义与比喻义双重含义。关于惯用语字面意义与比喻意义在惯用语理解中的关系,有字面意义的通达先于比喻意义、字面意义和比喻意义的加工同时进行、绕过字面意义而直接通达比喻意义三种观点(顾蓓晔、缪小春,1995)。

佘贤君等(1998,2000,2001)通过启动实验,探讨了汉语惯用语理解的心理机制。在其研究中,启动刺激分别为惯用语或惯用语的前两个字,目标刺激是解释惯用语比喻意义或字面意义的双字词。实验结果表明:高预测性惯用语(评定标准为:多数被试能将惯用语中缺省部分按原有形式补充完整,如"穿小鞋""铁公鸡")比喻意义的激活显著大于字面意义;低预测性惯用语(即多数被试不能正确地将惯用语中缺省部分补充完整,如"半瓶醋")字面意义的激活大于比喻意义。这一结果说明,预测性,或者说惯用语作为整体的熟悉度是影响惯用语理解的主要因素。高预测性惯用语的比喻意义在加工中首先得到激活,而低预测性惯用语的字面意义则先于比喻意义被加工。

总体来看,惯用语与一般词组的表征与加工有很多共性,惯用语不是心理词典中不可分离的整体,它的加工也包括字面意义,即构成成分的激活和分析过程。汉语惯用语的理解受整体熟悉度、比喻意义和字面意义的相对频率、语境倾向性等因素的影响。

第二节 汉语儿童的词汇习得

1 儿童词汇熟悉度的评价指标

词汇熟悉度是影响词汇表征与加工方式的一个重要因素,而词汇频率常被作为熟悉度的评价指标。目前的研究中关于频率评定的客观标准一般以频率词典的统计结果为依据。但由于统计所依据的语料基本为成人的读物,因此在研究儿童词汇学习时不一定非常适用,人们也不断寻找适合儿童词汇研究的新指标,其中词汇的学习年龄(LA,learning age)和获得年龄(AOA,age of acquisition)引起了较多的关注。

在小学生所识汉字中,据统计,在一年级,78.27%的字来源于课堂教学;到了三年级,有91.27%的字来源于课堂教学;五年级学生认识的字则绝大部分来自于课堂,表明正规的学校教育仍然是小学生识字的主要渠道(黄仁发 1990,见管益杰、方富熹 2001)。

基于这一现象,管益杰等(2001,2002)的研究中将汉字在正规的学校课本中首次出现的时间作为学习年龄的操作定义,选择不同学习年龄的汉字,以一、三、五年级学生为被试完成单字词的命名与词汇判断任务。对实验结果的分析表明:在三年级和五年级被试中均出现了显著的 LA 效应,即字词的学习年龄越早,其反应时间越短,正确率也越高。该研究的意义在于不仅证明了字词的学习年龄是影响学龄儿童字词识别的重要因素,更重要的是提示我们在儿童词汇习得研究中可以将字词学习年龄作为评价字词熟悉度的一个指标。

在口语词汇研究中,也有学者将词汇的获得年龄(AOA)作为指标,它是指大部分儿童学会某个词的年龄。词汇获得年龄不仅可以用于研究儿童的词汇学习,研究同时发现:获得年龄也影响成人的言语行为,儿童口语中获得越早的词汇在失语症病人的口语中保留得越好,获得越晚的词汇越容易损失。因此可以用词汇的获得年龄来预测失语症病人的口语词汇表征。关于词汇获得年龄的确定主要有三种方式:纵向研究、儿童评定、成人主观评定。纵向研究就是在比较长的时间内对儿童的语言进行系统的定期记录与研究,其优势在于所得语料比较系统,而且可以得到第一手资料。但它的研究周期长,不利于进行大面积的调查,同时个体差异较大,常常受到儿童性别、生活背景等因素的影响。因此在研究中也常采用让儿童自己估计一些单词的获得年龄以及成人和家长主观评定的方法(郝美玲,2003)。

目前关于汉语儿童词汇习得的研究主要集中在对某一范畴内部不同类别的词汇习得顺序上。

请思考

词汇熟悉度是第二语言认知与学习研究中也常考虑的因素。你能想到的评价第二语言字词熟悉度的方法有哪些?在评价时应注意哪些问题呢?

2 汉语儿童的副词习得

根据意义和功能的不同,汉语副词有不同的分类。从跟踪研究所获得的儿童语料来看:在各类副词中,5、6岁儿童对范围副词(如"都、只")的理解最好,时间副词次之,程度副词最差(如"非常")。在每一类副词中,由于儿童概念发展的不均衡性,掌握的顺序也有先后。儿童使用表示总括、共同、系统扩大的范围副词的数量要远远超过表示限制的范围副词,如"都、也"较易掌握,而"就、才、只"等较少用。从认知发展的角度讲,儿童对事物有一种趋大倾向,他们对副词的习得也同样表现出对高、大、多的倾向。从程度副词使用的情况来看,儿童对高程度较易掌握,特别是没有量级区别的高程度,例如程度副词"好"出现较早、使用最多,而对低程度副词则不易掌握。例如副词"还"既可以表示高程度(如"比天还大"),也可以表示低程度(如"还可以"),儿童对后者的习得落后于前者,在3~5岁儿童的语言中,只发现了表示高程度的用例。频度副词中,儿童首先习得的是表示动作行为重复、接续的"再、又",这表现出儿童明显的对多频次的偏向性(郑静、陈国鹏,1995;周国光,2000)。

在时间副词的理解上,儿童在语言中使用时间词汇比空间词汇少而且迟。儿童大约在4岁最先掌握表示现在概念的时间副词(如"正在"),然后在5岁左右掌握表示过去的时间副词(如"早已"),6岁和7岁的儿童基本形成了对现在时间副词和过去时间副词的理解能力,萌发了对表将来的时间副词(如"快要")的理解能力,8岁儿童基本上具有了对将来时间副词的理解能力(朱曼殊,1982;毕鸿燕、彭聃龄,2004)。儿童对时间副词理解能力的快速提高和有效策略的运用主要在七八岁,而这正是学龄儿童开始接受正规学校教育的阶段。这不仅体现了学校学习与儿童语言能力发展的关系,同时也说明书面语言、书写能力的提高在儿童语言能力全面发展中的重要作用。

3 汉语儿童的代词习得

汉语中的代词根据其所指代对象的意义也有不同的分类。通过对学龄前儿童语言发展跟踪所得到的语料,儿童习得人称代词的顺序是:单数人称代词(我—你—他)→复数人称代词(我们→你们→他们)。在指示代词中,近指代词"这"及由"这"构成的复合指示代词习得普遍早于具有同种语义作用的远指代词"那"及由"那"构成的复合指示代词,如儿童会说出"这个不高,这个高"一类的句子。关于儿童疑问代词的习得发展顺序,不同的研究表明:"谁、什么(表疑问)、哪儿、怎么(表方式)"都是较早习得的,"什么(表虚指)、怎么(表原因)"的习得阶段其次,"什么(用于否定句中)、什么(表任指)"的习得都比较晚(李宇明、陈前瑞,1997;孔令达、陈长辉,1999)。

总体来说,儿童的词汇习得发展受到其认知能力的很大制约;同时,与各类词语的语义特征、语法功能等因素也有很大关系。

4 汉语儿童的词素意识与发展

由于词素功能的差异,不同语言中关于儿童词素意识的研究重点也有所不同。在拼音文字语言中对儿童词素意识的习得与发展研究集中在两个方面,一是对构词成分的分解与组合能力,也就是词素,如位于词首的 un、位于词尾的 less 等;另外一个是对具有一定语法意义的语法语素习得的研究,如表进行体的-ing、表复数的-s 等,例如二十世纪六、七十年代非常著名的语素习得顺序研究(Dulay Burt,1974;Krashen et al,1976 等)。在汉语中,词素的功能主要为构词,因此词素意识可以表现为将合成词分解为词素以及将词素整合为合成词的能力。研究(郝美玲,2003)发现:汉语儿童的词素意识随着其语文能力的提高、词汇量的增加而快速发展。虽然并不理解生词的意义,但儿童可以较早发展出合成词的语义重心意识。如对于生词"木鱼",在图片选择任务中,他们会倾向于选择与中心词素"鱼"有关的图片;儿童词素意识的发展经历从整词到词素的过程,在语义关系判断任务中,幼儿园和一年级儿童由于词汇分解能力和词素意识还较弱,他们更多地根据整词之间的语义联系来识别词素,因此对于语义联系较强的词(如电视—电话),儿童容易将所听到的同音词素判断为是同一个字,而对于语义联系相对较低的词(如假山—假发),对相同词素的判断则较难,表明该阶段儿童对词素意义的提取是以整词为基础的,含有同一词素的整词之间的语义联系是影响儿童识别词素的重要因素。随着语文能力的提高,二年级儿童对词素意义的理解已逐步增强;在词素意识发展中,自由词素由于能单独使用、意义明确,其词素意识的发展早于黏着词素;整词熟悉性、词素熟悉性、词素类型、词素构词能力等因素都会影响儿童词素意识的形成和发展。词素意识的发展与词汇量、阅读理解的发展是相辅相成的关系,大量的语言输入对词素意识的发展是非常重要的;儿童的词素意识发展以后,又可以利用它来进一步学习生词,增加词汇量,提高阅读能力。

第三节　外国学习者中文心理词典的建构与词素意识的发展

1　汉语作为第二语言学习中词汇识别的影响因素

汉语母语者的中文词汇表征与加工研究为我们提供了成熟、标准的中文心理词典模型,以这一模型为参照,以汉语为第二语言的学习者在中文词汇学习中表现出哪些规律?

其中文词汇识别受到哪些因素的影响？对这些问题可以通过实验、测验以及分析学习者的词汇识别与使用等方法进行研究。综合目前的研究结果，外国学生在汉语词汇学习与识别中受到以下因素的影响。

1.1 词形特征

视觉词汇的识别开始于字形特征的分析，而汉语中形近字数量多，词汇识别中一个刺激的出现会激活词形相近的相关词语，从而对目标词的识别产生竞争。如果外国学生的中文心理词典中对词语的表征方式不稳定，就会在形义联系之间出现偏差，导致识别结果错误。冯丽萍（2003）对不同年级的法国学生在汉语词汇测验结果中出现的与意义无关的词语错误进行分析发现，多数识别错误都来自于字形干扰，如鼻子—算了，东边—右边，马上—写上；或字音干扰，如不过—不够，但这两种错误的比例都随着学生汉语水平的提高而逐渐降低。张金桥等（2005）以词汇选择为任务进行的研究也发现：词形因素主要对初、中水平的外国学生起作用，而意义因素对中、高水平的学生词汇识别产生较多影响。

词形因素的干扰不仅体现在词汇的识别中，而且对外国学生汉语词汇的学习与使用也有很大影响。对初级汉语水平韩国学生范围副词习得的研究（李璐，2008）发现：同样都为使用频率很高的范围副词，统括性副词"都"的正确率也比较高，而唯一性副词"只"的正确率却比较低，其中一个很重要的原因在于学生常常在使用中将"只"与词形相近的"只有、只是"相混淆。"而、而是、反而、而且"等词形相关的词语对韩国、法国学生的汉语转折性关联词语的习得也会产生较多干扰（宋治洲，2006）。因此形近词的区分，尤其是形近且意义相关的词语的辨析应该是汉语词汇教学中的一个重要内容。

1.2 词素意义

汉语中许多词素可以表示不同的意义，例如词素"花"在"鲜花"与"花费"中的意义、"年"在"年代"与"青年"中的意义。前者一个字形的几个意义之间完全没有关系，称为同形词素；而后者一个字形的几个义项之间有引申关系，称为多义词素。一个词素的不同意义之间的区分对外国学生来说是一个难点。研究发现：在多义词素的加工中，外国学生会首先识别其中使用频率高、意义具体的义项，而不一定是词语中恰当的义项。例如在词缀词"画家"中首先激活的词素意义会显著促进合成词"回家"的识别，而汉语母语者的类似实验结果中出现的是干扰效应。原因在于：对外国学生来说，合成词"画家"中的词素"家"作为"家庭、家乡"的意义比它作为后缀的意义频率更高、意义更具体，因此也更容易激活。词素的多义性同样也会影响学生对词汇的理解与记忆。在词汇测验出现的错误中,同形与多义词素的干扰(如"安排"被理解为"安全","打算"被理解成"打电脑")也占了相当大的比例(冯丽萍 2003,2004)。

外国学生对多义词素不同义项的习得存在着一定的规律,其中主要受到两个因素的影响:一是原型效应,二是使用频率。原型指的是作为范畴核心的心理表征。在一个概念范畴内部,成员是以家族相似性(family resemblance)的原则组织起来的,概念内部成员的地位是不平等的,有的成员具有更多的关于这个概念的认知特征,那么它就更具有原型性,而有的成员则具有较少的认知特征,离原型就远一些。多义词义项的组织原则与习得规律符合原型效应。例如对于动词"开"来说,原型性较强的是"用手打开物体"的义项,而"开会"等意义则是原型性较差的义项。在第二语言学习中,原型性较强的义项的学习会比较容易。义项使用频率对义项的习得也起重要作用,决定词义习得的结果。多义词的某些义项与留学生的生活联系紧密,是他们常常要使用到的意义,因此这些义项的理解与使用的发展顺序也较靠前,习得过程比较顺利且掌握后一般不出现反复(刘召兴,2001)。

1.3 词素构词能力

词素的功能表现为构词。汉语中许多单音节词素具有较强的构词能力,同一词素构成的词语聚合在一起,形成一个词汇家族。在基础阶段的对外汉语教学中,根据我们对《高等学校外国留学生汉语言专业教学大纲》(以下简称《大纲》,国家汉办,2002)中一、二年级词汇构成情况的粗略统计,在静态的词汇系统中,双音节词占了多数,它在一年级一级和二级、二年级词汇中的比例分别为 54%、67%、77%。同时,多数单音节词素都可以构成 2 个或 2 个以上的词语,但每个词素的构词能力有很大的不同。在一、二年级词汇系统中,构词能力较弱的词素可构成 2 个词,如"参"构成"参观、参加",构词能力最强的为"子",构成 42 个双音节词,其次如"人、学、心"等构词能力也都较强。

以反应时实验(冯丽萍,2004)和注音组词测验(郝美玲等,2007)进行的研究都发现:在外国学生的词素识别中,构词能力是一个重要影响因素。构词能力强的词素字音与意义的识别都好于低构词能力词素,而且构词能力对不能独立使用的黏着词素识别的影响大于能够独立使用的自由词素,说明对黏着词素的学习与识别都更多地以它所在的整词为背景。汉语中的很多词素都可以构成多个合成词,在同一词素构成的词汇家族中,各成员间的意义关系有所不同。我们借鉴形声字认知研究中读音一致性(一致性是指由同一声旁构成的形声字家族中读音的异同程度,相关内容参见第二章)的概念与计算方法,对词汇大纲中部分构词能力较强的词素意义一致性进行了计算。词素意义一致性的计算式为"1.0－所构词语中词素的义项数/某词素所构词语数",所得的数值越大,说明同一词汇家族中词素的意义越集中,词素义项的确定参照《现代汉语词典》。例如,词素"失"在一、二级词汇中构成了"失望、消失、损失、失败、失去、失业"6个词,根据《现代汉语词典》中对"失"意义的解释,这6个词涉及了"失掉,丢掉;没有达到目的"2个义项,因此它的一致性值为0.67。冯丽萍等(2004)以韩国和欧美留学生为被试,探讨了词素意义一致性对词素识别的影响。实验结果显示:意义一致性对韩国学生词素信息的提取会产生较大影响,词素意义在其所构成的词汇家族中一致性越高,其识别就越容易。而词素的这一特点对欧美学生的汉语词素加工没有形成显著的作用,这表现出与他们在汉字识别中相似的规律,即欧美学生可以较早发展出声旁与整字读音关系的规则性意识,但是对同声旁家族字的意识则形成较晚,他们无法利用声旁将相关的形声字联结在一起。表现在合成词与词素识别中,虽然他们已能利用词素的部分信息来学习合成词,但是尚未较好地意识到由相同词素构成的合成词家族中各成员之间的意义关系,他们的词素意识仍然主要停留在对词素形音义信息的认识。

1.4 词汇的结构类型

汉语是一种词根语,在构词法方面与西方拼音文字系统中的很多语言存在较大差异。词汇系统中由词素与词素按照一定的语义、语法、逻辑关系构成的合成词占了多数,整词意义在很大程度上依赖于构词成分的组合关系。完整的汉语词素意识不仅包括词素形音义信息的提取,而且要能够辨别合成词中词素的组合方式,了解词素的构词功能。以不同方式进行的研究结果都表明,外国学生对汉语合成词词汇结构的认识是一个难点,初级水平的学生对汉语词素的构词功能与方式还不太敏感。

以词汇测验方式进行的研究(冯丽萍,2003)发现:虽然并列、偏正、附加式合成词中首尾两词素之间的语义关系有很大差异,但初级汉语水平的法国学生对这三种不同结构类型的合成词中词素信息的利用方式相差不大。以欧美汉语学习者为被试、以启动方式进行的实验研究(冯丽萍,2002)发现:以低频词为实验材料,并列式合成词(如"情意")与偏正式合成词(如"药店")的词素激活方式之间没有差异,均表现为首词素激活强于尾词素。而以中国学生为被试进行的同类实验中,词素激活方式与词素的构词功能相一致,即并列式合成词中首尾词素同等激活,而偏正结构中尾词素激活强于首词素。词汇结构反映的是合成词首尾两词素间的语义关系,体现了词素的构词功能。词汇结构对初级汉语水平外国学生的词素识别没有显著影响,表明他们虽然能够利用词素来帮助整词的识别,但词素信息对他们来说只是整词加工的一个线索,是通达整词意义所需信息量的一部分,他们对于更深层次的词素构词功能、对于两词素之间的意义组合关系还不够敏感。

由于对汉语的构词规则和词素功能缺乏了解,当词汇识别遇到障碍时,外国学生会利用简单的词素替代或词素相加策略来理解整词,并导致了理解错误(冯丽萍,2003)。在法国学生的词汇测验中,出现了"难道—很难,用功—使用,晚会—会议"(前面的词语为测验词,后面的词语为学生的回答)等用其中一个词素意义来替代整词的错误,这种错误明显地忽略了合成词中另外一个词素的作用。低年级学生也会将两个词素的意义简单组合在一起作为整词的意义,如"开学—开始学习、中文—中国文化、自行车—自己动的车"。这两种错误方式在低年级学生中的出现频率明显较高,说明他们虽然能够利用合成词词素的信息来识别中文词汇,但他们对中文词汇系统的性质和词汇构成方式还缺乏了解。

随着汉语水平的提高,外国学生也会逐渐发现汉语词汇结构与词义的关系,发展出语义重心意识。在不同的词汇结构类型当中,偏正结构是学习外国学生较易掌握的一种构词方式。在外国学生使用错误的合成词中,和正确的目标词相比,有很多自造的偏误词采用了定中结构,而且其所造词更注重定中结构的中心词素,例如"伴人"代替"同伴","导人"代替"向导"等(邢红兵,2003)。虽然学生的自造词并不正确,但其组合方式符合汉语的构词规则与逻辑关系,表明他们对汉语合成词中词素之间的语义关系已经有了一定的认识。这与我们前面谈到的汉语儿童词素意识发展中所表现出的规律也相一致。

至于外国学生对偏正结构的倾向性,我们也许可以从汉语词汇系统的构成上找到一些原因。根据许敏(2003)的统计,在汉语水平等级词汇大纲中,偏正结构所占比例最大,约为43.42%,在数量上占有绝对优势。这种词汇习得的倾向性与分布规律的关系也体现了语言学习理论中的概率约束(probabilistic constraints)机制。越来越多的语言习得研究发现:不论母语还是第二语言,一个语言和文字系统的内容会远远超出人能记忆的范围,学习不可能全部靠简单记忆或强化作用来完成,其中包含着学习者对所学语言的一般规则的抽取。因此概率约束理论认为:学习者可以对所输入的言语的统计特征自动地进行编码;人们对语言的计算过程利用了各种信息的约束,其中包括各单元和单元间关系在实际语言中的分布概率的信息,概率约束机制在语言习得中起关键作用(Seidenberg,1997;陈永明、杨丽霞,1999)。由于偏正结构的构词方式在汉语合成词系统中的大概率分布,使得外国学生较早地形成了对这种词汇结构的敏感。

提示

至此,我们介绍了来自词素层面影响外国学生汉语词汇与词素认知的因素。如果读者将本部分的内容与第二章汉字认知研究相比较,可以发现汉字和词汇的学习、认知方式存在着许多相同的原理和规律。

1.5 词汇的语法特征与文化含义

词汇具有概念意义、语法意义、色彩意义等不同层面的语义特征,相对来说,由于人类生活和思维的某些共同之处,理解词汇的概念意义并不是很困难。但是,由于不同语言性质的差异,对相同的意义人们会使用不同的结构形式来表达,这也是我们在前面讨论词汇的语法特征与词汇加工方式时所介绍的 Rutherford(1989)等所提出的语义结构理论的内容之一。因此,对词汇学习来说,掌握词汇的语法特征在某种程度上会难于对概念意义的理解,这从采用不同方式、以不同母语背景学习者为对象的研究中都得到了证实。例如对日本学生来说,动词学习的困难不是理解意义,其词汇使用中最常见的错误是受母语语法的影响在动词语法结构上使用不当,常常出现的错误是及物动词与不及物动词、动词与形容词相混;在不该加宾语的复合词后面加上宾语;在不该加补语的复合词后面加上补语;把不能拆开的复合词拆开使用等。这些错误发生的原因,主要是由于日本学生对现代汉语复合词的构成及其语法特征不甚了解(戴国华,2000;陈绂,1998)。

许多语言都有及物动词与不及物动词的区别,汉语的一些不及物动词(如"哭")一般只在动词前涉及一个施事,但有些不及物动词(如"来")的施事则可以出现在动词之后(如"来了一个人")。这种差异也存在于英语中,但其对应关系与汉语中是不一样的。袁博平(2002)以不同汉语水平的英语学生为被试,以汉语中不同类型的不及物动词为材料,采用看图说句子(口语)、对句子可接受度进行评定(阅读)任务的实验结果发现:汉语两种不及物动词的语义区别比较容易被英语母语者所掌握,而对句法结构差别的理解则与学习者的汉语水平有关。在英语中,两种不及物动词不管是在词汇语义上还是在句法上都有区别,英语母语者在学习汉语时,对于掌握这两种不及物动词的语义区别没有很大的困难,因为语义方面的区别在英语和汉语中是类似的,他们最大的困难是如何把语义用正确的句法形式来表达。英语句法不允许不及物动词所带名词出现在动词之后,初学者由于受母语较大的影响,他们更多地依据英语语法来处理这些句子,因此拒绝使用、也拒绝接受名词在不及物动词之后的句子形式。这种语言加工方式随学习者语言水平的提高而改变,高水平汉语学习者已经能够接受与其母语不同的动词句法结构。

除语法意义外,许多词语的意义中还蕴含着一定的文化元素。对法国学生的词汇识别结果进行的分析发现(冯丽萍,2003),具有中国文化特色的事物所对应的词语学习效果较好。例如同为餐具类词语,"筷子"一词的笔画数不少,在学生的母语环境中接触次数也并不多,但该词的识别正确率相当高,其原因除了"筷"字的形声结构外,还由于许多学生对中国饮食文化很有兴趣,在去中国餐馆时即使提供刀叉他们也宁愿使用筷子,因为在他们眼中，筷子是一种很有中国特色的事物。由于这一原因而识别率较高的词语还有"饺子、皇帝"等；相反，对于"勺子、叉子"这两个他们每天使用而且笔画数不多的词语却由于其他原因导致识别正确率较低。

1.6 词语在两种语言中的对应关系

一个概念在学习者的母语和目的语中会形成不同的词汇对应关系。以汉语和法语为例，有的词语在两种语言中都存在，形成一一对应的关系。例如法语中的"fleur"对应汉语中的"花儿"；有的形成一对多的关系，例如法语中的"riz"对应汉语中的"米"和"米饭"两个词语。而汉语中的有些词，在法语中并没有对应词语，相关的概念用一个短语来表达。例如汉语和法语中计时和计数单位的表达方式很不一样，汉语中的"前天"，法语中用"avant hier"，直译为汉语是"昨天以前"，类似英语中的"the day before yesterday"。在计数单位中，如汉语中"八十"，法语中是"quatre vint"（即 4 个 20）；汉语中的"万"，法语中是"dix mille"（即 10 个 1000）。在第二语言学习中，学习者会将母语中的词汇知识应用于目的语学习中，形成语言间迁移。这种迁移可以产生促进作用，例如在高年级日本学生的词义猜测测验中，被试利用日语知识猜测的目标词共有四个，其中三个完全正确，一个部分正确（钱旭菁，2002）。当两种语言间对应关系不一样时，母语知识可能会产生负迁移，导致词语的识别容易出现困难。从迁移的层次来说，因词形不同而产生的迁移为表层迁移，如 riz—米、米饭；而语言性质或表达方式不同引起的迁移为深层迁移，如汉语中的"前天"与法语中的"昨天以前"，汉语的"八十"与法语的"四个二十"。从学生的词汇习得情况来看，因表层迁移引起的词汇识别错误比较容易克服，像"米"和"米饭"混淆一类的错误主要出现在低年级的学生中，而因深层迁移引起的错误则持续时间较长，错误率普遍较高。词语在较深层次上出现的差异大多与语言性质、思维方式相关，例如时间词和数目词表达方式的差异实际上来自于两种语言中计时和计数方式的不同，学生在学习此类词汇时，不仅要学习新的词语，同时也要了解目的语语言性质和相关的词汇知识，克服原有的构词规则知识产生的干扰，因此其习得难度较高，母语负迁移的持续时间也较长。

1.7 词汇记忆策略

学习者在语言学习中会采用不同的策略来帮助他们理解和记忆所学的词语。同义词、近义词在不同的语言中都存在，因此，同义词替代是学生常用的策略之一。这不仅体现在词汇的使用中，而且在词汇学习过程中，在表示相近意义的词语间外国学生会有倾向地选择某一个词语因而对另一个词语的记忆形成干扰。例如对法国学生的词汇测验结果分析发现：虽然"早上—早晨、生词—单词、来晚—迟到"这些前后两个词语表示的意义非常相近，而且在课文中出现的频率也没有很大差异，但由于汉字熟悉度、学习者的使用习惯、生词的出现顺序等原因，学生较常使用前一个项目，这样反而造成了对后一项目的迅速遗忘或者回避使用，导致其识别正确率远远低于前者(冯丽萍，2004)。

低年级学生在记忆词汇时常常借助相关的背景信息，因此词汇记忆受学习语境的较多干扰。在低年级法国学生识别错误的词语中，出现了例如将"动手"翻译成"帮助"、将"律师"翻译成"邻居"等看似完全无关的错误方式，但是与学生学习的教材相对照，发现这些测验项目与错误项目许多是出自同一篇或相邻的课文，有些甚至是出现在同一语句中，例如"他的邻居是一位律师"。从记忆的角度讲，这是贴近联系原则造成的干扰，由于在学习过程中这些词语的出现位置非常接近，学生对这些词语的记忆较多地依赖于它的出现环境，因此在心理词典中这些项目之间的联结强度较紧。这种现象在外国学生的汉字认知规律研究中也屡有发现，如将"糕"误记成"糟"、将"蛋"与"糕"相混等。而这种错误类型在高年级基本不再出现，说明从词汇的学习到掌握有一个随运用而逐步稳固和内化的过程。

综合上面的分析可以看出，外国学生在中文词汇识别方面表现出如下特点：(1)词形特征影响词汇识别。词形相近对初级水平外国学生的词汇识别会产生干扰，心理词典中形义联系的稳定性随学习者汉语水平的提高而加强。(2)词素的意义独立性、构词能力、所构词汇家族中词语间的意义关系等都会影响外国学生对汉语词素的学习与识别。(3)初级汉语水平学生的词素意识主要体现在对词素形音义信息的提取，他们对词素构词功能、多义词素的认识还比较欠缺；多义词素不同义项的习得顺序受原型特征、义项频率的影响；在词汇结构意识发展中，偏正结构较早被掌握。(4)词语在两种语言中的对应关系影响学生的词汇习得，来自表层负迁移的干扰早于深层迁移被克服。(5)两种语言中语义相关、语法特征不同的词语是词汇学习与使用中的难点。(6)除概念意义外，词汇的语法意义、文化含义、出现环境、学习者的学习策略等因素都会影响外国学生的中文词汇学习效果。

请思考

　　根据影响外国学生汉语词汇学习与认知的上述因素，你认为对外汉语词汇教学的教学内容、教学重点、教学方法可以怎样设计呢？

2 外国学生的中文词素加工与中文心理词典的建构

以上讨论的外国学生的中文词汇识别与记忆特点体现了他们对词素这一构词单元的意识,以及在词汇学习中对词素信息的运用。那么与汉语母语者相比,外国学生在汉语词汇认知过程中如何提取词素的形音义信息?下面的实验结果可以为我们从认知层面解释外国学生的词汇识别与学习方式提供一定参考。

2.1 外国学生中文词素的形音义加工

在特定的语言环境中,成年汉语母语者逐渐形成与汉语系统规律和汉语认知规律相应的、成熟完善的汉语心理词典,其心理词典中词和词素的表征与加工方式可以为我们研究外国学习者的汉语心理词典提供参照。以汉语母语者的研究结果为参照,冯丽萍(2009)以中级汉语水平的韩国和欧美留学生为被试,利用实验方式对外国学生中文词素形音义信息的提取方式进行了探讨。实验任务为启动条件下的词汇判断,启动词与目标词有五种关系:词素同形(如安全—安装)、词素同音(如承认—程度)、词素同义(如西医—西餐)、词素字形相近(如夏天—复印)、整词意义相关(如习惯—风俗),全部实验材料均为被试学过的双字合成词,实验材料的词频、字频、笔画数、语义相关度等因素都得到控制。实验选择了 80 和 200 毫秒的 SOA(启动词与目标词之间的时间间隔)来比较词汇不同加工阶段的词素激活情况。

对比中、韩、欧美三组被试的实验结果,发现他们的词汇与词素加工方式存在着一些共同点:词汇加工方式及其随时间进程而变化的趋势总体上来说是相同的,即词素意义的激活先于整词;词素加工开始于字形特征的分析,因此在加工初期同义词素与同形词素均可对相关目标词识别产生促进作用;在词汇加工的早期阶段,语音的作用不显著。

但是在总体趋势相同的情况下,不同语言和文字背景的被试之间在一些具体环节上也存在着明显的差异,表现在以下几个方面:

(1)词素意义的表征方式有所不同。在汉语母语者的心理词典中,各节点之间的联结较强,相互之间的激活速度较快,而且多义词素的意义具有相对清晰、独立的表征,因此具有不同意义的同形词素(如安全—安装)在较早的加工阶段即对相关目标词的识别产生了干扰作用。表明在特定的语言环境和语言使用中,具有同形关系的词素在心理词典的字形层次共同表征,但是在意义层次却对应着不同的节点。但多义词素的这一特点显然是外国学生汉语词汇学习中的弱点,他们还无法将同一词素的不同意义清晰地区分开,因此在前后两个加工阶段下同形词素均对意义不同的目标词表现出促进效应。

（2）心理词典中各节点间的联结方式和激活扩散速度因学习者的语言和文字背景而不同。外国学生的中文心理词典中由形及义、由形及音的激活速度显著慢于汉语母语者，其字形特征识别所需的时间明显较长，这就导致其词素激活出现不同的方式：形近词素（如复—夏）在汉语母语被试的加工早期由于词素意义的迅速激活（如复印）而对字形相近目标词（如夏天）的识别产生了干扰效应，但这种干扰未出现在两组外国被试的反应结果中，表明其由形及义的加工尚未完成。母语背景对词汇加工方式的影响还表现在：欧美学生的词汇加工中，虽然整词意义激活表现出与汉语者、与韩国学生类似的不断加强的趋势，但是在200ms条件下，其整词意义仍未得到充分识别，这表明欧美学生需要更长的加工时间来完成由字形特征分析到意义识别的过程。

（3）词汇加工中语音的作用不同。在汉语母语者的同类实验任务中，同音词素词（如承认—程度）没有表现出明显的作用。韩国学生在词汇加工时间充分的条件下，同音词素词对相关目标词识别表现出促进，而语音的作用在欧美学生词汇加工的各个阶段均没有体现。从实验结果来看：欧美学习者表现出了与汉语母语者相同的趋势，但结合相关的研究成果，我们推测在这种共同趋势的背后起作用的深层原因可能是不同的。语音在汉语字词加工中的作用一直是汉语认知研究中的一个热点问题，以汉语者为被试的许多实验结果显示：由于汉字的特殊性质，在汉语母语者的汉字与合成词加工中存在着直接的、快速的形义通路，尤其是在加工单元熟悉度较高的条件下，合体字中的部件或合成词中词素的语音不是字义或词义通达中必需激活的信息。也就是说，汉语母语者词汇加工中语音作用不明显，是因为受到了形义通路快速激活的掩盖。但我们推测，造成欧美学生汉语词汇加工中语音作用不明显的原因或许是由于其心理词典中形音节点间联结强度较弱，这可能与汉字字形本身不直接提供语音信息有一定关系。

2.2 词汇量测验

许多研究已经发现，学习者的词汇量与他们词素意识的形成、阅读能力的提高有显著的相关，词汇量的多少是决定第二语言理解与使用的一个重要因素，因此词汇量的考察就成为评价学习者语言水平的一个重要指标。词汇量测试的目的是要考察学习者掌握了多少目的语的词语，设计词汇量测试时不仅要考虑如何选词，而且要选择有效的测验形式。

在词汇量测验中，常用的选词方法有两种。第一种是词典法：选一部词典，根据所需词语的数量，从词典中按照一定间隔选词，比如选取每10页的第一个词语。学习者词汇量测试的正确率乘以该词典的总词数就是他的词汇量。用该方法测试词汇量的可信度很低，只是一个粗略的估计。第二种是频率表法：根据某一词频表，从不同的频率等级中选取相同数量的词语组成测试内容。频率表法有一个假定的前提：无论第一语言还是第二语言，人们一般总是先掌握高频词，后掌握低频词，人们对不同频率等级上的词语知识存在差异，因此学习者对各个词频等级上词语的掌握情况可以反映他对整个目的语词汇的掌握情况(Wesche & Paribakht,1996)。

常见的词汇测试形式有词表法、多项选择、翻译法和释义法等。词表法(checklist test)是将选出的目标词列成词表后，让学习者判断是否认识这些词，如果认识就在该词后打"√"。这种形式最大的优点是可以测试大量词语，如果在计算机上进行，可在几分钟内完成。被试只需在计算机上按键，电脑即可记录每个词的反应。但其不足是学习者很可能高估自己的水平。为了弥补这一缺陷，测试时要在词表中加进一些符合目的语构词法的假词选项。多项选择法是从若干选项中选出和目标词意思相同或相近的选项。选项可以是目标词的同义词或近义词，也可以是对目标词的解释。这种方法评分和分析比较容易，但编写选项比较费时，而且需要多次预测和调整(Wesche & Paribakht,1996; Read,2000)。翻译法是让学习者写出目标词的母语对应词，Nation(1990,见钱旭菁，2002)认为让学习者给出母语的对应词是词汇测试的最好形式。这一形式容易设计，而且任务也和学习者平时阅读或听力理解的过程相似。其缺点是评分比较复杂，且评分者需要熟悉学习者的母语。释义法，从不同频率等级中选出若干词语，然后要求学习者根据备选答案中对词语意义的解释选择相应的目标词。该测试对阅读的要求最低，完成起来也比较快，因此能测试较多的词语。不同的测试方式，其计分标准也有所不同。上述方法考察的都是学习者的词汇量，即词汇知识"宽度"（掌握多少个词），词汇量测验中还可以评价词汇知识的"深度"（对某些词的掌握程度）(白人立,1999；钱旭菁,2002)，不同的评价目的也需要设计不同的评价工具与标准。

2.3 外国学生中文心理词典的建构方式

我们根据上述研究结果来综合讨论外国学生中文心理词典的表征与词汇加工方式。

2.3.1 心理词典的表征方式

在外国学生的中文心理词典中，存在着形、音、义三个层次、词素与整词两种单元的表征。在这一基本框架之下，在许多环节上因多种因素的影响而存在着不同的形式。

（1）在字形层次的表征中，形近字之间存在许多共同特征。汉字的字形信息包括笔画、部件及字形轮廓，因此在形近字之间存在着许多联系。例如，在部件层，存在着"宀"、"冖"两个部件的表征，因此如"安、写、宁"等拥有这些部件的汉字之间就存在联结；汉字"复"与"夏"之间共同的字形特征较多，在加工中相互之间的干扰也会较大。在欧美学生的汉字学习初期,汉字的表征处于不稳定的状态,字形相近的汉字在词汇加工中可能产生干扰作用,因此导致错误识别结果的可能性就较大。

(2) 受汉字性质的影响,在汉字部件与词素的语音与意义之间存在着间接的联系。例如部件"口",它既可以为"吃、喝"等字的识别提供意义信息,也可以为"扣"提供语音信息。但是对外国学生,尤其是非汉字背景的欧美学生,这种部件与语音、语义之间的联系还比较弱,许多有效信息在词素识别中无法得到利用。相比较而言,他们对声符的意识和信息利用更弱于义符。

(3) 在意义表征层存储着整词与词素的意义,两种意义单元之间存在着联结,其联结强度和方式受语义透明度(透明词、不透明词)、词素性质(自由词素、不自由词素)、词素构词功能(主要成分、次要成分)、词素构词能力(强、弱)、义项数量、义项频率等多种因素的影响。例如,在透明度高的词语(如语言、美丽)中,词义与词素义之间的联结较强,词素意义的提取对整词识别能产生很强的促进作用。同样,对于自由词素(如冰、错)来说,表征强度也由于其语义的自足性而高于不自由词素(如民、误)。又如,词素"鲜"在"鲜花"中是一个修饰成分,但是在"新鲜"中构词功能与另外一个词素是并列的。词素"草"是一个多义词素,有"草本植物、草率、起草、草体"等不同义项,其中第一个义项的使用频率和表征强度会远远大于其他义项。这些因素都会对词素的加工产生影响,但这些因素的作用也都是随着学习者词汇量和语言知识的增加而逐步发展的。在汉语学习初期,外国学生的词素意识主要表现为词素形音义的识别。汉语水平较高的学生逐渐意识到汉语合成词的词素组合方式,能够有选择地利用不同位置上构词功能不同的词素的信息。词素意识是随着词汇量的增加而逐渐形成和发展的,它反过来也有助于汉字量和词汇量的增长。

(4) 在各个层次,表征单元之间都可以通过不同的标准类聚在一起,词汇加工过程中相关单元间的激活会产生相互的促进或干扰。例如字形层次的形近字,语音层次的音同、音近字,语义层次的同义词、反义词等。在加工中某些常用单元的激活具有优势,会先于其他相关单元得到识别。

(5) 同形词素的不同意义会产生交叉。例如"花"在"鲜花"、"花费"中是两个意义完全无关的词素,在汉语母语者的心理词典中,它们是被清晰分开的。但是对外国学生来说,这种区分是一个难点,这种困难尤其表现在汉语学习初期,词素表征比较模糊的阶段。

2.3.2 词汇加工方式

词汇加工的基本过程是从特征识别(笔画、部件、字形轮廓等)开始,经过词素单元或直接的整词单元激活,最后通达词义。这也是一个受多种因素影响的动态过程,其中任何一个环节上出现问题都会导致识别困难或识别结果错误。

(1)从加工单元来讲,存在着词素单元与整词单元。一般来讲,在词汇加工过程中,这两种单元的信息都可以得到激活。对于高频词来说,由于整词熟悉度较高,合成词整词作为一个单元的激活速度较快,词素的作用表现得不明显;在熟悉度较低的低频词中,由于整词的加工速度较慢,词素的作用就显得比较重要。词汇熟悉度是相对的,它与学习者的汉语水平相关。但词素的作用与词素的构词功能、词素性质、词素构词能力、义项频率、词义的透明度、加工时间等多种因素都有关系。

(2)从加工通路来讲,由于汉字的特殊性质,词汇加工存在着直接的形义通路与间接的形音义通路。对于汉语母语者来说,由于形义之间的联结较强,语音的激活对语义通达并不是必需的,至少它的作用不一定在识别中表现出来。但是在词汇识别困难、语义通达速度较慢的条件下,语音激活仍然能够为语义识别提供有效的信息。这种形音义之间的联系随母语背景的不同而有区别,对欧美学生来说,形义通路、形音通路、音义通路的激活速度都较慢。

这种表征与加工方式不是固定的、一成不变的。对汉语水平较低的外国学生来说,其中文心理词典中各单元之间的联结还比较松散和模糊,一个字形刺激的出现会激活许多形近的单元,词汇加工过程中抑制干扰信息的能力也较低,因而导致错误识别的可能性就越大。随着汉语水平的提高,各单元之间的联结逐渐加强,心理词典的表征与加工方式也逐步趋于合理,其心理词典中不同单元之间的联结相对清晰、明确,它可以保证词汇识别从字形或字音开始沿正确的激活通路到达词汇意义,因此由形近或音近造成的识别错误逐渐减少。在这一过程中,学生的语言意识与学习能力、课堂教学内容与方式、语言学习环境等都会对心理词典的形成与发展产生影响。

第四节　对外汉语词汇教学

近年来随着学科的发展和研究的深入,许多学者对词汇教学的重要性提出了中肯的意见,并就词汇教学提出了许多切实可行的方法与思路。词汇教学的设计离不开两个基础:汉语词汇系统的特点和学习者的词汇学习方式。我们在前面比较详细地讨论了外国学生的汉语词汇学习与认知方式,在此我们首先简要介绍汉语词汇系统的研究成果,并就对外汉语词汇教学进行讨论。

1 汉语词汇系统的特点与词素的分布规律

1.1 词汇系统特点

综合汉语词汇的研究成果,汉语的词汇系统在整体上可以总结出如下特点:(1)构词法丰富,由词根与词根构成的复合词占多数,词素与词素之间的语义和语法关系对整词意义的构成起重要作用;(2)词素的意义类别与整词形成很强的对应规律;(3)词汇按照不同的关系类聚成不同的词群,从而形成有序的词汇网络;(4)新词语表现出一些独特的构词规律,类词缀出现速度较快。

1.2 词素在现代汉语词汇系统中的分布规律

词素是一个具有多重角色的重要的语言单元,"讲汉语的语法,由于历史的原因,语素和短语的重要性不亚于词。"(吕叔湘,1979:p.15)。从不同的角度,可以对词素进行不同的分类和描写。根据语音形式,可以分为单音节词素、双音节词素和多音节词素;根据语言功能,可以分为自由词素和不自由词素(也称黏着词素),如"花、人"为自由词素,"访、咨"为不自由词素;根据位置分布,可以分为定位词素和不定位词素,定位词素中又包括前置词素和后置词素;根据表义功能,分为词根词素和词缀词素,前者如"人、民",后者如"桌子"中的"子"、"老虎"中的"老"。

1.2.1 词素语音形式的分布

汉语中单音节词素占了绝大多数,它们是汉语构词中的活跃因素。据尹斌庸(1985)《汉语语素的定量研究》的统计结果:汉语中双音节词素占全部词素的3%,其中绝大多数为动植物名称(如"柴胡")或双声叠韵的联绵词(见黄昌宁、苑春法,1998)。根据黄昌宁、苑春法(1998)对汉语语素数据库的穷尽性分析,共得到词素10442个,其中单音节词素有9712个,占总数的93.0%。双音节及双音节以上的词素有730个,占7.0%。在这些单音节词素中,除去1959个0义项词素("这些词素一般和其他词素构成的词是属于固定的用法或是一个典故,难以确定这些词素在组词中的作用。"——据原作者)之后还有7753个词素,它们是汉语词汇系统中的基本词素。

1.2.2 词素意义与功能的分布

根据孙银新(2003:pp.150~151)对《汉字信息字典》所收7785个汉字的统计结果,得到单义词素4139个,占57.55%。卞成林(2000)对《现代汉语词典》中词语的分析共得到词素9725个,其中单义词素4425个,占全部词素的45.5%。在黄昌宁等(1998)所建的汉语语素数据库中,可独立使用的自由词素有 2878 个(37.1%),不自由词素有 3295 个(42.5%)。词素的构词能力也有很大差异,在现代汉语词素系统中,有些词素的构词能力非常强。在以 3500 常用字为基础建立的汉语构词基本字库(张凯,1997)中,构词能力最强的前 10 个词素为"子、人、头、大、心、不、水、生、学、地",构词率均在 200 以上。根据孙银新(2003)对《倒序现代汉语词典》的统计,作为词缀的"子"一共构成了 1003 个词。这些都是汉语中较高频的词素。

词素的构词能力与义项数量是相关的,词汇系统中构词能力最强的 189 个词素(构词数在 100 以上)都是多义词素(卞成林,2000)。据苏新春、许鸿(1995)对《现代汉语频率词典》中前 200 个词素的义项数量和构词能力的分析结果:200 个单音节词素形成义项 1685 个,平均一个单音节词素负载义项数量为 8.425 个;它们共构词 18280 条,平均一个单音节词素构成复合词 91.4 个。在使用度越高的词汇集合中,单音节词所占的比例越大,这部分单音节词中许多都是既可以独立使用、又可以参与构词的自由词素。

词素意义与整词意义

词汇意义是由词素意义整合而成的。从二者的关系来看,汉语中绝大多数的词汇意义都与词素义有关联,可以借助词素意义来理解整词。黄昌宁(1998)对汉语语素数据库的分析也发现:汉语基本词素的素类分布与它们所构成的双字复合词词类的分布规律相一致。单音节词素中数量最多的是名词性词素,占 46.7%,其次是动词性词素,占 31.4%,形容词性词素占 12.7%,三类合计占 89.8%。根据对汉语双字复合词的统计结果,名词所占比例最大,为 51%,其次是动词,占 34.4%,形容词占 7.6%,三类合计占 95%。(原作者注:有关语素的统计是根据修订后的数据库重新统计的。)将素类与词类的分布进行比较,可以看到二者是大体相似的。

由于不同的研究所依据的语料不同,关于词素统计的结果也不完全一致,但综合上述研究我们可以看到,总体来说,在现代汉语词汇系统中,词素的分布状况如下:现代汉语词汇系统可分解出 7500(黄昌宁的数据库中意义明确的词素有 7753 个)——10000 个词素(黄昌宁统计 9712 个,卞成林统计 9725 个),其中单音节词素为主体;在这部分单音节词素中,不同词素的构词能力有很大差异;单义词素与多义词素数量相差不是很大(孙银新统计单义词素比例为 57.55%,卞成林统计为 45.5%),但多义词素的构词能力及所构合成词数量却远远多于单义词素;自由词素与不自由词素的总体数量相差不是很多,但分布不均衡,在现代汉语词汇系统中,词汇频率越高,自由词素在其中所占比例越大;词素意义与其所构整词意义关系密切。

1.3 词素在对外汉语教学用词汇系统中的分布规律

准确地说,汉语母语者和以汉语为第二语言的学习者并不会使用两个独立的词汇系统,只是我们这里分析时所依据的是《高等学校外国留学生汉语言专业教学大纲》(国家汉办,2002),这是对外国学生所需掌握的汉语词汇的规范和分级,因此我们称之为对外汉语教学用词汇。根据该《大纲》的要求,在全部4个等级中,一共应掌握生词7554个。其中一年级一级993个,一年级二级新词1711个(共2704个),二年级新词2215个(共4919个),三、四年级新词2635个(共7554个)。在该大纲中,一、二级的词汇与词素分布规律如下。

1.3.1 词素语音形式的分布

在一年级一级的993个词中,单音节词432个,双音节539个,三音节以上22个;在一年级二级的1711个新词中,单音节词491个,双音节词1149个,三音节以上71个;在二年级2215个新词中,单音节词368个,双音节词1702个,三音节以上词145个。因此,在静态的词汇系统中,由词素组合而成的合成词占了多数,而且随着词汇等级的提高,双音节词所占比例是逐步上升的(在一年级一级、二级和二年级词汇中的比例分别为54%、67%、77%)。词汇量增长速度远远超过汉字(根据《大纲》的要求,一年级一级的汉字量为795个,一年级二级新增696个,二年级又新增545个),其中一个主要原因在于许多新词是由学生已识的汉字(词素)构成的。

1.3.2 词素构词能力与意义的分布

从词的构成看,在一年级一级的双音节词拆分所得的词素中,构词能力在2以上的词素有175个,累积构双字词605个,平均构词能力3.46。在一年级二级双音节词中,构词能力在2以上的词素有445个(其中116个在一级中作为构词能力为2或2以上的词素出现过),累积构双字词1700个,平均构词能力3.82。如果将一年级一级与二级词汇合并统计,构词能力在2以上的词素有504个,累积构词2318个,平均构词能力为4.60。

从构词能力的分布看,在这部分构词能力为2或2以上的词素中,构词能力较弱的可构成2个词,如"艺"构成文艺、艺术,构词能力最强的为"子",构成42个双音节词。构词能力的变化总体上呈阶梯状分布:构词能力为2的词素数量最多(193个),构词能力为3~5的有195个,构词能力为6~11的有77个,构词能力12以上的有30个。虽然构词能力为2的词素占了38.2%,但总体来看,一、二级词汇系统中词素的构词能力还是相当强的。

在504个构词能力为2或2以上的词素中,可以独立使用的自由词素289个(57%),

不能独立使用的黏着词素 215 个(43%)。289 个自由词素共构词 1448 个,平均构词能力为 5.19,构词能力最高的自由词素为"学、人、不、来、心、人、年、生、上、动、出、大",构词均在 15 个以上。215 个黏着词素共构词 816 个,平均构词能力为 3.80。

黏着词素由于不能独立使用,其自身意义不是很清晰明确,因此对其意义的理解主要借助它所构成的合成词的意义。那么这部分黏着词素所构成的合成词意义关系如何?我们借鉴读音一致性的概念与计算方法,对黏着词素的意义一致性进行了计算。词素意义一致性的计算式为"1.0－所构词语中词素的义项数/某词素所构词语数",所得的数值越大,说明同一词素家族中词语的意义越集中。为保证计算结果的有效性,我们只计算了构词能力在 5 以上的黏着词素。计算结果表明:构词能力在 9 以上的词素意义一致性值多数在 0.7 以上(只有"业"稍低,构成 11 词,有 5 个义项,一致性值为 0.55),意义一致性最强的词素为"实",构成 14 个词语,只涉及 2 个义项;构词能力为 5～8 的词素一致性值大多在 0.65 以下(只有"衣"较高,构词 6 个,只有 1 个义项,一致性值为 0.83)。

根据上述统计结果来分析词素在对外汉语教学用词汇中的分布规律:由词素组合而成的合成词占多数,词汇量增长速度远远超过汉字;单音节词素占绝对多数;构词能力在 2 或 2 以上的词素占多数,不同词素的构词能力相差较大,词素构词能力随着词汇等级的提高而不断增强;自由词素与黏着词素的总体数量相差不是很多,但词汇等级越低,自由词素在其中所占比例越大,而且自由词素的构词能力强于黏着词素;在黏着词素构词过程中,总体趋势是构词能力越强,意义一致性越高。也就是说,随着词素所构词语数量的增多,其义项数量并没有同速增加。与前面的分析相比较,可以看到:词素在对外汉语教学用词汇及现代汉语词汇系统中的分布规律大体一致。

2 关于词汇教学

词是语言理解和产生的重要单元。胡明扬先生(1997)曾指出:"语汇教学的重要性是显而易见的,因为语言说到底是由词语组合而成的,语音是词语的具体读音的综合,语法是词语的具体用法的概括,离开了词语也就没有语言可言。""这样看来,语汇教学理应在对外汉语教学中占据一个重要位置,即使不说是一个核心位置。"认知心理学的研究成果从不同的角度描写了中文词汇系统的表征与加工方式,揭示了学习者的词汇认知规律,为我们分析学习者词汇加工的心理过程、预测其发展趋势、选择词汇教学方法提供了参考。根据上述中文词汇系统的特点与外国学生的词汇认知、学习规律,我们来讨论对外汉语词汇教学的原则与方法。

2.1 建立心理词典中词素形音义之间的有效联结

词的记忆包括形音义三种信息,视觉词汇的识别过程是根据字形理解意义,听觉词汇的识别是根据语音通达意义。汉语词汇系统中大量同音词、音近词、形近词、多义词的存在,给外国学生依据形音信息识别意义带来了困难,这是导致他们词汇识别速度慢、甚至识别错误的重要原因之一。对于汉语母语者来说,中文心理词典是随着他们语言学习与运用的发展而逐步完善的,这一系统的表征形式是合理、有效、经济的,是与语言理解和产生的过程相适应的。但是对于成年外国学生来说,中文心理词典则是他们在思维能力和母语运用能力成熟发展以后,以正规的课堂教学为主要途径而形成的。虽然教学输入的内容并不能保证都为学生所习得,但有效的教学可以帮助学生了解汉语字词的形音义关系,在心理词典中建立正确、清晰、有序的字词形音义联结,从而保证其词汇学习、记忆、识别的快速与准确。

词汇由词素构成,而汉语中词素与汉字单元的对应性使汉字教学的意义不仅表现在汉字层面,良好的汉字基础对于词汇、句子、篇章的学习都有着重要的意义。关于汉字教学,我们在第二章已做了比较详细的讨论,在此我们仅从它作为词素的角度略加强调。作为一种意音文字,汉字丰富的形体特征为我们理解和记忆汉字提供了许多可利用信息,这也是汉语母语者能够利用形义之间的联系快速由形通达意的前提。但是对外国学生,尤其是完全非汉字背景的欧美学生,对于这些丰富的信息他们尚不懂得如何利用。他们或者不了解提示字义的义符所具有的功能,将"土、王""日、目"等形似义符混淆实际上与他们不了解这些义符所表示的类义有关;而有些学生则泛化字形与意义间的关系,认为汉字的每个部件都有提示意义的功能,刻意寻找"月"与"请"、"渐"与"斤"之间的意义关系等学习策略即来自于此。因此引导学生了解部件与汉字、汉字(词素)与整词之间的关系,从而有效地利用各种字形信息理解词义应该是汉语词汇教学的内容之一。字词语音的教学同样如此。由于汉字的特殊性质,在汉语合成词的视觉加工中,语音可能不是必需的信息。但语音作为汉语字词信息的一个重要部分,为词汇识别提供了许多线索。同样由于汉字的性质,由形及音、在音义之间建立联系是外国学生汉语字词学习的难点之一。在汉字的语音学习和记忆中,一个重要的线索是汉字的声符,形声字声符与整字的关系、同声旁构成的形声字家族的关系都可以作为教学内容,引导学生了解并合理利用汉语字词的语音线索。当然,形声字毕竟只是汉字的一种类型,对于独体字、会意字等没有表音部件的汉字,则应该帮助学生利用不同的线索,在形音义之间建立合理的联结方式,为他们迅速准确地识别词汇提供条件。

同形词素、多义词素也是教学中应注意的内容。对于汉语母语者,同形汉字所记录的不同词素意义是分别表征的,如"老师"与"老人"中的"老"、"鲜花"与"花费"中的"花"。但对于外国学生来说,这种同形字之间意义的区分是不同母语背景、不同汉语水平的学习者所共同存在的一个难点。同形字的出现来自于语言和文字使用过程中的借用、合并、变异等多种因素。学习汉语的外国学生,受过度概括、类推等策略的影响,他们在新知识的学习中会与以前所学的知识进行类比,将一些相似相同的现象联系在一起,从而导致词语之间、不同义项之间的混淆和干扰。

我们在第一章谈过,记忆深度的提高依赖于精细复述和练习的数量,因此知识的教学既可以通过讲解,帮助学生在理解字词理据的基础上进行记忆,更重要的则是通过大量的练习让学生去识别和运用。因此,在教学中,可以运用游戏或任务设计,例如让学生找出一组词中的形近字;给出一个词,让学生写出形近词或音近词;给出一个词素,让学生组词;给出一组词,让学生辨别其中词素意义的异同等。找形近字的活动不仅能帮助学生发现和记忆形近字词,更重要的意义在于提高学习者对汉字字形的意识,使他们注意到汉字字形的相似性以及辨认能力在汉语词汇学习中的重要作用。同样的原则和方法还可以用来引导学生区分同形词素、多义词素、同音词、音近词等,帮助学生将相关的内容聚合在一起,将容易混淆的项目区分开,从而在心理词典中形成合理有效的表征体系。

2.2 建立词素与整词之间的有效联结

词素构词单元的功能决定了它在汉语合成词加工中的作用以及外国学生对词素的识别方式。中文里大量的词汇是由数量远远少于它的词素构成的,一个词素可通过不同的方式与其他词素结合,形成互相联系的一个词汇家族。关于字与词素的构词能力和使用频度,一直有不同角度的统计结果出现。按照周有光先生的"汉字出现频率不平衡规律",在汉语中使用频度最高的1000字,其覆盖率达90%以上。掌握了2400个常用汉字,其书面语的覆盖率可达到99%以上(苏培成,1994:pp.33~34)。这些汉字中应该有相当一部分是既可以作为单字词使用,又可以作为构词成分的词素。据1988年国家语委公布的《现代汉语常用字表》统计,该表中的3500常用字可覆盖200万字语料的99.48%。现代汉语3500个常用字能够组成现代汉语所使用的7万个词,平均每个汉字能够参构合成词20个(张凯,1997)。《常用构词字典》收字3994个,词语9万,平均每个汉字参构词语22个(李芳杰,1998)。

关于对外汉语教学词汇,王又民(2002)对中小学语文教学与对外汉语教学中使用的汉字量、词汇量及汉字的构词比例进行过统计:中国语文课本中的累积汉字与累积词汇的比率,到高三时达到1比5.84;对外汉语本科语言类课本中的累积汉字与累积词汇的比率,到四年级时为 1 比 3.26。我们前面的统计也显示,在《大纲》规定的一、二年级外国学生学习的词汇中,词素的平均构词能力为 3～4 个。这多组数据都提示我们,在对外汉语教学中,如果能引导学生在词素与整词之间建立有效的联系,借助词素的信息来记忆和识别词语,那么学生所能掌握的词语数量应该是相当可观的。

汉语词素与整词之间存在着密切关系。我们在前面的汉语词汇系统分布规律部分谈到,黄昌宁等(1998)对汉语语素数据库的分析发现:汉语基本词素的素类分布与它们所构成的双字复合词词类的分布规律相一致。单音节词素中数量最多的是名词性词素,其次是动词性词素和形容词性词素,这三类词素所占的比例与汉语双字复合词中名词、动词、形容词的分布是大体相似的。因此,在引导学生利用词素学习汉语词汇的过程中,除了引导学生关注词素的形音义信息,更重要的是要帮助学生了解整词的构成是受汉语构词法支配的,整词意义与它的构词成分,即词素之间的语义、语法关系有关,同时也受逻辑意义、民族心理、历史文化等诸多因素的影响。徐通锵先生曾指出:在汉语词汇由单音节向双音节的转化过程中,构词成分间的语义关系是相当有规律的……同一个核心字处于字组的不同位置就承担不同的语义功能,形成不同结构的辞……同一个字因位置的不同,它所体现的语义核心就有区别:居后,核心字代表义类,接受前字的限制和修饰;居前,核心字代表义象或语义特征,管辖不同的义类。(徐通锵,1997:pp. 362～384)这其中所说的"字"也就是我们一般所说的词素。

当然,对外汉语教学中没有必要将此深层的、复杂的构词规律全部在课堂上教给学生,而且这样做也是不现实的。但是,从事对外汉语教学的教师应该具备相应的词汇知识,在教学中采用适当的方式将最基本、最重要的内容以及制约汉语词汇发展的深层规律教授给学生,引导学生合理地利用词素和汉语构词法的知识来学习汉语词汇。所谓适当的方式,指的是教学方法应当依据学生已有的语言知识和汉语水平。总体来说,通过练习、游戏、任务等形式引导学生体会、理解汉语词汇知识是对各个语言水平的学生都可使用的。例如,对汉语水平和词汇量有限的入门阶段的学生,可通过"汉语、英语、日语、语音、语法"等词语的对比让他们体会汉语词素的功能及构词方式;在初步讲解"帮助"中两个词素的关系之后,可让学生在一个包含"学习、变化、比赛、城市、错误"等词语的词表中找到与"帮助"构词方式相同的词,对于不理解的汉字可查阅字、词典。这些都是在一年级一级词汇大纲中出现的词语,通过类比、系联的方式引导学生注意汉语词素的功能应该是初级汉语词汇教学中一种可行、有效的方法。同样,这种方法也可以应用于多义词素、同形词素这些外国学生汉语词汇学习难点的教学中。例如,对一年级学生,按照教学大纲中的词汇,可通过"报到、报告、报名、报纸、画报"等词语的对比让他们体会词素"报"的不同意义;通过"复习、复杂、复述、复印、重复、反复、恢复"帮助他们辨析词素"复"

的意义和功能。当然,如果这些教学内容能与教师巧妙的教学方式相结合,让学生在玩儿中、在任务中、在游戏中主动思考,对于他们了解词素的构词功能、提高汉语词素意识将会是非常有益的。

词素与整词的联系是双向的。同汉字中许多声旁、形旁的熟悉度低于整字一样,词语中也有许多词素的熟悉度要低于整词,有些词素的构词能力比较低,有些词素的意义不太明确。例如《大纲》中的前10个双字合成词"爱好、爱人、安静、安排、半天、办法、帮助、北边、比较、比如",根据词汇和汉字在教材中的出现顺序以及词素意义的清晰性,可能只有"爱人、北边"两个词能比较有效地利用词素信息来进行词汇的学习。对于词素意义不明确或词素熟悉度低于整词的词语,可以通过先整词后词素的方法,在初期以整词为单位进行学习,当积累到一定数量的相关词语后,再对其中词素的意义进行系联,使学生通过整词学习词素,并以此为基础学习新的词语。例如词素"习",在一年级一级的词汇中构成了"学习、练习、预习、复习"四个词语。我们当然可以在出现"学习"时告诉学生其中"习"的含义,但是作为一个不自由词素,它的意义是不明确的,在教材中也不作为独立的词条出现。如果能在上述相关的四个词语出现时引导学生进行归纳,根据四个词语的意义可以帮助他们更好地理解"习"的意义。又比如,词素"意"在一年级一级构成了"意思、意见、同意、满意、愿意、注意、主意"七个词语,可以引导学生通过相关词语间的归纳与对比来理解"意"的含义,而这种理解对于他们更好地学习一年级二级出现的"意外、意义、故意"等词语又提供了可利用的有效信息。

2.3 词汇教学的针对性

词汇教学是一个重要的,也是一个复杂的环节,在教学中应当根据学生的汉语水平和语言背景、学习方式、课程类型等多种因素,有针对性地采取不同的教学方式。

词汇教学的针对性首先体现在与学生已有语言知识和汉语水平的对应。词汇教学从初期开始,并贯穿于汉语学习的各个阶段。根据学生特点和教学目标,不同阶段词汇教学的方法和重点应当是不一样的。初级阶段可主要通过举例、类比的方法,而中高级阶段则可以适当地增加讲解。关于教学内容与重点,胡明扬先生认为:教学初级阶段语汇教学的主要任务是要求学生掌握一批最常用的词语的基本意义和主要用法,与此同时要让学生认识到语汇学习的重要性,并通过实例分析和讲解让学生明白不同语言的词语之间不存在简单的对应关系,而是在各方面都可能存在或多或少的差异,从而端正学习语汇的态度。中级阶段语汇教学的主要任务是帮助学生扩大语汇量,同时进一步加深学生对两种不同语言的词语各方面差异的认识,并学习更正确地运用这些词语。为了帮助学生扩大语汇量,在中级阶段可以适当讲一点构词法,介绍一些常见的近乎词头词尾的成分。高级阶段语汇教学的主要任务是加深学生对汉语词语的"原义"的理解,加深对两种语言的词语差异之处的认识,并逐步培养学生正确运用汉语词语的能力(胡明扬,1997)。通过这种互相衔接,又逐级拓宽、深化的教学,不仅可以满足各阶段学生词汇学习和交际的基本需求,而且有助于他们提高自主学习能力、优化词汇学习策略。

  词汇教学的针对性也体现在教学应根据学生的学习方式与学习环境。在不同语言环境中学习汉语的学生,也有着不同的词汇习得规律。例如,在母语环境中学汉语的学生口语词汇遗忘相当迅速,因此在课程设置上应该适当增加口语课的分量,有意识地为学生多提供口语表达的机会,将在汉语环境中学习的外国学生每天可以听和说的词汇置于课堂上可设置的场景中来教学。尤其是近年来针对某一地区或某个国别、为在母语环境中学习汉语的学习者编写的教材不断出现,在这些教材的编写上,重点词语的复现、难点词语的选择、母语与汉语的关系、语言学习的阶段性特点;在难点词语的确定中,词语的字形特征、使用环境、色彩意义等都是应当考虑的因素。通过课外阅读等伴随性学习来扩大词汇量也是可以利用的途径之一。之所以称为伴随性学习,是因为这种词汇学习不是阅读活动的最终指标和目的,而是其附带成果。无论词汇教学的效果多么好,学生仍然必须独立学习大量词汇,而大量阅读是学生学习词汇、扩大词汇量的重要途径。但大量阅读仅仅依靠课堂时间是远远不够的,教师应当鼓励学生把阅读行为延伸到课外。目前学习网站、光盘、网络孔子课堂等教学辅助资源的增多,为学生在课外接触和学习汉语提供了更多的渠道,也为教师将汉语教学从课堂拓展至课外提供了更多的选择。对于在汉语环境中学习的外国留学生来说,则可以利用他们在课堂之外有机会大量接触汉语的优势,引导他们通过多种方式迅速增加词汇量。例如近年来提倡的任务型教学,其任务的设计和完成不仅体现在课内,其实对在汉语环境中的学习者来说,可以更多地体现在学生课外真实的生活中。例如要求学生在去饭馆就餐时记住三个词语,在乘坐地铁或公交车时记住乘务人员常用的五个词语等,并可在课堂上互相交流。这些任务不仅可以帮助学生掌握日常使用的词汇,而且对于引导他们在身边的环境中关注、学习汉语也是非常有效的,这其实也适应了伴随性词汇学习的观点。

  词汇教学的针对性还体现在教学设计与学生母语背景的关系。受汉字背景和语言性质的影响,韩国学生能够较早形成对词素意义与功能的了解,因此在教学中,可以侧重于词素的系联与对比,例如同形、形近、音近、义近词素等,包括汉韩词素的对比,重视词素的语义关系和构词功能的讲解,帮助他们尽快在心理词典中形成合理有效的汉语词汇表征系统。对欧美学生则应该首先侧重于词素意识的培养。由于在以英语为代表的西方语言系统中,由附加词缀构成的派生词和形态变化词占多数,复合词的数量相对较少,复合词的结构类型也不如汉语中多样;同时,汉语词素是以与他们的书写系统性质完全不同的汉字来记录的，因此在学习汉语初期，词汇教学的重点应该是通过对词素的讲解和词素所构成的词汇家族来帮助他们形成中文词素意识，找到词汇学习和记忆的有效方法。

词汇教学的针对性不仅体现在教学对学习者的适应性，同时也应当关注不同教学内容的特点。在前面的研究中我们曾总结：词素性质、词素功能、词素构词能力、语义透明度等多种来自词汇本体方面的因素都会影响学习者对词和词素的认知方式，因此在教学中，应当结合语言本体研究和心理学实验研究的成果，有针对性地确定教学方法，帮助学生形成对词素意义、词素功能的认识。有些可独立使用的自由词素构词能力强，构词数量多。例如"车"，是一个单字词，在一年级一级中又构成了"车站、电车、火车、卡车、汽车"等词语；同样，"年"构词 8 个，"学"构词 13 个，这些词素和所构词语都出现在一年级一级的词汇大纲中，因此可以利用这部分词素引导初级水平的学生初步了解汉语词汇系统的构词方式，增加词汇量。对黏着词素来说，其自身意义不是很清晰，但有一部分构词能力强、意义一致性高的词素，例如词素"生"和"意"在一年级一级均构词 7 个，"语"构词 8 个，因此可利用这部分词素所构成的词汇的系联，帮助学生了解汉语词汇系统的整体特点，理解汉字、词素、词的联系与区别，培养他们利用整词学习词素、再通过词素学习新词的能力，从而形成一个有效的、良性的循环。同样，语义透明词和不透明词、口语词与书面语词、不同结构词等等，也都可以依据学生的学习特点和汉语词汇的研究成果，在教学中采用不同的方法。

2.4 词汇教学内容的层次性

前面我们谈了针对不同水平的学习者应考虑词汇教学的阶段性和针对性，词汇教学内容的设计同样也要针对词汇本身的丰富性和层次性。词汇意义是一个连续统，词汇知识不是简单的"全"或"无"，一个词语的认知具有不同水平、不同方面，它包括能正确认读，会书写，知道词语所表示的意义，能与其他词语合理搭配，能以正确的语法形式应用，了解它在相关语义场和词群中的位置，如同义、反义词等等，因此词汇教学的设计也应该具有层次性，对不同特点的词语、不同的教学对象，所设定的教学目标和教学内容也应该是不一样的。例如，对于同一个词，初级阶段的学生可能只需要知道它的常用意义和简单用法，甚至只是能认读即可，随着知识的增加和理解程度的加深，学生对该词的认识会逐渐从连续体这一端过渡到另一端，由简单认识一个词发展到全面掌握一个词。又比如，对于一些名词或意义简单的动词，可利用生词表释义、图片等方法让学生理解意义，或者列举一些常见搭配；而对于一些语法意义复杂的动词，例如动词对宾语的选择性、动词所带论元的数量与形式等，以及有特殊文化色彩的词语，如有特定文化义的颜色词、动物词等,则需要强调其概念意义之外的更深层的内容。

　　词汇教学内容应包含词语的概念意义与附加意义。从传达的信息内容上,词汇意义包括概念意义(理性内容)和附属义(或称附属色彩,如感情色彩、语体色彩等)(符淮青,1985:pp.13~27)。概念意义反映客观事物的主要特征,是各民族所共同理解和认可的,这种意义也是不同语言、不同民族的人能够交流的基础,因此是双语者心理词典中意义层面的主要内容。但是由于各民族不同的历史文化背景,在词汇中所包含的文化意义往往存在着很大的差异,这种差异对目的语学习势必产生很大的影响,这一点也得到了来自心理学实验结果的支持。以母语为汉语的中英双语者为被试的研究结果显示:在对词语文化意义的评定中,单语者对具有本族文化色彩的词语评分很高,对不具有本族文化色彩的词语评分则较低。熟练双语者对具有英美文化色彩的词语的评定值与汉语母语者具有显著差异,但与英语母语者差异较小。在词汇启动实验中,熟练双语者的反应结果显示:具有汉语和英语文化色彩的启动词对相关目标词的识别都表现出了显著的促进作用,如红色—喜庆,thirteen—不幸;但是对不熟练双语者,只有在汉语呈现方式下,具有汉语文化特色的词对目标词识别才表现出显著的促进作用,而英语词汇则没有(宋凤宁,2001)。这一结果说明:对于双语者,容易学习的是词汇中所包含的概念意义,对具有目的语文化色彩的词汇的学习则是一个动态的过程,只有高水平双语者才真正掌握目的语词汇中所蕴涵的概念意义以及文化色彩,达到两种语言的平衡。我们前面的研究也发现,外国学生对某些在母语环境中使用频率不高但具有中国文化特色的词汇,如筷子、茶叶、皇帝等项目的记忆效果要好得多。因此,词语的文化意义应该是词汇教学中的一个重要部分。词汇中所蕴含的文化意义往往与民族心理、历史文化等有关。胡明扬先生(1997)曾举例说:"汉语的'狗'往往和'下贱'这一类意义联系在一起,而英语的dog却往往和'忠诚'这一类意义联系在一起。又如汉语说'大雨、小雨',而英国人非说heavy rain、light rain不可,这在逻辑事理上又该怎么解释? 如果说这样的使用范围和搭配关系是由所谓语义和逻辑事理决定的,那也是有浓厚民族特点的语义和逻辑事理,而不是具有普遍性的语义和逻辑事理";"教师的责任就是要指出这种差异之处,防止学生受母语的影响而产生理解和运用上的错误"。汉语词汇系统是顺应汉语母语者语言交际的需要而发展和优化的,构词的理据性在很大程度上映现着民族文化的深层成分,如心理习惯、思维偏向、价值观念等等。词汇教学中可适当地把蕴含在词语构造当中深层的文化因素展现给学生,使之了解词汇与文化的关系,更好地理解汉语词汇的性质和构成方式。

　　词汇的语法意义也是教学中应关注的内容。无论是研究结果还是教学经验都发现:动词使用中的语法问题是外国学生语料中常见的偏误。例如,初级水平的学生会说出"我见面我的朋友"、"我父母不想我来中国"等句子,"我的朋友给我借他的自行车"是在中高级阶段学生语料中出现的错句。这些错误的出现表明学生已经理解了动词的概念意义,但尚未掌握它们的语法功能。这种学习难点也同样从虚词、成语的使用中体现出来,例如入门阶段学生语料中常见的句子"我喜欢都中国菜",中级水平学生在使用成语时出现的"我一举两得地学习了汉语和参观了中国"。这些句子读者都能理解,原因在于说话者所使用的词语的概念意义是正确的,但是由于语法结构的错误而导致它们成为"中介语"的句子。词汇终究只是静态的语言单元,进入动态的交际环节后必须能够在句子中正确地将词语组合成句,这就要求学习者以概念意义为基础,同时掌握词语的语法意义和色彩意义,这样才不至于一直使用中国人能懂、但明显带有外国学习者语言痕迹的"中介语"。关于词汇语法意义的教学,除了在教学环节要清楚讲解外,通过大量练习促进学生内隐知识的增强或转化为外显知识,以恰当的方式纠错,语法意义相同或相近的词语的类比等,都是可以采用的方法。

2.5 注重学习者语言意识与语言能力的培养

我们知道,在基本相同的输入条件下,导致学习者语言输出结果不同的重要因素是学习者之间的个体差异,如学习动机、学习策略、语言意识与能力等。按照认知心理学中的元认知理论,某项认知任务的完成,既依赖于任务本身和个体对任务的了解,同时与其元认知能力,即个体根据对认知对象的认识等所进行的认知策略的调整与自我监控能力也有很大关系。在词汇学习中,不同学习者对于汉语词汇和词素的意识、对于自身词汇学习方式的理解与监控、依据学习目标所采取的词汇学习策略等都会导致其学习效果的差别。学习者成熟的思维能力以及丰富的语言学习和运用经验都是我们在面向成年第二语言学习者的教学中可以用来提高其语言意识和学习能力的方面。

词汇量缺乏是影响学生语言理解和表达的主要障碍之一,对这一障碍的逾越既依赖于通过教学、阅读等途径扩充学习者的词汇量,又依赖于我们的教学方式和教学内容对学习者语言学习能力和技能的培养。许多外国学生在汉语学习初期往往不了解汉语中汉字、词素、词之间的关系,他们或者认为汉语的双音节、多音节词只是几个连缀在一起的音节,因此只记忆整词而不能分解词素;或者虽然意识到构词成分与整词的关系,但是在词汇学习和记忆中提取的只是每个词素的形音义信息,对于词素间的构词关系与方式仍缺乏了解。这在前面许多部分的研究结果中都可以体现出来。因此在教学中,帮助学生了解汉语词汇系统的特征,培养全面的词素意识应该是词汇教学的一个重要内容。

汉语是一个由字(词素)—词—句等语言单元构成的层级体系,在教学中不仅要注重对语言系统内各层次单元意义的讲解,同时也要帮助学生了解各单元的作用与功能,认识汉语语言体系的特点。在汉语中,词作为能直接使用的最小意义单元,它的作用是相当灵活的,这种灵活性表现在词语使用中的多个方面。例如相同的构词单元按照不同的关系结合可以表达不同的意义;词语组合的合理性既与词汇意义有关,又受语用习惯、文化心理等因素的影响;词汇意义的表达与理解和语境密切相关,每个词在运用中不仅带有概念意义而且还有语法意义,在特定的语境中可能还带有文化或情感色彩等等。在教学中要帮助学生了解汉语词汇系统的这些特点,使他们能够将其所学的语言要素有效组织到汉语系统中来,从而形成正确的汉语语言意识。

从心理学上讲,个体对事件、事物等对象的处理可以分为意识、态度、能力三个层面:意识是个体对对象的知觉与了解,态度是基于这种了解而选择的自身的倾向,能力则在个体对对象的处理过程中表现出来,它一般通过实际可观测的行为来进行评价,三者之间是递进的关系。以汉语词汇学习为例,简单地说,意识表现在学习者对汉语词汇的构成方式与特点的了解,态度表现在是否愿意采取相应的策略和学习方式提高其词汇学习效果,能力则表现在实际的词汇学习中基于自身的汉语词汇知识和学习目标等因素所采用的学习方式及其所得到的效果。也就是说,提高学习者自主学习效果的前提是他们具备了正确、全面的汉语词汇和词素意识,并且愿意在词汇学习中运用相应的策略。这种意识和态度虽然来自于学习者自身,但也是教师在教学中应当培养和引导的。

词汇意识的培养可以通过教学中的讲解,也可以在词汇教学中通过合理系联和适当区分相关词汇,帮助学生建立汉语词汇系统的概念。汉语词汇是一个有机的系统,在这个系统中,每个词语都有自己相应的位置,并与其他词汇相关联,形成一个有序的网络。在教学中要依据一定的标准将相关词汇合理系联在一起,这种系联可以包括:①词素相关词;②音同音近词;③同义近义词;④形近词;⑤常用组合搭配。但是每个词语又有自己特定的意义与功能,因此在教学中要遵循适当区分原则,帮助学生准确理解和运用词语。这种区分可以包括:①口语词和书面语词;②同义、近义词;③词语中所包含的文化色彩和感情色彩;④词语的使用环境;⑤多义词的不同义项。通过这种系联与区分,帮助学生形成对汉语词汇系统的概念,在心理词典中形成合理有效的汉语词汇表征系统。

请思考

1. 根据上述内容,你能尝试就一篇课文中的词汇教学进行设计吗?在设计时请注意思考和解释你的设计理念。

2. 如果你的教学对象分别是来中国学习的成人和在海外的儿童,那么教学目标、内容、方法会有哪些不同?设计词汇教学时应该考虑哪些因素呢?

3. 如果你对词汇或词汇习得研究有兴趣,能发现一些研究选题吗?

小 结

词汇认知是目前研究成果比较丰富和成熟的一个领域。在这一章,我们首先基于语言认知的实验研究结果,描写了成年汉语母语者的中文词汇表征与加工模型,揭示了词义、词汇结构、词汇语法特征等因素在词汇加工中的作用及其方式;简要介绍了汉语母语儿童的词汇认知发展过程;并比较详细地讨论了汉语作为第二语言的学习者在汉语词汇表征与加工方面所表现出的特点与难点。通过对比我们可以看到:对外国学生来说,对汉语词素形音义信息的利用并不困难,但是其深层的词素意识,如多义词素的理解和运用、词素在构词中的功能与组合方式等还比较薄弱;对词汇语法特征和色彩意义理解的不全面也是导致其词语使用错误的主要原因。汉语词汇教学要依据汉语词汇系统的特点和学习者的词汇学习规律,有针对性地设计教学方法与内容,一方面要帮助学生通过有效的学习策略、课外阅读、伴随学习等途径提高汉语词汇学习的深度(质量)与广度(数量);另一方面,也要促使其中文心理词典不断地有序和完善,提高其汉语词汇意识和学习能力。

在研究方面,关于词汇认知与习得的研究成果已相对比较丰富,但该方面也还存在着很大的研究空间。相对来说,目前面向第二语言学习与教学的词汇研究是值得关注并有待深入的课题。如我们前面所述,学习者对词素信息理解和运用的不全面是造成他们词汇认知与记忆出现偏差的重要原因,实验研究也发现了影响汉语词汇学习与认知的词素构词能力、词素性质、义项数量与频率、词汇结构、词语的复现频率与方式等多个因素,但目前针对第二语言教学的相关统计分析结果仍比较缺乏。另外,词汇在语法上的使用条件在很大程度上受到其语义的制约,对词汇语法功能的不了解是导致学生词汇运用错误的主要原因。那么汉语词汇,尤其是外国学生在使用中常出现错误的一些词汇在语义和语法上有哪些特点和使用条件? 这些研究对于汉语词汇教学的实践都会有重要的参考价值。赵金铭先生(2001)指出:"研究对外汉语与研究作为母语的汉语,在目的、内容、方法、手段上均有很大的差别。研究对外汉语的目的,在于让学习者掌握汉语语音与韵律,了解汉语词语用法与搭配习惯,明白造句原理与句子组装规则以及正确、得体的汉语表达方法,从而养成新的语言习惯,培养学习者的汉语交际能力。在内容上,要求既要阐明汉语与其他语言的共通之处,更要揭示汉语所独具的特点,特别应点明学习者在学习过程中可能遇到的难点。这种作为第二语言或外语的汉语研究,体现了本学科的研究特点,是学科基础理论研究的重要组成部分,是'本'"。因此,从事对外汉语教学的研究者应该在吸收和借鉴语言本体研究与第二语言学习、认知研究成果的基础上,有针对性地开展更多对第二语言学习与教学有应用价值的研究,为教学积累更丰富的资源。除此之外,汉语词汇本体与认知研究成果的应用也是有待探讨的课题。这些研究成果不仅可以运用于词汇教学设计,同时对于词汇研究、教材和学习词典的编写、网络资源的建设等多个领域都具有参考价值。

主要参考文献：

白人立(1999)国外词汇习得理论中的几个问题,《外语与外语教学》第1期。

卞成林(2000)《汉语工程词论》,济南：山东大学出版社。

毕鸿燕、彭聃龄(2004)6～8岁儿童三种时间副词理解能力及策略的实验研究,《心理科学》第1期。

陈宝国、彭聃龄(1998)词的具体性对词汇识别的影响,《心理学报》第4期。

陈宝国、彭聃龄(2001)汉语双字多义词的识别优势效应,《心理学报》第4期。

陈传锋、黄希庭、余 华(2000)词素的结构对称效应：结构对称汉语成语认知特点的进一步研究,《心理科学》第3期。

陈 绂(1998)谈日本留学生学习汉语复合词时的母语负迁移现象,《北京师范大学学报(社会科学版)》第6期。

陈永明、杨丽霞(1999)当代心理语言学研究的若干重要问题,《心理科学》第5期。

戴国华(2000)日本留学生汉语动词常见偏误分析,《汉语学习》第6期。

丁国盛(1998)中文逆序词的识别——兼论复合词识别中的词素加工与整词加工,北京师范大学硕士学位论文。

丁国盛、彭聃龄(1997)中文双字词的表征与加工,《心理科学》第2期。

冯丽萍(2002)词汇结构在中外汉语学习者词汇加工中的作用,北京师范大学博士学位论文。

冯丽萍(2003)中级汉语水平外国留学生的中文词汇识别规律分析,《暨南大学华文学院学报》第3期。

冯丽萍(2003)欧美留学生中文词汇识别的干扰因素与心理词典的建构模式,《北京师范大学学报》专刊。

冯丽萍(2009)外国学生中文词素的形音义加工与心理词典的建构模式研究,《世界汉语教学》第1期。

冯丽萍、丁国盛、陈 颖(2006)动词配价特征的心理现实性研究,《语言文字应用》第2期。

冯丽萍、宋志明(2004)词素性质与构词能力对留学生词汇识别的影响,《云南师范大学学报》第6期。

符淮青(1985)《现代汉语词汇》,北京：北京大学出版社。

葛本仪(2001)《现代汉语词汇学》,济南：山东人民出版社。

管益杰、方富熹(2001)单字词的学习年龄对小学生汉字识别的影响(Ⅰ),《心理学报》第5期。

管益杰、方富熹(2002)单字词的学习年龄对小学生汉字识别的影响(Ⅱ),《心理学报》第1期。

顾蓓晔、缪小春(1995)汉语习语理解研究,《心理学报》第1期。

郝美玲(2003)汉语儿童词素意识的发展,北京师范大学博士学位论文。

郝美玲、刘友谊(2007)留学生教材汉字复现率的实验研究,《语言文字应用》第2期。

郝美玲、舒　华(2003)儿童口语词汇获得年龄效应,《心理科学进展》第5期。

胡明扬(1997)对外汉语教学中语汇教学的若干问题,《语言文字应用》第1期。

孔令达、陈长辉(1999)儿童语言中代词发展的顺序及其理论解释,《语言文字应用》第2期。

李芳杰(1998)字词直通,字词同步,《语言教学与研究》第1期。

李　璐(2008)初级阶段韩国留学生的汉语范围副词习得研究,北京师范大学硕士学位论文。

李宇明、陈前瑞(1997)儿童问句系统理解与发生之比较,《世界汉语教学》第4期。

刘　颖(1997)中文词汇加工中词素的作用及混合模型,北京师范大学博士学位论文。

刘召兴(2001)汉语多义动词的义项习得过程,北京语言大学硕士学位论文。

陆俭明(1997)配价语法理论和对外汉语教学,《世界汉语教学》第1期。

陆俭明(2003)《现代汉语语法研究教程》,北京:北京大学出版社。

吕叔湘(1979)《汉语语法分析问题》,北京:商务印书馆。

彭聃龄(1997)《汉语认知研究》,济南:山东教育出版社。

彭聃龄、丁国盛、王春茂、Marcus Taft、朱晓平(1999)汉语逆序词的加工——词素在词加工中的作用,《心理学报》第1期。

彭聃龄、李燕平、刘志忠(1994)重复启动条件下中文双字词的识别,《心理学报》第4期。

钱旭菁(2002)词汇量测试研究初探,《世界汉语教学》第4期。

佘贤君、吴建民、张必隐(2001)惯用语比喻意义理解的心理模型,《心理科学》第3期。

佘贤君、张必隐(1998)惯用语的理解:构造还是提取,《心理科学》第4期。

佘贤君、张必隐(2000)预测性、语义倾向性对惯用语理解的影响,《心理学报》第2期。

舒　华、柏晓利、韩在柱、毕彦超(2003)词汇表征和加工理论及其认知神经心理学证据,《应用心理学》第2期。

宋凤宁(2001)汉英双语者心理词典共享、自主及其动态建构,北京师范大学博士学位论文。

宋治洲(2006)外国留学生汉语转折性关联词习得研究,北京师范大学硕士学位论文。

苏培成(1994)《现代汉字学纲要》,北京:北京大学出版社。

苏新春、许　鸿(1995)词语的结构类型与表义功能,见首届全国现代汉语词汇学术讲座会选集《词汇学新研究》,北京:语文出版社。

孙银新(2003)《现代汉语词素研究》,北京:中国文史出版社。

王春茂、彭聃龄(1999)合成词加工中的词频、词素频率及语义透明度,《心理学报》第3期。

王春茂、彭聃龄(2000)重复启动作业中词的语义透明度的作用,《心理学报》第2期。

王春茂、彭聃龄(2000)多词素词的通达表征:分解还是整体,《心理科学》第4期。

王初明(1997)第二语言习得中的语义重构,《外语教学与研究》第3期。

王文斌(2001)汉语并列式合成词的语义通达,《心理学报》第2期。

王又民(2002)中外学生词汇和汉字学习对比分析,《世界汉语教学》第4期。

邢红兵(2003)留学生偏误合成词的统计分析,《世界汉语教学》第4期。

徐通锵（1997）《语言论》,长春：东北师范大学出版社。

许　敏（2003）"汉语水平词汇等级大纲"双音节结构中语素组合方式、构词能力统计研究,北京语言大学硕士学位论文。

袁博平（2002）汉语中的两种不及物动词与汉语第二语言习得,《世界汉语教学》第3期。

苑春法、黄昌宁（1998）基于语素数据库的汉语语素及构词研究,《语言文字应用》第3期。

张　凯（1997）汉语构词基本字的统计分析,《语言教学与研究》第1期。

张　钦、丁锦红、郭春彦、王争艳（2003）名词与动词加工的ERP差异,《心理学报》第6期。

张　钦、张必隐（1997）中文双字词的具体性效应研究,《心理学报》第2期。

张金桥、吴晓明（2005）词形词义因素在留学生汉语词汇选择判断中的作用,《世界汉语教学》第2期。

赵金铭（2001）对外汉语研究的基本框架,《世界汉语教学》第3期。

郑　静、陈国鹏（1995）学前儿童对汉语副词的理解和运用,《心理科学》第3期。

周国光（2000）儿童习得副词的偏向性特点,《汉语学习》第4期。

周治金、陈永明、杨丽霞（2002）词汇歧义消解的研究概况,《心理科学》第2期。

朱曼殊（1982）儿童对几种时间词句的理解,《心理学报》第3期。

Biyin Zhang & Danling Peng (1992) Decomposed storage in the Chinese lexicon. In O. J. L. Tzeng (ed), *Language Processing in Chinese*. New York：Elsevier Science Publisher.

Dulay, H. & M, Burt. (1974) Natural sequences in child second language acquisition. *Language Learning* 24.

Juffs, A. (1996) Semantics-syntax correspondences in second language acquisition. *Second Language Research* 1.

Kathleen Rastle & Lorraine K. Tyler (2000) Morphological and semantic effects in visual word recognition：A time-course study. *Language and Cognitive Processes* 15.

Krashen, S., Feldman, L. & Fathman, A. (1976) Adult performance on the slope test：More evidence for natural sequence in adult second language acquisition. *Language Learning* 26.

Marcus Taft,朱晓平（1997）词汇信息加工模型：词形、读音、词素,见彭聃龄主编《汉语认知研究》,济南：山东教育出版社。

Seidenberg M. S. (1997) Language acquisition and use：Learning and applying probabilistic constraints. *Science* 3.

Read, J. (1993) The development of a new measure of L2 vocabulary knowledge. *Language testing* 10.

Rutherford, W. E. (1989) Preemption and the learning of L2 grammar. *Studies in Second Language Acquisition* 11.

Tan. L. H. & Perfetti, C. A. (1999) Phonological activation in visual identification of Chinese two-character words. *Journal of Experimental psychology*：*Learning, Memory and Cognition* 23.

Todd, R. F., Ken, M. & Andrea, H. (2001) Integrating verbs, situation schemas and thematic role concepts. *Journal of Memory and Language* 47.

Wesche, M. & Paribakht, T. S. (1996) Assessing second language vocabulary knowledge: Depth versus breadth. *The Canadian Modern Language Review* 53.

Zhang, B. Y. & Peng, D. L. (1992) Decomposed storage in the Chinese lexicon, In Chen, H. C. & Tzeng, O. J. L. (eds). *Language processing in Chinese*. Amsterdam: North-Holland.

Zhou, Xiaolin, Marslen-Wilson, W. D. & Shu, Hua (1999) Morphology, orthography and phonology in reading Chinese compound words. *Language and Cognitive Process* 14.

第四章 句子的认知和习得与语法教学

> **导读**
>
> 句子是语言交际中最重要的单位,也是语言认知与习得、语言教学研究中非常复杂的一项内容。对学习与教学两个过程来说,它都体现了综合能力的运用,因此应该引起我们更多的关注。本章首先介绍汉语母语者的语法认知机制,它反映的应该是汉语理解与产生中最经济、最有效的方式,因此对本部分我们做较为详细的介绍,目的是希望读者不只了解汉语句法认知的现象,同时也能分析其深层机制;然后介绍汉语作为第二语言习得中的句法习得规律。在此基础上,我们探讨汉语语法教学中应关注的问题,并以存现句的教学为例介绍语法教学中训练语言综合运用能力的方法。

句子是现代汉语语法研究的核心,也是一个难点。直至目前,语法学界关于句子的类型、句子的分析、句子的性质等许多重要问题也还存在着争议,这也从一个角度说明了汉语句子的复杂性。总体上来说,目前汉语句子研究的焦点集中在句子的结构与意义、句子的语序、句子的歧义等问题上,而这些也构成了认知心理学有关句子加工研究的重要论题。

第四章 句子的认知和习得与语法教学

第一节 汉语句子的认知机制

1 句子加工的理论模型与实验研究

1.1 句子加工的理论模型

句子加工必须综合使用句法、语义、语用知识。对于各种知识在句子理解中的作用形式和机制,在心理语言学研究中存在着很大的分歧,其焦点在于句法加工和语义加工是否独立,各种知识的激活和使用是否同时进行。关于这一争议,主要有两种观点。

一类是自主模块模型(autonomous modular models),或称句法自主理论(Frazier et al,1982 等),其中最具代表性的是 garden path model。这类模型强调在句子加工的早期阶段只有句法信息起作用,而主题信息和语义信息在阅读的后期才发生作用。句法分析系统在早期基于某些原则独立地得出短语或句子的结构分析,语义子系统只是在后期对已做出的结构分析进行语义匹配,如果匹配不成功,则回到句法分析子系统重新进行结构分析。句法分析要依据一些简单的结构原则,例如最小依附原则(the minimal attachment strategy),即读者在实时的句子阅读中,总是倾向于将所看的词与前面已加工的成分依附在一起,形成一定的短语或句法结构。

另一类是相互作用模型(the interactive model,Altmann et al 1988):这种模型认为在阅读的早期阶段,各种信息,包括句法信息、语义信息、语境信息等就开始发挥作用。在句法分析和语义分析之间存在着即时的信息交换,语义信息既可限制、指导句法加工得出正确的结构分析,也可对句法分析得到的多种结果进行即时的选择,从而影响下一步句法分析的方向。这类模型又分为强相互作用理论和弱相互作用理论。强相互作用理论认为语义信息直接引导句法分析,当句子存在两种以上的分析时,语义和上下文决定了句法分析只得出其中的一种结果。弱相互作用理论认为当句子结构和意义存在两种以上可能的分析时,句法分析模块同时给出不同的结构分析,而语义分析的作用是在多种结构中即时地选择一种语义合理的结构。

目前随着研究的深入,语义与句法分析在句子理解中多种不同方式的相互作用也逐渐被揭示出来。尤其是随着平行分布加工理论的发展,一些研究者开始从新的角度来考察句法和语义分析的关系。他们认为在句子理解中并不存在独立的句法和语义分析模块,词汇信息、句法信息和语义信息是以一种并行方式同时加工的,其结果不是得到相互独立的句法结构表征和语义表征,而是得到一个整合了各种信息的综合的句子表征。

1.2 相关的实验研究

研究者从不同的角度,用不同的实验范式与材料对上述理论进行了验证,而得到的实验结果也支持了不同的理论。

有的实验结果支持句法独立加工理论。在江新等(1999)的实验中,采用四种不同的句子材料:(1) SVO 语序、可逆的句子(句中施事与受事均为有生命名词),如"凶手抓住了那位军医";(2) SVO 语序,不可逆的句子(施事为有生命名词,受事为无生命名词),如"凶手抓住了那把刀子";(3) OSV 语序,可逆句,如"那位军医凶手抓住了";(4) OSV 语序,不可逆句,如"那把刀子凶手抓住了"。句子的语义合理性经 10 名被试评定无显著差异。施事判断任务(请被试判断句子中的施事)和句子合理性判断任务(请被试判断句子是否合理)的实验结果发现了显著的语序效应,虽然语义相同,但被试对 SVO 语序句的判断显著快于并好于 OSV 句,表明被试对句子的加工受语序的影响大于语义的影响。该结果支持句法分析自主模型,认为句法分析是一个可以独立于语义分析的自主加工过程。实验同时也发现了可逆性效应,不可逆的句子反应速度快于可逆句,表明词汇意义也同时影响被试对句子的理解。陈煊之等(1995)的研究发现:在句子理解中对代词进行指派时,句法结构因素起更主要的作用,而语义因素则不太敏感,这也在一定程度上支持句法自主观点。

有的实验则支持语义较强的作用,缪小春(1982)的研究发现:汉语母语者在判断句子中的施事时主要依据名词的语义特征——生命性,被试更倾向于选择有生命的名词作为施事,语序的作用不如词义的作用大。尤其是在儿童语言发展中,事物的是否有生命对儿童选择句式有很大的影响,当施事为有生命名词时,他们更常使用主动句式来表达图片中情景的被动含义(亓艳萍,1996)。

名词所代表的事物是否有生命影响汉语母语者对句子施事的确定,这一加工方式与有关汉语语序的研究结果也相吻合。荣晶(2000)通过对汉语两千多个二价动词及其所形成的各种相关句式的考察,揭示了汉语语序及其变化的基本语义原则,认为汉语是一种以话题链为主的语言,汉语单句与语篇中的实际句子具有较大差异。依据"以有定为前提、以有生和语义格关系为基础"的语序原则,构成了一个制约语序及其变化的语义层级系统。也就是说,在汉语句子生成中,主题的是否有生命是决定句子语序的一个重要因素。而这一特征也同样地体现到了汉语句子的理解与生成之中。

更多的实验结果则发现句子加工方式是同时受多种因素影响的,例如加工任务就是其中之一。江新等(1999)的实验在发现句法自主分析过程的同时,也发现句法策略和语义策略在汉语简单句理解中的使用与实验任务有很大关系。在强调语义分析的任务(如施事判断)中,语序与语义可逆性都起着重要作用;而在强调语义分析和句法分析的任务(如快速的句子合理性判断)中,语序的作用显著强于语义可逆性。李俏等(2003)的研究也发现:在词汇命名实验任务中,句法不合理句对词汇命名会产生抑制作用,而语义不合理句则没有;但在词汇判断任务中,句法和语义成分则同时起作用,这是由于命名和词汇判断任务所要求被试通达的语义层次是不一样的,命名任务只需对形音信息的通达,而词汇判断任务则要求对形音义信息更深层的识别。

实际上,在汉语句子加工中存在着多种可以利用的线索,包括语义线索(如生命性)、句法线索(如词序)、词形线索(如"把、被"标志)等,而且这些线索在不同水平上相互作用。同时,与汉字、词汇加工的研究一样,有关句子加工的不同实验发现了影响某加工过程的不同因素,严格来讲,我们只能推论这种因素在句子加工过程中起作用,至于其作用方式、作用过程、它与其他因素的相互关系等问题则需要更多的实验来进一步验证。

2　句子加工策略

自然语言处理过程是以语言表层结构为线索,结合特定的语言使用环境和背景知识,确定各种语言单位的语义关系,最终建立起符合语言使用环境的、确定的意义结构的过程。汉语句子意义的建构是通过多种途径进行的,在不同情况下,必须综合运用句法、语义、语用等多方面的知识,而这些知识的重要性并不相等。在句子理解的研究中,人们总结出一些有关的句法与语义策略(彭聃龄、谭力海,1991:pp.153～158)。例如:

(1)功能词策略。在句法分析中,限定词、介词、连词、代词、数词等功能词的作用都是可以利用的重要线索。很多情况下,功能词有标记句子成分类型的作用。读者可以利用功能词对邻近的实义词进行预测和分类,以确定它在句子中的语义和句法功能。在形态标记丰富的语言中,利用词缀识别实义词如名词、动词、形容词和副词等,也是句子理解中常用的句法策略。

(2)实义词策略。在语义分析中,人们经常用实义词去构造有意义的命题并依此对句子进行相应的切分,这是常用的语义策略之一。人们构造的命题是受一定的语义关系约束的,句子中的实义词本身就隐含了相应的语义关系,使理解过程中的搜索空间大为缩小,因而有助于对句子作出合理的切分。实义词中的动词往往最活跃,它在句子理解中起着十分重要的作用。人们经常利用动词作为一种线索来确定句子中相关名词的数量或与动词相关的工具、场所、方式等成分。因此,实义词的句法、语义特征,如名词的是否有生命、动词的是否及物、动词的配价特征等不仅对句子构成有很强的制约性,同时也是句子意义理解中的重要线索。

(3)语序策略。语句中的词或短语不是随机排列的,其顺序遵循着一定的规律,要受到句法和语义的制约,因此句子理解中也常常利用"语序策略"。特别是以动词为中心的语序策略中,还决定了语义关系的可逆与不可逆。语序表面上反映一定的句法结构、逻辑事理和语言习惯,但在本质上也是由语义决定的。

(4)语境策略。语境或上下文在语义分析中是一个重要的因素,在某种程度上限制了句中成分的语义关系,对于理解产生着重要的影响。在现实原则和合作原则的基础上,语言的交流总是直接或间接地涉及一些有关实体的信息,听者或读者往往借助于上下文将这些实体联系起来,并以此作为理解的依据。

句子加工方式和策略与所在语言的性质有很大关系。句子加工是多种线索相互竞争和聚合的结果,而不同语言中用来确定意义与形式之间关系的信息是不同的。例如由于英语和意大利语的形态体系不同,说英语者主要根据词序来确定英语句子的施事,而说意大利语的人则主要利用动词的词形标志和名词的生命性线索(江新、荆其诚,1999)。在中文阅读过程中,由于各种句法信息和语义信息常常包含在句子语境而不是在单个的词中,因此读者更多采用依赖语境的策略;而英语中由于单个词形本身常常带有很多句法信息和语义信息,因此读者可能更多地采用集中的、依赖词的策略(陈烜之1997,见彭聃龄1997:p.76)。陈烜之、熊蔚华(1995)以语义不合、语法不合、语义与语法不合三种句子为材料考察中文句子的阅读策略,分析发现:中文的实验结果与拼音文字的相关实验结果有所不同。以拼音文字为材料的实验大多显示:关键词所含的各种因素遭到破坏后在句子阅读上均会立即造成影响;中文里这种关键词效应的出现相对较晚较弱,而句法加语义的破坏则有较强较快的影响。造成这种语言间句子加工方式不同的原因是多方面的:中文的词边界在视觉条件下没有清楚的划分;而且,中文词不像拼音文字那样利用词缀变化来表示词的语义及语法信息,中文阅读时可能更需要利用上下文才能确定某个词的句法和语义信息,因此单纯的某个词的语义破坏不会引起即时的加工困难。

语序是一种重要的语法形式,也是一种重要的语法手段,制约语序规则的因素有逻辑因素、认知心理因素、语用表达因素、习惯因素等。任何语言的语法都有语序问题,有些语言由于有比较丰富的词的形态变化,很多语法意义不是通过语序而是通过形态变化来表示的,因此语序相对比较自由。汉语由于缺乏西方语言那样的形态变化,不能通过词形变化来确定一个名词属于什么格,一个动词属于什么时态,很多语法意义要通过语序来体现。在汉语中,那些彼此对应而又互相依存于同一句法结构的句法成分,例如主语和谓语、述语和宾语、中心词和修饰语等,它们在句子中的位置是比较固定的,而制约复杂结构的构成规则也比较复杂,因此汉语句子的处理较多地依赖于语义和语境信息的约束。汉语母语者在理解汉语简单句的时候,常根据词在句子中的排列位置来判断其句法作用及其相互关系,理解复杂句时则需要利用多种线索,从而建构对句子的理解。而汉语语序的这种独特性及其在语义表达中的作用也构成了外国学习者在初学汉语时的一个难点。例如"我听不懂这个问题"和"这个问题我听不懂"分别构成了普通主谓宾句和具有汉语特点的话题句,所表达的信息和语义焦点也有所不同。这种区别往往是外国学生在理解和使用汉语时比较困难的方面。

请思考

> 汉语语序的构成有哪些规则与特点?其中哪些是具有跨语言普遍性的,哪些又是具有汉语特点的?这些规则会如何影响外国学生汉语句法的学习?

3 句子语境的作用机制

3.1 关于语境作用的理论

在语言学研究中,对语境分类的角度不同,所得结果也不一样。一般认为,语境包括微观语境(主要是上下文、语言情境等因素)和宏观语境(主要是交际及交际者所处的社会文化背景、认知思维方式等因素)。实际上,一切客观存在都可能成为影响语言交际的语境因素。而语境对语言的各个层次、各个方面也都具有制约功能,或者说语境的制约功能具有普遍的语言学意义(韩彩英,2000;王建华,2002)。因此,句子加工过程中语境的作用机制也就成为心理语言学中必须研究而且也引起许多关注的一个问题。

关于语境在句子加工中的作用机制,归纳起来,主要有两种理论:一种是模块化理论(modularity theory),另一种是相互作用理论(interactive theory)。模块化理论强调加工单元的独立性,认为语言加工系统是由一系列在功能上彼此独立的模块组成的;每个模块是独立的加工单位,其加工是自动的、强制性的;每个模块对特定的输入产生输出,且这个过程不受其他模块的影响。模块化理论强调某一种语境信息(句法的或语义的)可以独立地对句子加工产生影响。相互作用理论则认为正字法、词汇、句法、语义等各种不同水平的语言加工是一个相互作用的过程,句子的理解以自下而上的加工开始,通过对字词语音和语义信息的理解、句法结构的建立,一直到辨认句子成分的语义关系,最终理解句子的意义。句子理解中同时也存在自上而下的加工过程,利用各种语言和非语言信息来加快、澄清自下而上出现的信息加工。相互作用理论强调高层语境的信息与词汇加工之间存在着交互作用(见鲁忠义、熊伟,2003;武宁宁、舒华,2002)。

3.2 相关的实验研究

鲁忠义、熊伟(2003)的实验对句子加工中句法和语义语境的作用进行了研究。实验材料包括三种语境条件:N(中性语境)、P(句法关系保持的适合性语境)、A(句法关系改变后的语境)。例句如下:

语境条件	例句
N(中性语境)	他们谈论的那位老人发现了那些炸弹。
P(句法关系保持的适合性语境)	他们谈论的那位警察拆除了那些炸弹。
A(句法关系改变后的语境)	他们谈论过那位警察后拆除了那些炸弹。

N为控制条件,在P和A两种语境条件下均包含两个同样的内容词。在P条件下,名词性主语(如"警察")是动作(如"拆除")的实施者,而在A条件下,一个代词(如"他们")在句法关系改变后取代主语("警察")而成为动作(如"拆除")的实施者。实验任务为对句子的最后一个词(如"炸弹")进行词汇判断。

首先由30名大学生对实验材料进行了标准化评定。标准化的目的是要保证目标词前面的语境对目标词仅有较低的预期。这一过程采取完形填空的形式,要求被试在读完一个句子(不含最后一个目标词)后,在这个句子后的第一条横线上写出他们所想到的第一个词,在第二条横线上写出他们所想到的第二个词。该实验的预期是:按照模块化理论,由于目标词前的语境包含与目标词(如"炸弹")有语义联系的启动词(如"警察"、"拆除"),这种源于名词和动词的语义激活通过心理词典中的联结路径加快了目标词的激活,使得目标词更易于被识别。也就是说,只要在含有"警察"和"拆除"的句子中,无论这两个词之间的句法关系如何,目标词"炸弹"的反应时都会变快。但是按照相互作用理论,促进作用对句中主要名词和动词间句法关系的改变敏感,只有在目标词与句子语义表征一致的情况下,才会产生促进作用。在本实验中,句法关系的改变形成了不同的句子表征,目标词的反应时就应有所不同。

从反应时结果来看,句法关系改变前后,目标词的反应时并未产生显著差异,在两种条件下,均有促进作用的存在。按上述理论分析,应该说它支持了模块化理论而否定了相互作用理论。也就是说,词语之间的语义联系可以独立对句子加工过程产生作用。

实验一中由关键词(如"警察"、"拆除")所形成的语境与目标词(如"炸弹")之间有较强的语义联系,因此实验二将语境强度也作为自变量之一,两个水平分别为 L(低干扰语境)和 H(高干扰语境)。实验一中的语境条件为低干扰语境,同时在实验二中,用一个具体名词(如"建筑工人")来替换实验一材料中的代词(如"他们"),这一名词与句中关键的动词有语义关联,但与目标词却无语义关系。经过这种替换,语境的干扰强度增加。实验材料举例如下:

句子类别		例句
L(低干扰语境)	P(句法关系保持)	他们谈论的那位警察拆除了那些炸弹。
	A(句法关系改变)	他们谈论过那位警察后拆除了那些炸弹。
H(高干扰语境)	P(句法关系保持)	建筑工人谈论的那位警察拆除了那些炸弹。
	A(句法关系改变)	建筑工人谈论过那位警察后拆除了那些炸弹。

实验二的结果发现:在低干扰语境条件下,两种句法关系的句子中目标词反应时间差异不显著,但是在高干扰语境条件下,目标词的反应时加长,而且句法关系改变后的 HA 句中,目标词的反应时间显著长于 HP 句,这支持了相互作用理论。从语义表征的角度讲,HA 与 HP 两种条件下,句中的关键词和词汇内容完全一致,然而,只有当由句法关系所决定的句子语义关系与目标词关系一致时,才会产生促进作用;而当句子表征与目标词句法语义关系不一致时,这种促进作用消失。综合其实验结果,可以看到:句子语境的句法和语义因素是以相互作用的方式影响目标词加工的。当语境与目标词间有较强的语义联结(如"警察"—"炸弹")时,目标词的识别较少受句法因素的影响,对目标词的促进作用主要来源于词与词之间的意义启动;但是当语义关系较弱(如"建筑工人"—"炸弹")时,句法因素的作用就相对重要。这一观点也得到了作者后续实验结果的支持。

周静仪等(2000)的实验研究也发现:当位于句首的主题信息较弱时,它对句子的早期加工没有显著影响;但是当主题信息较强时,对句子的早期加工作用明显。

综合这些实验的结果可以发现:语境的作用机制是灵活、复杂的,它随语境条件的变化而变化,语境与目标词之间的语义关系、句法关系、句子加工难度等因素都会影响目标词的识别。这同时也提示我们:在讨论句子加工中的语境时,其含义是多重的,既包括句法的,也包括语义的;既可以指目标词之前所形成的整体的句子语境,也可以指句子中前面某几个关键词与目标词的语义关系。从教学的角度讲,利用语境理解生词意义是阅读教学中常提示的一种策略,既然语境对于目标词理解的作用是复杂的,那么在教学中进行策略引导时也应提示学生综合利用句法和语义等不同因素。

请思考

鉴于语境对生词理解和识别的复杂作用，你认为在句子和阅读教学中应引导学生如何利用语境信息呢？

4　动词信息在汉语句子加工中的作用

句子的理解与生成，动词是关键，因为"动词是句子的中心、核心、重心，别的成分都跟它挂钩，被它吸住。"（吕叔湘，1987）。动核结构（动词与相关动元构成的结构）是句子在隐层（语义平面）的基础结构，一个动核结构体现着一个事件或一个命题。句子的产生就是通过一定的语法手段使动核结构展现为显层的句法结构并给以某种语用价值的生成（范晓，1996）。不同语言间相对应的动核结构所反映的语义内容有共性，这就使得不同语言间有对译的可能性；而不同语言间所对应的动核结构在展现为显层的句法结构时会有较大的差异，这就形成了不同语言句法系统的个性。比如汉语、日语在表现同样的"动核＋施事＋受事"结构时就会有不同的语序。动词在语言学中的这种重要作用也同样体现于句子加工的心理过程中，因此目前在语言学和心理语言学领域对句子构成和句子识别的研究中，动词都是一个重要课题。

关于动词在句子理解中的作用，一些以英文为材料的研究发现：在动词的心理词典中除了形音义等一般词汇信息外，还储存着许多特殊信息用于描述事件或行为，如表示动作的发起者或接受者的"动作参与者信息"，表示事件延续情况的"持续性信息"，表示完成动作所需工具的"工具信息"，表示所跟宾语是否有生命的"宾语有生性信息"等，这些附加信息为读者进行句法分析和语义加工提供了线索（Todd，2001；Boland，1990；Trueswell et al，1993）。在句子理解过程中，动词一旦被识别，它的许多句法和语义信息立即被提取，并马上起作用。

关于汉语的动词，研究（冯丽萍等，2006）发现：在心理词典中存储的除动词的语义信息外，还有它与相关名词搭配的句法信息。配价特征相同的动词，如果它与相关名词的句法搭配形式不同（如二价动词"打扫"可直接搭配动元成分"房间"，而二价动词"见面"则需介词"与、和"与动元"朋友"搭配），其激活方式也不一样。在汉语句子的加工中，为大家所关注的一个问题是动词的各种信息是在句子分析早期、动词被激活后立即起作用？还是在句子的句法分析完成后、在句子整合阶段起作用？与英语不同，汉语中动词没有人称、时态等的形态变化；在书写形式上，没有明显的词边界；在语序上，宾语的修饰成分常置于动词与宾语之间。针对汉语句子的这些特点，许多实验利用动词与后接词的关系研究了动词在汉语句子加工中的作用。

石东方等(1999)的研究通过改变汉语动词与宾语的关系,使动宾在搭配上形成句法、语义和语用违反等关系,利用听觉词汇监控和眼动两种实时探测技术,考察被试对宾语的加工情况,据此探讨动词的"宾语选择性限制信息"在句子加工早期的作用。实验材料举例:

句子类型	例句
正常	小李打算先去看望局长然后再去局里上班。
语用违反	小李打算先去观看局长然后再去局里上班。
语义违反	小李打算先去邮寄局长然后再去局里上班。
句法+语义违反	小李打算先去看病局长然后再去局里上班。

如果动词的词汇信息参与句子的早期分析,即动词的信息对宾语的加工有即时的作用,则动宾搭配出现句法、语义、语用等方面的违反时,会立即影响被试对宾语(目标词)的加工,否则这种违反对目标词加工的影响不会立即表现出来。实验结果显示:在各种违反条件下,目标词的反应时均显著长于正常条件下的反应时,说明汉语及物动词的"宾语选择性限制信息"在动词识别后立即激活并用于句子加工中。也就是说,在心理词典中存储的不仅是动词的语义信息,同时也包含它的句法功能,在句子加工中这些相关信息都可能在早期得到激活并对动词后成分的加工产生影响。实验二使用眼动技术的结果发现:当动词的"宾语选择性限制信息"受到破坏时,句子加工在关键动词和目标词附近受到即时的影响,这进一步证明了动词的各种信息在句子加工早期的作用。

在汉语中,修饰语一般放在被修饰语之前,因此及物动词之后的名词往往不是它真正的宾语,如"练习钢笔书法",这一特点导致汉语句子中及物动词与后接词(如"练习"与"钢笔")经常出现暂时的搭配不当现象。研究(石东方等,2001)发现:动词与后接词的可继续性信息对句子加工有着即时作用。在实验中,操纵汉语动词和后接词的关系,形成不同的搭配关系并控制可继续性。可继续句是指动词的后接词虽不是真正的宾语,但它是宾语的合法修饰成分,如"练习钢笔书法";不可继续句是指动词的后接词不是真正的宾语,也无法作为宾语的修饰词,如"栽种钢笔书法"。在这两种情况中,动词与后接词都存在搭配不当,那么是否会即时地引起目标词,也就是后接词"钢笔"反应时的增加?实验材料举例:

句子类型	例句
控制句	老陈退休以后一直修理钢笔。
名词可继续句	老陈退休以后一直练习钢笔书法。
名词不可继续句	老陈退休以后一直栽种钢笔书法。

实验采用跨通道的词汇判断任务,首先听觉呈现句子,当听到目标词时,屏幕上也视觉呈现该目标词(如"钢笔"),要求被试对其进行词汇判断。实验结果发现了显著的动词对宾语的选择性效应:可继续句、不可继续句的目标词反应时都显著长于控制句,说明目标名词一出现,动词与目标名词的语义整合就立即起作用。后续采用的更接近正常阅读且能反应语言理解加工过程的眼动实验也进一步证实了该结果。在本实验中,所有句子到动词为止的前半句都是正常的,只到目标词处才产生暂时的动宾语义搭配异常。实验所发现的显著的可继续性效应,说明在句子理解过程中存在着对词汇语义关系的实时分析,动词一旦被识别,其句法、语义等多种信息立即被提取,并用于句子加工。

周静仪等(2000)的实验以"哥哥管教着大伯最疼爱的小侄女"和"爷爷管教着大伯最疼爱的小侄女"一类的句子为实验材料,前者在"大伯"处会出现暂时的语义不当,后者则没有。采用移动窗口技术的实验结果发现:在阅读区域2(即"大伯"处),暂时语义不合理的句子阅读时间明显长于合理句,这也从另一个角度进一步证实:即使句法关系正常,不合理的动宾语义关系也会导致句子加工出现障碍。在汉语句子加工中,动词的多种词汇信息(包括句法、语义、语用)被激活,并即时地运用于句子的加工中。

提示

1. 你还记得第三章词汇认知部分谈到的动词配价特征对动词识别影响的实验吗?该实验结果显示:动词配价特征所包含的概念、句法信息均表征在汉语母语者的心理词典中,并在动词加工中得到激活。上述句子加工的实验结果表明:动词的各种信息激活后被迅速运用于与相关成分的整合中。

2. 鉴于汉语母语者句子加工中动词的作用方式,并结合第三章外国学生汉语词汇习得规律的分析部分,你认为在对外汉语教学,尤其是动词和句法教学中应关注哪些因素?

5 句子理解过程中代词的指认机制

在日常交际中,指代法表述(anaphoric expression)是一种经常使用的语言手段,用来回指先前提述的某个概念,指明言语不同部分之间的局部连贯性,从而有助于在语言理解过程中实现不同信息之间的整合。由指代法表述回指的概念,通常称为"先行词(antecedent)"或"所指者(referent)"。在句子或语段中听到或看到一个代词时,言语的接受者必须先搜索它的先行词,确定其所指,这样才能把句子或语段的各个部分结合起来,形成前后连贯的完整的心理表征,这一过程就是句子理解中代词的指认过程。它试图解释人们是如何理解代词的、这一过程受哪些因素的影响等问题。

代词的先行词有时是比较容易确定的,因为前面只有一个名词,或者虽然有多个名词,但如果句法线索准确,例如西方许多语言中的性、数、格标志,几个名词中只有一个可能作为代词的先行词。在有些情况下,由于没有句法上的限制,一个代词可能代表前面一个或几个名词,于是这个代词就成为一个歧义词。读者或听者需根据语义线索和自己的百科知识,在几个名词中进行选择,最后确定哪一个名词是代词的先行词。代词的指认过程会受到多种因素的影响。

5.1 动词的隐含因果关系对代词指认的影响

代词先行词的指认方式和确认速度会受到语言因素和非语言因素的影响。在歧义句中,人们一般都会倾向于把代词理解为指代某一名词而不感到歧义,就是因为句子中的某些因素或人们已有的知识影响了对句子和代词的理解。在这些因素中,语义线索是常被利用的。例如"张经理很信任这个秘书,因为他很可靠。"人们一般都把"他"理解为秘书而不是经理,显然这是由于句子的语义决定的。在各种语义因素中,动词的语义又往往起着重要作用。许多动词隐含着某种因果关系的特征,而且这种因果关系有一定的方向性,它规定了句子中原因和结果的基本方向。动词的这一特征在很大程度上影响了言语的接受者对代词的理解,如果没有其他因素的调节,听者或读者就根据动词的这个特征来确定代词的所指。

隐含在语言中的因果关系现象是由 Abelson & Kanouse、Garvey & Caramazza 等人发现的。其研究发现某些表示人际关系的动词(interpersonal verbs,通常是及物动词)能引起读者对事件进行不同的归因。Garvey 和 Caramazza 于 1974 年使用了"隐含因果关系"(implicit causality)这个术语来描述这些及物动词的属性。在由这些动词构成的句子中,动词隐含着句子的一个主项(argument),它是引发行为的基本原因,充当施事(agent)的角色(见缪小春、宋正国,1995;缪小春,1996)。

Garvey 与 Caramazza(1974)把含有因果定向性的动词划分为两类:一类动词的因果关系支持含有这个动词的句子的主语作为施事,另一类动词则支持宾语作为施事。例如,他们在实验中让被试读这样的句子,(a)"玛丽保护丽莎,因为她很好"或(b)"玛丽喜欢丽莎,因为她很好";然后问被试"她是谁?"大多数被试认为第一句中的"她"指玛丽(主语),第二句中的"她"指丽莎(宾语)。如果在含有隐含因果关系动词的原因从句中,施事是结果句语法上的主语,受事是宾语,那么这些动词被称为 NP_1(noun phrase one)动词,指偏向于第一个名词短语(主语)的动词,如"惹恼"、"激怒"、"询问"等。相反,如果施事是结果句语法上的宾语,受事是主语,那么这些动词被称为 NP$_2$(noun phrase two)动词,指偏向于第二个名词短语(宾语)的动词,如"羡慕"、"表扬"、"憎恶"等(见缪小春、宋正国,1995;缪小春,1996;冷英、莫雷,2002)。

不过这种倾向意义是连续性,而不是二元的。有些动词倾向性强,有些则较弱,还有些动词无此倾向性,而且这种倾向性与动词所在的句法环境有关。人们一般倾向于从"出售、供认"的施事说明这些活动的原因,而从"批评、害怕"的受事说明他为什么受到批评。但是,如果把肯定句改成否定句,把主动句改成被动句,那么,代词先行词的选择也会发生改变。

在因果关系从句(如"玛丽保护丽莎,因为她很好")的理解中,当原因句的主语是代词时,如果读者能够在阅读过程中意识到结果句中及物动词隐含的因果倾向性,就会在话语模型中形成对即将出现的原因句主语的预期,从而即时地确定出该代词所指代的对象;但如果读者不能在阅读过程中即时地进行推理,那么他只能在读完整句之后通过整合才能确定出该代词的指代对象。以英文为材料的研究发现:当句子中代词所指和动词倾向一致时,被试对句中代词先行词的指认速度明显快于二者不一致时,表明他们能够根据动词的这一特征来选择代词的先行词。动词的这种语义倾向性及其在代词指认中的作用也同样存在于汉语句子加工中。缪小春等(1995)的实验选取 12 个及物动词:殴打、怀疑、赞扬、申斥、出卖、妒忌、帮助、欺骗、攻击、批评、追赶、信任,由这些动词组成简单的名词—动词—名词句,句子中两个名词都是人的名称。为了了解被动句与代词理解的关系,另外加上一个由相同动词构成的被动句。以动词"欺骗"为例,构成"A 欺骗 B,他……;A 欺骗 B,因为他……;A 欺骗 B,但是他……;A 被 B 欺骗,他……"共四种未完成的句子,要求被试完成。句子完成后,要求被试指出句子中的"他"指前面的哪一个人。结果表明:在无关联词语的普通句中,对多数句子人们都倾向于把句子中的第一个名词,即主语当作代词"他"的先行词。在被动句中这种倾向性更为明显,所有被动句中的"他"都被认为是指代句子中的第一个名词。在含有"因为"的句子中,被试选择代词"他"先行词的指代性发生了分化,对大部分句子,被试倾向于选择"他"指代前面的宾语。当句子含有"但是"时,被试的反应又发生了变化,他们或恢复到倾向选择第一个名词为代词的先行词,或没有明显的选择倾向性。

这种代词先行词选择的倾向性是由于动词语义造成的,这种语义就是具有一定方向性的因果关系。对有些事件,人们倾向于把它归因于行为的发生者,对有些事件则倾向于从行为的接受者方面说明原因,而且这种归因的倾向性受前后两个句子语义关系的影响。在"但是"句中,由于句子要求被试说明事件的转折关系,从与预期相反的方面说明事件的进展,因此干扰了动词中隐含的因果关系这一语义特征对代词理解的影响,导致

"但是"句与"因为"句中归因方向的不同。

该研究还发现了语言背景对代词指认方式的影响。与国外相关研究进行比较,在由"赞扬""批评"等动词组成的"因为"句中,中国和美国被试都倾向于以前面的宾语作为"他"的先行词,对同样由这些动词组成的"但是"句,被试选择的先行词都变成前面的主语。对由"殴打"组成的"因为"句,中美被试都认为"他"指前面的主语,对由"帮助"组成的"因为"句,则没有选择的倾向性。这说明中国人和美国人对事件归因的方向有一定的共同性。但对某些动词,如"怀疑、信任、追赶"等中美被试则表现出不同的选择倾向。汉语被试倾向于认为代词指代宾语,即认为引起信任、怀疑和追赶的原因在于受信任、被怀疑和被追赶的人的某些特征,而美国被试或没有明显的倾向性,或倾向于选择主语作为代词的先行词。汉语和英语的这些句子在语法和语义上都没有很大的差别,那么是否由文化、社会、思维方式等因素导致了他们对代词理解和行为归因方向的不同?这是一个需要进一步探讨的问题。

请思考

1. 该实验结果对你思考语言与文化的关系有什么启发?
2. 在该类实验中,需要选择不同因果倾向性的动词作为实验材料。你能想到的评价动词隐含因果性的方法有哪些?

在动词语义倾向性研究中,语义倾向性的强弱可采取主观评定的方法。方法如下:首先编制一些成对的句子,这些句子中都没有代词,例如"爸爸今天严厉地批评了王成,王成的语文成绩不及格"、"爸爸今天严厉地批评了王成,爸爸的语文成绩不及格"。然后要求一定数量的被试在5级量表上评定这些句子的语义合理性,如1表示很合理,5表示很不合理。把被试对每组中两个句子的评定等级数相减,得到的绝对值越大,说明句子的语义倾向性越强;否则,数值越小,语义倾向性就越弱(缪小春,1996)。或者根据相关研究结果首先选择一部分动词,然后组成"A+动词+B,因为他_____。"的句式,选择一定数量的被试完成句子。根据被试的完成结果和先行词的确认情况,可以选择主语型动词和宾语型动词(孙燕等,2001)。

5.2 代词与先行词在语法功能上的一致性

代词和先行词在语法功能上的一致性也是影响代词指认的一个因素。人们倾向于把代词理解为指代句子前面部分中与代词语法功能相同的名词,即如果代词是句子的主语,那么人们倾向于认为同样处于主语地位的名词为代词的先行词。这个假设由

Sheldon(1974,见缪小春 1996)首先提出,它认为当句中起主语作用的代词是指代前面的主语时,代词指认比较容易。后来,更多的研究发现这种功能的一致性与其他多种因素共同作用于代词指认过程。E. Grober 等(1978)的研究发现:在完成句子时,70%的反应和相同功能假设一致。这种倾向性在以"但是"为连接词的句子中表现尤其明显,它基本上不受动词和其他语义因素的影响。而在以"因为"为连接词的句子中,动词的因果关系特征等因素则可能会破坏相同功能原则。因此他们认为:相同功能原则是理解代词的一个基本策略,但某些语义因素会影响这个策略的使用,这些语义因素和相同功能策略相互作用决定人们对句子中代词的理解(见缪小春 1994,1996)。

在汉语中,缪小春(1996)的研究发现:代词的语法功能与句子语义在代词指认中存在着交互作用。其实验材料选择有明显语义倾向句和无明显语义倾向句,同时选择代词与先行词句法功能一致的句子(如"经理在办公室当众表扬了小钱,他从来没有这样做过"。在该句中,代词"他"与所指代的先行词"经理"都处于主语地位),还有代词与先行词功能不一致的句子(如"经理在办公室当众表扬了小钱,他挽回了一大笔损失"。在该句中,代词"他"在后半句中为主语,而先行词"小钱"在前半句中处于宾语地位)。对被试代词指认的结果分析发现:当句子有明显的语义倾向时,被试基本上根据其意义倾向性选择先行词,代词和先行词的功能一般不起作用。而且,在这种情况下,确定代词先行词的时间也明显短于无明显语义倾向性的句子。当句子无明显语义倾向性时,句法功能的一致性在某些句式中起作用。因此,语义倾向性是影响代词加工的主要因素,被试首先根据语义信息来确定代词的所指。代词和先行词在句子中语法功能一致性的作用是有限的,它只在一定条件下可以加快代词先行词的确定。

5.3 代词与先行词的距离

影响代词指认的另一个因素是代词和先行词的距离。一些研究表明:代词和其所指词的距离越远,确认代词所指的时间越长。代词的先行词如果在代词前一个分句中出现,阅读理解包含代词的句子比较容易,所需时间较短。如果先行词在更前面的句子中出现,阅读理解的时间较长。一些眼动研究得到了同样的结果,发现句子阅读时间随代词和先行词之间距离的增加而增加。关于这一距离效应的解释有多种:第一种解释认为是由于对先行词的确认是由近及远,即自右向左系列进行的;第二种解释是由于离代词较远的词已不再是当前话题中的一部分,因此从记忆中提取就比较困难;还有观点用干扰和抑制来解释,认为距离越远,其他概念干扰介入的可能性越大,在代词和先行词之间出现的新概念会抑制以前提到过的概念,使先行词的激活水平降低而难以提取(缪小春 1994,1996)。

汉语的研究(缪小春,1996)发现语义和代词与先行词距离的共同作用。研究中,实验材料包括由两个分句和三个分句组成的句子。在由两个分句组成的句子中,代词"他"都在第二个分句出现。代词有时是句子的主语,有时是句子的宾语。一般说来,作为主语的代词和先行词距离较近,作为宾语的代词和它的先行词距离较远。在由三个分句组成的句子中,代词"他"都在第三个分句,有时语义倾向于先行词在第一个分句中,这时代词和先行词的距离较远;有时语义倾向于先行词在第二个分句,这时二者的距离较近;有时语义无明显倾向性,第一和第二个分句中的第一个名词都可以作代词的先行词。研究结果发现:语义仍然是影响代词加工的一个主要因素,距离的影响是次要的。它表现在:当句子的语义倾向性强时,距离只影响加工的速度,确定离代词较近的一个分句中的先行词比较快,但不同距离的句子中被试所指认的先行词相同。只有在句子无明显的语义倾向时,人们才倾向于选择离代词较近的一个分句中的名词作为代词的先行词。

5.4 提述顺序

在句子理解中存在着"先提述参与者的优势"现象,它体现为:被试理解一个涉及两个参与者的句子时,句子的先提述参与者比后提述者容易提取。关于代词先行词的指认,一些研究发现:处于主语位置的名词总是比较容易被提取作为代词的先行词,句子中先提到的概念激活水平总是比后面提到的概念高,即使先提到的不是句子的主语或施事。这是由于句子中最初的信息是理解者心理表征的基础,它在心理表征中具有优势地位,可以得到较强的激活并且不易受到抑制(周治金等,2001;陈永明、崔耀1994,1995)。

周治金等(2001)对先提述者的优先性在汉语句子加工中的作用进行了研究。实验利用两种句子,如"杨剑邀请梁芬去郊游,但是他担心没有直达的汽车",该句中代词"他"的所指者梁剑为先提述者;另一句中"杨剑邀请梁芬去郊游,但是她担心没有直达的汽车",该句中,代词"她"的所指者梁芬为后提述者。实验任务为判断探测词(句中的人名,包括所指者或非所指者)是否在句中出现过。分析结果发现:与控制句相比,无论在反应时还是正确率上都表现出先述参与者在可提取性上的优势现象。

实际上,先提述者的优势不只表现在代词先行词的指认过程中,而且表现于普通的句子加工中。例如在下述句子中(陈永明、崔耀,1994):

施事1:在会议上林莉表扬了方兰和沈秀。
施事2:在会议上方兰和沈秀被林莉表扬了。
受事1:在会议上林莉被方兰和沈秀表扬了。

受事2：在会议上方兰表扬了林莉和沈秀。

采用不同的方式（逐词依次呈现或同时呈现整个句子）呈现实验句，实验任务为请被试按键判断实验句中是否有探测词，上述句子中的探测词均为"林莉"。实验结果发现：描述的次序对参与者的可提取性有明显影响，句子先提述的参与者比后提述者容易提取，而且先提述参与者的优势现象与其语义角色无关，这种优势在施事或受事成分上均可发生，甚至还体现在句子所陈述的行为或动作上。在兼语句和连动句中，如："郑参谋打开保险柜取出文件"、"李老师教导青年人热爱祖国"，实验结果也同样发现了先提述动作的提取优势。这表明提述次序不仅对句子参与者的可提取性有影响，而且对于句子参与者的行为的可提取性也有影响，先提述的动作比后提述者容易提取。

句子理解的目的就是要建立一个句子水平的心理表征。在这个过程中，首先要为表征奠定一个基础，然后，把后续的信息不断映射到这个基础上，形成一个关于句子的完整的心理结构。句子先提述参与者之所以比较容易被提取，是因为它们构成了表征的基础，后续的信息通过它们而映射到这个逐渐发展的心理结构中。因此，先述参与者在表征中保持较高的激活水平。先提述参与者在可提取上的优势现象，是由于在理解过程中自然发生的一般的认知过程而形成的，提述次序对可提取性的影响是句子理解中一个较为普遍的现象。将语言认知理论与语言理论相对照，我们可以发现：句子理解中先述参与者的优势效应与句法分析中的焦点信息理论存在着一定程度的对应。

以上我们分析了代词指认过程中的一些影响因素，综合不同的研究结果我们可以发现：这些因素所起的作用是不同的，其中语义是影响代词指认的关键因素，这种语义既包括句中动词隐含的语义倾向性，也包括分句间的层次和逻辑关系；代词与先行词的距离、代词与先行词句法功能的一致性也对代词指认产生影响，但其作用发生在整合阶段，受到句子所激活的语义的制约。这种影响因素的层次性对于我们的句法教学以及阅读策略的引导都具有一定的参考作用。

6 歧义句的理解

6.1 歧义及其分类

歧义是指某一个语言形式有两种或两种以上的意义。歧义有轻重之分，赵元任（1959）指出影响某一形式歧义程度的一个重要因素是各种解释的相对频率，若各种解释的频率旗鼓相当，歧义度就高；若相差悬殊，歧义度就低（见尤庆学，2001）。汉语缺乏严格意义的形态变化,语法形式和意义之间的对应关系错综复杂,因而歧义现象比形态发达的语言更具普遍性。

歧义的分类从语体角度可分为口语歧义和书面语歧义,前者指语音层面即语流中存在的歧义,后者指文字层面即书面材料中存在的歧义。从语言系统的构成要素可分为语音歧义、词汇歧义和语法歧义。语音歧义由同音词造成,词汇歧义由多义词造成,语法歧义由结构层次、结构关系或语义关系不同而造成。目前在心理语言学研究中探讨较多的是语法歧义的解歧机制。

6.2 句法解歧模型

关于句法歧义句的认知加工机制,可以归结为两种不同的观点:(1)系列加工,即单表征加工,认为遇到句法歧义时,一次只建立一种可能的解释,若后续信息与该解释不一致,就放弃原解释并搜索另一种可能的解释。也就是说,对句法歧义是通过顺序搜索来解决的。(2)并行加工,即多表征模型。认为遇到歧义时,同时生成多种可能的解释,再根据解歧信息和相对频率来选择一种最佳解释。若随后的信息确认其中一种是合适的,其他不合适的信息就被放弃。

在系列加工理论中最为著名的是 Frazier 提出的花园路径模型(garden path model)。这一模型认为在对歧义结构最初的句法分析中,句法分析器将依据最小依附(minimal attachment)原则建构最简单的可能的结构。随后,加工者将第一阶段建构的短语结构与心理词典和后续文本信息相结合,对其进行选择和校正,从而完成句法歧义的解决。句法分析所遵循的另一个原则是迟关闭(late closure)原则,其含义是只要语法上允许,读者总是倾向于把每个新的语言材料附加到当前刚刚建构的从句或短语结构上,形成新的结构。该原则能够保证新的成分即时地附加到先前的材料上,因而使得信息超出读者工作记忆限度的可能性降到最低(张亚旭等,2000;周治金等,2003)。

总体上来说,传统的解歧机制研究较多受 Chomsky 的生成语法理论影响,强调句法及句子意义的建构特征。近年来兴起的认知神经网络观使人们认识到句法歧义解决的限制满足性质,并进而从信息加工的角度提出了新的解歧理论,其中以限制—满足模型(constraint satisfaction theory)为代表。

限制—满足模型试图为句法和词汇歧义的解决提供一个统一的框架。它认为所有的句法和词汇信息都存储在心理词典中,在进行实时加工时,各类信息同时激活,加工系统使用穷尽式分析对所有表征进行计算,频率信息对各种激活的程度进行限制约束,满足加工系统要求的信息保持高度激活,加工得到易化,而低频的信息激活水平低,加工较为困难。加工系统优先选择激活水平最高的信息,从而最终实现歧义解决(井世洁,

2001;张亚旭等,2000)。

词汇和句法歧义解决的限制—满足模型使用新的理论框架对句法加工加以诠释,将句法信息作为心理词典的重要组成部分,并突出了语义和句法信息的频率对句子加工的作用,认为句子理解是对各种信息(包括语义信息、句法结构在实际语言中出现频率的信息及情境限制)进行计算的结果。它强调系统中多重信息的共同作用,句子加工机制根据各方面提供的信息进行计算和综合,最终使歧义有效地得以解决。它认为语法知识可以强烈地限制对输入的潜在的解释,也可以在某一加工水平上允许多重选择,这些选择因频率高低的不同而得到加强或抑制。这一理论框架的立论角度更接近人类信息加工系统的特点,强调了人类知识表征系统的作用,而且它可以给不同层次的歧义解析提供一种相对统一的理论解释。

上述从不同角度建构的句法解歧模型如何在句法加工中得到验证?下面我们将通过相关的实验研究对这些模型的解释力进行分析,读者也可以通过这些实验更好地理解上述相对抽象的理论模型。

6.3 相关的实验研究

6.3.1 歧义结构的分布频率在句法解歧中的作用

在句法歧义消解(syntactic ambiguity resolution)的研究中,大多采用实时的阅读技术,如移动窗口、眼动技术、跨通道整合范式和 ERP 技术等。

张亚旭等(2003)利用兼类词产生的歧义性为材料分析了中文句子加工中的句法歧义消解。在中文里有一些双音节兼类词(如"包装"、"交代"),既可用作名词,也可用作动词,有时会引起暂时的句法结构上的歧义。例如句子"按照/规定/,/他们/有权/撕开/包装/得/严严实实/的/塑料/盒子/",尽管兼类词"包装"在句中用作动词,但是,在尚未读到"得"(称解歧区 1)时,被试完全可以按名词来理解"包装"。这样,一旦被试读到"得"时,就会遭遇加工上的困难,不得不重新为兼类词"包装"指派合适的句法角色(即动词)。当然,如果被试不是按名词,而是按动词来理解兼类词,那么,有无歧义两种条件之间解歧区的阅读时间就不会出现差异。实验材料举例如下:

  高名词倾向性兼类词
    歧义句   按照规定,他们有权撕开包装得严严实实的塑料盒子。
    非歧义句 按照规定,他们有权撕开封闭得严严实实的塑料盒子。
  低名词倾向性兼类词
    歧义句   最后村长终于给了冯莉一个交代事件发生经过的机会。

第四章　句子的认知和习得与语法教学

非歧义句　　最后村长终于给了冯莉一个讲述事件发生经过的机会。

依照句子加工的花园路径模型进行预期，对两类句子中的兼类词"包装"、"交代"，被试都将按名词来理解。这是因为，同用作动词的意义相比，用作名词的"包装"和"交代"所建立的结构在句法上更简单。如果最初的句法分析遵循最小附加原则，这两个词都将作为名词附加于之前已建构的短语结构中，因此，在读到之后的"得"和"事件"时就需要重新分析，那么，同无歧义的句子相比，两类句子中解歧区的阅读时间都会更长。但是按照限制—满足理论，词汇信息和概率信息会即时影响句法分析决策，兼类词名词倾向性的高低将影响被试对兼类词句法角色的指派，因此，解歧区阅读时间延长应该只出现于高名词倾向性兼类词（如"包装"）句中，而不出现于低名词倾向性兼类词（如"交代"）的句子，因为后者在频率信息的制约下是按照动词理解的。

实验使用被试自定步速逐区段移动窗口阅读范式，通过对各个位置上词语的阅读时间进行分析发现：同无歧义条件相比，有歧义条件下，解歧区1和3（歧义词后第一词和第三词，如上例中的"得"和"事件"为解歧区1，"的"和"经过"为解歧区3）的阅读时间更长，无论名词倾向性高还是低的兼类词均是如此。对于名词倾向性高的兼类词来说，同无歧义条件相比，歧义条件下解歧区2（歧义词后第二词）的阅读时间更长；但是对于名词倾向性低的兼类词来说，这两种条件之间解歧区2的阅读时间并无差异。这些结果表明：名词倾向性高和低两种兼类词均引起了加工困难，这种困难的直接表现是解歧区的阅读时间延长。从这一角度来说，该实验结果支持了花园路径模型，即读者按照最小依附原则对歧义句进行加工。

同名词倾向性低的兼类词相比，名词倾向性高的兼类词引起了更大的加工困难，前者只导致解歧区1和3两个区段的阅读时间延长，而后者导致解歧区1、2和3三个区段的阅读时间都延长，这一结果又部分支持了限制—满足模型。按照该理论，概率制约信息能立即影响句法分析决策，这样，同名词倾向性低的兼类词相比，名词倾向性高的兼类词更容易被指派名词的句法角色，从而引起了句子加工中更大的歧义。从这一角度来说，无论是花园路径模型，还是制约满足理论，都不能单独、完整地解释兼类词的句法分析过程。阅读中遇到兼类词时，读者能够立即为兼类词指派特定的句法角色；这种指派过程既可以利用概率制约信息（如兼类词名词倾向性的高低），也可以在句法分析原则（如最小附加原则）指导下进行；句法分析原则是否起作用，取决于概率制约信息的制约强度。制约足够强时，概率制约信息起作用，句法分析原则的作用不显著；而制约较弱时，则需要句法分析原则的共同参与。因此从根本上来说，读者的知识表征系统中所存储的各种信息的频率特征对信息的激活强度与速度起着决定性的制约作用。而知识表征系统的存储方式与学习者的语言经验有密切关系,因此,母语者和第二语言学习者会形成不完全相同的语言知识表征,这种不同也决定了他们在句子解歧机制上可能存在的差异。

该研究中对兼类词名词倾向性高低的确定来自于语料库的分析,而名词倾向性的高低影响读者对这种兼类词句法角色的指派,表明语言分布的知识影响人们的句法分析,这一点在以往的研究中已有所发现。例如:Trueswell(1994,1996)使用被试自定步速阅读任务,操纵两类以-ed结尾的动词。其中,一类动词经常用作过去分词形式(如adopted,称为高PP动词),另一类动词则很少用作过去分词形式(如searched,称为低PP动词)。实验中使用"The room searched by the police contained the..."这样的句子材料,探讨语言分布知识是否影响句法歧义消解。结果发现,高PP动词能较快地消除歧义,这是因为动词在语言中用作过去分词的频率影响被试对关系从句解释的倾向性。或者说,语言系统的某些分布特征在人们的语言加工中具有一定的心理现实性。

6.3.2 语境位置在句法解歧中的作用

在实际交际中,歧义句大都出现在一定的语境条件下。对于一个有歧义的句法结构,一般也有主要意思与次要意思的区分。例如对于句子"她是去年生的孩子","她"既可以理解为"母亲",也可以理解为"孩子"。在实际的言语理解中,意义的相对频率常常与语境共同作用,影响对歧义结构的理解,但语境的作用方式是灵活的。陈永明、崔耀(1997)的实验研究了语境在歧义句理解中的作用。实验材料为歧义句,首先经主观评定确定歧义结构的主要意思与次要意思,然后分别将两种意思置于前语境句中,如把"她是去年生的孩子"放在"她每天要从单位赶回家给孩子喂奶"和"她会模仿大人讲一些简单日常用语"之后,或设置后语境句,即将语境句置于歧义结构之后。实验任务为请被试对随后呈现的一个偏向主要意思或次要意思的测试句进行判断,测试句与实验句之间具有不同的时间间隔。

实验结果显示:语境影响歧义句的理解,前语境对被试理解歧义句的意思所起的促进效应大于后语境。前语境提供的信息可以帮助被试对后续信息产生预期,在阅读歧义句时,被试根据语境提供的约束,只需形成与预期一致的歧义句的意思。所以,在前语境条件下,被试对测试句的反应速度较快,这是一种前向推理的过程。然而,在后语境条件下,被试首先读到的是歧义句,并对该歧义句形成可能的解释;当后语境呈现时,被试需把语境提供的信息与前面读过的歧义句的内容进行整合,并根据后语境提供的约束,确定歧义句的适当意思。这是一种后向整合的过程,这一过程需花费较长的时间。

歧义句意义的相对频率也影响读者对歧义结构的理解。歧义句多重意思的可提取性是不均等的,在歧义解析过程中,不同的意思并不是同时都被激活的,它们在时间上有一个顺序,歧义结构的高频意思易于激活和提取,能在较短的时间内形成相应的表征,而低频次要意思的激活则需要较长的时间,因此被试对歧义句主要意思的判定速度和正确率都显著地快于、好于次要意思。

6.3.3 "VP+N_1+的+N_2"述宾偏正歧义结构的理解

除句子外,歧义也会发生在短语层面。"VP+N_1+的+N_2"结构(如"关心学校的老师")就是汉语中一种常见的歧义格式,语言学界对这种结构的句法和语义特征也多有论述。这种格式既可以按偏正结构理解,也可以按述宾结构理解。因此,该类短语在偏正和述宾结构之间存在歧义。那么在阅读理解过程中,读者是如何来解析这种歧义结构?

研究(张亚旭、张厚粲、舒华,2000;张亚旭等,2002)发现:对这种歧义结构的理解主要受语言分布规律和各成分间语义关系的影响。在该结构中,VP、N_1、N_2三个单元之间的语义制约可以决定歧义短语两种可能的结构哪一个在语义上更合理。研究根据两种可能的结构所对应的不同意义的相对合理性,采取量表评定的方法定义了均衡型、偏正型和述宾型三种结构。均衡型可分析为偏正或述宾,而且在程度上是相同的,如"撞倒肖明的车子";对于偏正型来说,将其分析成偏正结构比分析成述宾结构更为合理,如"怠慢客人的孩子";述宾型则相反,如"嘱咐患者的家属"。

为了考察被试究竟按照什么结构来分析均衡型短语,实验操纵了歧义短语的续接方向,将这些短语分别按照偏正和述宾两种结构续接成局部句法歧义句(当被试读到N_2时,歧义依然存在,但继续阅读,歧义将得到消解)。如果被试对短语最初所做的句法分析与短语的续接方向不一致,那么在短语之后的续接区段(称解歧区)就会发生困难。这种困难可以通过与控制条件(无歧义短语)的阅读时间的比较来测量。对被试按键阅读时间的分析结果表明:当均衡型歧义短语按述宾结构续接时(如"撞倒肖明的车子之后,两个孩子非常害怕"),在解歧区上(例句中的"之后")出现了加工的困难,这说明被试实际上是按照偏正结构来分析这种短语的。根据这一结果可以推论,在实时阅读中,人们倾向于按偏正而不是述宾结构来分析均衡型的偏正述宾歧义短语。那么这种倾向性来源于哪里呢?

从语言学上讲,"VP+N_1+的+N_2"是一个潜在的歧义结构,从静态组合看,构成该歧义结构的三个词汇单元之间的语义信息无法帮助人们对这类短语结构进行完整的句法分析,这就使得被试需要利用与该潜在歧义结构相关的其他线索,其中一种就是语言分布方面的知识,按照语言分布中占优势的情形,采用大概率原则来分析均衡性歧义短语。也就是说,在真实的语言分布中,符合该格式的没有歧义的短语,如果绝大多数为偏正结构的话,那么被试可能会利用这种语言分布方面的知识,按偏正结构来分析均衡型歧义短语。作者因此对真实文本语料库进行了随机抽样,并对所抽样本逐条进行句法结构分析,统计其中偏正和述宾两种结构的短语各占的比例。结果表明:70%的该结构为偏正关系,这样,实时阅读实验中所发现的被试倾向于按偏正结构分析均衡型歧义短语,应该可以从被试利用了语言分布方面的知识来解释。而语言分布方面的知识影响歧义消解在我们前面的讨论中(关于歧义词的名词倾向性、关于英语中"v+ed"形式的解歧)已有所证实。

再从语义分析的角度来看,该格式按偏正结构来分析的语义完整性高于按述宾结构来分析。以"关心学校的老师"为例,如果按偏正结构分析,它包含了构成动词内部论题结构的施事和受事("老师关心学校")。然而,倘若按照述宾结构分析,则缺乏动作的施事("关心老师"),这可能也是造成实时阅读中被试倾向于按偏正而不是述宾结构分析均衡型短语的原因之一。因为语言理解是一个增量式的过程,读者需要将输入的语言材料不断地结构化,从而作为一个或多个记忆组块贮存到工作记忆中。这种组块可能代表着句子理解的基本单元,它的一个基本要求是语义完整,否则就不是一个最优的组块。

以上我们对汉语句法解歧的理论模型及其相关的实验研究进行了介绍与分析,综合上述研究结果我们可以发现:对于一些潜在的歧义结构,在汉语母语者的实时句子加工中并未形成歧义或者歧义得到迅速消解,其中一个重要原因来自于在语言接触和语言使用的经验中,受语言分布的概率约束所形成的语言知识表征与加工机制,这种机制可以自上而下地对歧义结构中的信息激活形成预期和制约,从而使得汉语母语者在言语交际中能够以经济、迅速、有效的方式完成理解。对于第二语言学习者来说,不同的语言接触经验会导致不同的语言知识表征,那么在这种表征方式的制约下学习者如何完成对汉语歧义句的理解?其解歧机制与汉语母语者之间存在哪些不同?这应该是值得研究者们进一步探讨的问题。

 请思考

结合自己的母语使用经验和外语学习、使用的经验,你认为在母语和第二语言歧义句的理解方面有哪些不同呢?

第三节　汉语作为第二语言的句法习得

汉语作为第二语言的句子习得特点与规律一直是学者们关注的重点,将这一领域的研究结果与汉语母语者的句法认知研究相比较,可以看到后者是以对句子理解的心理机制研究为主,例如句子理解策略、语境的作用、动词的作用、歧义句的解歧机制等等;而前者是以对句子产生的研究为主,通过分析以汉语为第二语言的学习者所产生的句子来探讨他们的句法习得规律。将汉语作为第二语言的句法习得研究与西方的第二语言习得研究进行比较,可以看到二者也存在着很大的不同。西方的研究分为不同主题,有的是在生成语法学派、管辖约束理论的框架内研究第二语言的句法习得,例如关于句法成分位置变换的位移理论和制约理论、关于语义共指关系的边界理论等等,其目的主要是检验普遍语法原则在第二语言习得中的可及性及其参数的设定原则,建立第二语言句法认知的理论框架;有的则通过某些句法结构,如否定结构、疑问结构、主题句与主语句、关系从句等习得的研究,描写第二语言句法习得发展的阶段性,建构第二语言句法习得发展的框架。而汉语作为第二语言习得的研究大多是探讨外国学习者对汉语某些句法形式的习得规律及其影响因素。这些研究结果描述了汉语学习者的句法学习与运用规律,为汉语教学提供了一定的参考。但是,从学科发展的角度说,仅有这些还是不够的,第二语言习得研究还应该分析语言的习得过程,解释学习者如何在语言学习与接触中逐渐获得抽象的目的语知识并形成其知识结构表征,回答"学习者如何通过有限的语言输入建构语法规则并产生无限的输出?"这一第二语言习得中的"逻辑问题",从而为能够更好地解释和预测语言习得的过程在理论上提供更多的、具有说服力的证据。

1　汉语句子理解策略

句子的理解与记忆是一个被动接受输入刺激与主动推理加工相结合的过程,在不同的语言中,对不同的听者和读者来说,句子理解的目的都是建立命题表征,因此在母语和第二语言的句子理解中都存在着一个普遍的策略,即语义线索比语法线索占优势。但是与儿童习得母语不同,成年人在学习第二语言学习时已经具有成熟的母语运用能力及思维能力,因此第二语言的理解会受到学习者母语知识表征的影响,他们会选择使用不同的语义线索来完成对句子的理解。关于汉语和英语在语言类型上的差异,一般认为:汉语缺乏形态标记,语义角色和表层语法关系之间的对应性较弱,其语义关系不靠明确的标记来表示,而主要通过改变语法关系来体现。将学习汉语的英国学生与汉语母语者理解汉语句子的策略相比较(Miao 1981,见温晓虹 2008：p.153),可以发现汉语母语者更依赖词汇意义因素,而英语母语的汉语学习者会将英语中的语序策略迁移至汉语的句子理解之中,他们既依赖语序信息,又依赖词汇意义。温晓虹(2008：pp.154～158)的研究也发现：汉语母语者在理解汉语句子时依赖词汇—语义线索,不论何种语序,他们经常选择有生性的名词作为句子的主语和施事,英语母语者则常常忽视有生性线索而认为语序是最重要的。这是因为学习者在长期的语言经验中形成了各自对语言的理解和加工策略,并且会将这些策略迁移至第二语言的理解之中,这种迁移尤其发生在第二语言习得初期。

请思考

我们前面说到汉语的语义角色通过语法关系的改变来体现。你能体会或解释下列各组中两个句子之间语义的差别吗?

他今天不工作。——今天他不工作。

我洗完衣服了。——衣服我洗完了。

你认为在教学中应如何处理这样的现象呢?需要向学生解释吗?

母语语言特征对第二语言句子理解和记忆的影响通过下面的对比研究会更清楚地表现出来。研究(刘威,1995;佟乐泉、张一清,1994)发现：能够反映中国人逻辑思维特点的汉语多动词句,经过欧美被试的阅读—理解—记忆—回忆后,大部分转换成了以个体动词为中心的典型的英语句式。在被试回忆产生的句子中,大都是以一个动词作为句子结构和语义的组织中心;而且每个句子的形式相对都比较完整,一般为"主谓宾"格式且语义自足的句子,对语境的依赖性不强。英语母语学生这种句子理解策略也是英语的基本句法形态。而在日、韩被试的句子回忆中,动宾结构是其理解的障碍,因为被试在回忆这些句子时常将宾语提到动词之前。在复句的回忆中,对于汉语未使用关联标记的意合句,被试经常补充一些被省略的关联词,用以明确句际关系。

句子理解是一个以句法分析为基础,并结合推理等环节来建构命题的主动加工过程。上述欧美被试的句法分析策略表明,他们在进行句子分析的时候,是把注意力集中在句子中动词的意义上,并且去寻找适合于动词语义要求的名词短语,他们采取的是比较集中的理解策略。而在日、韩被试的句子回忆中,不少句子虽然语义信息充足,但却缺失或改换了动词。这表明日韩被试在阅读和理解汉语句子时,句中的动词并不是加工的重心,他们更关注的是句子的整体意义。也就是说,储存在被试记忆中的是不受句法制约的句子的语义整合,他们采取的是比较分散的策略。因此,日韩被试对于语义记忆的成绩远远好于句法回忆的成绩。

实际上,以语义为基础来理解和记忆句子也是汉语母语者的一种策略。"把"字句是汉语中一种常见句式,其语义特征之一是表示物体的空间位移。以"把"字句为材料的句子理解实验发现:即使在所看到的"把"字句中没有出现位移的起点,汉语母语被试在理解时也会形成位移所需起点的心理表征(高立群,2004)。这就是说,句子命题表征的建立是以句法分析为基础,以句子语义为核心,同时调动个体丰富的语言知识与百科知识的多层次、多维度的认知过程,这种命题建构方式在母语和第二语言的句子理解中具有普遍性,二者的区别在于第二语言的句子理解和加工会受到母语语言知识与经验、第二语言水平等因素的影响。

2 句法习得规律

2.1 句法习得的总体规律

总体上来看,目前在汉语作为第二语言习得领域所进行的有关句法习得的研究中,系统性的成果还比较少,研究主要集中在"把"字句、存现句、被动句等汉语特殊句式以及补语等方面。对这些研究结果进行总结比较,可以看到外国学生的汉语句法习得主要表现出以下规律:

句法习得中表现出语言普遍性的影响。第二语言习得是否依循着普遍的原则?这是第二语言习得的研究者们一直在努力探讨和验证的问题,虽然目前的研究还没有找到比较有说服力的答案,但也确实发现了一些较为普遍的规律,例如不同语言的学习中普遍存在的主题句习得较主语句容易、无标记语言结构较有标记语言结构容易的现象等(Sasaki,1990;靳洪刚,1993 等)。而这些规律在汉语许多句式的习得中也都有所体现。对以不同类型语言为母语的学生所产生的汉语句子的分析发现:主语突出型的印欧语系学生对"把"字句的掌握程度不如主题突出型语言的学生,表现在前者的"把"字句使用率低,且错误率偏高(熊文新,1996)。从不同类型的存现句的习得来看,英语母语留学生较易习得的是"处所+有+名词短语"的句式,例如"墙上有一幅画",处所词为主题位于句首。学生在习得汉语的这种存现句时,基本上不受母语中主语突出的特点的影响,在初级阶段就能够比较顺利地掌握。其原因之一在于:学生母语(英语)的存现句是有标记的,而汉语的"有"类存现句是属于无标记的。汉语的"有"既表示存在又表示领有,两个意思综合于同一形式。而英语中的存在与领有则有两种不同的形式,在这种情况下,学习者所产生的中介语往往是无标记的(温晓虹,1995)。对于法国和韩国学生来说,汉语"有"类存现句的习得难度也远远小于"着"类存现句(冯丽萍,2008;闵健,2009)。再从"把"字句的习得来看:汉语"把"字句结构本身要求述语部分是终结性、有结果的,而有学者发现:语言中动词的有限性(或终结性)和动词后面的名词客体的有定性是互相依赖的关系(见黄月圆、杨素英,2004),汉语"把"字句述语的结果性与"把"字后面名词的有定性正是这种相互依赖关系的体现。因此在第二语言习得中,学生掌握"把"字后名词的定指特征并不很困难。在给定关键词造句的任务中,他们会有意识地把所给的泛指名词(如衣服)改变成定指名词(如我的衣服),造出如"太阳把我的衣服晒干了"这样的"把"字句。由于"把"字句中对动词语义终结性的限制,在语法正误判断任务中,被试能够意识到状态动词(不具有终结义)与"把"字句的不兼容性;在句型变换任务中,被试对缺乏终结义和完成义的动作动词也会添加表结果或表变化的成分来补充动词语义自身的不足(黄月圆、杨素英,2004)。从这些研究可以看出:语言分布的特征和语言学习过程的普遍性是预测第二语言习得过程的很好的指标。

句式意义的典型性影响句子的习得。汉语中一种句式结构有时可以表示不同的意义,这些意义常有主次之别,如"把"字句、趋向补语句等;有些不同的句式之间可以表达相关的意义,如不同类型的存现句。外国学生对这些同一句式的不同意义、意义相关的不同句式的习得表现出一定顺序,而特征的典型性和使用频率是决定其习得顺序的重要因素。汉语"把"字句可以表示处置义和致使义,一般认为,因处置所引起的位移和变化义是"把"字句的核心意义,而表致使是"把"字句的外围意义。对留学生来说,主语一般是表人的名词,动作是主语有意识发出的、表位移或变化的意义,这些语义特征是学习者在运用"把"字句时会理解的,因此语义上习得"把"字句的核心用法并不难。但由于外围意义的抽象性、先习得的核心意义对外围意义的干扰和抑制等原因,他们对表致使语义的"把"字句习得较难,也较少使用(靳洪刚,1993;熊文新,1996;刘颂浩,2003等)。又比如,从汉语和法语两种语言的对应关系来看,"把"字句与"着"型存现句(处所+动词+着+名词)都是法语中没有而汉语中有的句式,而且"把"字句的句法结构、语用环境、句中动词的语义特征等都有更多的限制。但从法语被试所产生的句子来看,"把"字句的使用率和正确率都要远远高于"着"型存现句,原因之一来自于另一种使用频率较高、且无标记的"有"型存现句(处所+有+名词)首先习得后对"着"型存现句产生的干扰(冯丽萍,2008)。在汉语连动句范畴中,表目的语义的句式(如"他去上海旅游")是典型性最高的结构,对韩国学生汉语连动句习得的研究发现,这类句式的习得难度也最低(刘燕,2010)。

第四章 句子的认知和习得与语法教学

> **请思考**
>
> 看看下面几组句子,你能想到汉语中同一句法结构表达不同语义的其他句子吗?
>
> 他给了我一百块钱。——他骗了我一百块钱。
>
> 这个问题我不会回答。——这个问题我很有兴趣。
>
> 天上出现一道彩虹。——天上飞过去一群鸟。
>
> 第一组的两个句子都是双宾语句,但前者是给予义,后者是索取义;第二组的两个句子都是主谓谓语句,但前者是受事宾语义,后者是关涉对象义;第三组的两个句子都是隐现句,但前者表出现义,后者表隐去义。
>
> 你认为上述几组句子中的哪类句子习得难度可能较高呢?

句式在两种语言间的对应关系是影响句子习得与使用的重要因素。某种语义结构及其赖以表达的句法形式在不同的语言间具有不同的对应关系,或相同相异,或相似交叉,这种关系对第二语言的句子习得也会产生显著的影响。以汉法两种语言中不同对应关系的句式为材料进行的实验(冯丽萍,2008)发现:对法国学生来说,汉语句子产生的正确率由高到低依次为句法语义一致句式(如"主语+动词+宾语"结构,在两种语言中都存在且意义一致)→交叉对应关系中两种语言一致的句式(如"处所+有+名词"的存现句,汉语中有不同的句式表达存现语义,其中"有"型句式在法语中也存在)→汉语有而母语没有的句式(如汉语中特有的"把"字句)→句法结构不同的句式(如汉语中需用介词而法语中可直接用双宾语的某些三价动词句)→句法结构一致而语义不同的句式(如被动句在法语中可表达的意义比汉语中要宽泛得多)→交叉对应关系中两种语言不一致的句式(如"处所+动词+着+名词"的存现句,法语中用其他句式表达这种存现意义)。从这一顺序我们可以看出:两种语言间句型结构一致、表达语义相同的句式(如主谓宾动词句)最容易习得,而两种语言间形成交叉对应关系的句式习得较难。在具有交叉对应关系的句法结构中,学习者表现出明显的母语偏向性,即他们常常将目的语句式中与母语相一致的部分泛化,从而干扰了两种语言间不一致部分的学习。例如,在汉语中表达存现语义时,有"在"型存现句与"着"型存现句,而法语中只有前者,因此学生可以较好地掌握"在"型存现句的句型结构及所表达的语义,其使用率与正确率都较高;但同时也对"着"型存现句的学习产生了很强的抑制作用。在法国学生所产生的存现句中,"着"型结构不仅数量少,而且出现错误也较多,例如"书上两个字写着"、"他躺着在床上"、"我的大衣挂着在门后"等。又如"被"字句,两种语言间相同的是句型基本结构(受事+被动标志+施事+动词短语),不同的是句式所表达的语义。汉语中用于被动句的动词有较多的语义限制,大多具有消极、被动的色彩意义,如批评、弄坏、借走等。而法语中可以表示比较宽泛的施受动关系,如"政策被制定了"、"这本书被他买"等等。在法国学生所产生的汉语被动句中有两种错误类型:第一种如"这个电影被我们感动了"、"朋友被我的书借走了",其表面语序结构完全符合被动句的形式,但显然混淆了施受的位置关系;第二种如"那个字被他写了"、"信被寄给父母"等,句型结构正确,但所表达的语义却不符合汉语被动句的语用规则,这种句子的出现显然是受到了母语的干扰。这一现象也表明在第二语言的句法习得中,句型结构的掌握较语义和语用的表达容易,这与中国儿童句子习得表现出的趋势有相似之处。例如亓艳萍(1996)的研究发现:在看图说话任务中,对需要使用被动句的语义,汉语儿童常使用主动句而非被动句来表达。其原因在于儿童的语义发展滞后于语法形式的发展,他们对句子的结构形式掌握了,但是对其语义色彩并不甚明了。第二语言的句法习得在某种程度上与此相似。

提示

"我把饭吃在食堂"是大家常举的一个偏误句,类似这样的例子你还能列举出来吗?

句式整体结构的习得先于内部细节。这一特点在习得不同句式时学生使用错误和使用正确的句子中都有所表现。先从使用错误的句子来看:在"把"字句习得中,初级水平的学生会写出"他在盘子里把蛋糕放"这样的句子,说明该水平的学生对于"把"字句结构的认识还比较模糊。随着大量的接触和运用,学习者逐渐了解了"把"字句的意义和语法结构,明白为了实现"把"字句表终结性的语义,句法上要求"把"字句中的动词为复合结构,不能使用孤立的动词。因此,留学生逐渐发展出"施事+把+受事+动词短语"的结构,但在动词使用上常表现出错误,尤其是动词的复合结构,对动词附加成分的选择表现出困难,写出"安娜把她的照片寄去英国"这样的句子(熊文新,1996;温晓虹,2008:pp.60~80)。再从使用正确的句子来看,三价动词句由一个动词支配两个动元,因此句子结构相对复杂。在学生所产生的汉语句子中,初级水平的学生较多产生基本的三价动词句,如"我没告诉他这件事"、"老师给我他的书"等;但随着汉语水平的提高,学生所使用的三价动词句结构也逐渐丰富,可以写出如"我真不应该告诉他这件让他伤心的事"一类的句子(冯丽萍、盛双霞,2004)。这一点与汉语儿童习得双宾语句的规律也有相同之处,即在某一基本句法结构掌握之后,他们开始逐渐地改变、扩展其中的内部成分,从而使句子的表达更为丰富(周国光,1997)。

第四章 句子的认知和习得与语法教学

请思考

关于汉语的周遍类结构,初级水平学生会说"刚来中国的时候我不认识一点儿人",中级水平学生会说"那个时候我一点儿困难也不怕"。这两个都是错误的句子,你认为它们的错误分别发生在什么层面呢?

从输入到输出之间要经过学习者的知识内化和重构。VanPatten(2007:pp.45~57)的语言习得处理模式将语言的习得分为三个阶段:处理输入的语言信息、同化和重组原有的知识结构、提取和输出语言信息。也就是说,语言的习得与输出受学习者所建构的目的语知识系统的影响,通过输入而吸收的内容并不能自动地转化成其原有知识结构的一部分,而是必须经过加工、分解、综合、归类等复杂的过程。当所学的新知识尚未被重构进入已有的知识系统,或者当这一知识系统尚不稳定时,学习者更倾向于通过模仿来使用新的规则。对很多已能理解的句式,他们不一定能正确使用或有意识地自主使用。例如在首先呈现启动句式、然后根据所给关键词自由产生句子的任务中,比较不同汉语水平的学习者所产生的汉语句子可以发现:高水平者不仅正确率高,而且表现出更强的自主性,他们更倾向于自由选择句式来表达语义,而低水平组则更多地模仿所看到的启动句式的结构。例如在启动句"我喝完了一杯咖啡"后给出目标句关键词"我的笔、弄坏",低水平组学生多参照启动句写出"我弄坏了一支笔",而高水平者则写出"我的笔被弄坏了"、"他把我的笔弄坏了"等更富于变化的句式。又如在启动句"我把这件事忘了"后出现关键词"杯子、打破",低水平组多写出"他把杯子打破了",而高水平者则使用了"杯子被我打破了"或"我打破了所有的杯子"等与启动句不同的句式结构(冯丽萍,2009)。这一现象表明,从学习和理解句型结构到用来自由表达语义有一个逐渐内化的过程,这一能力随学习者汉语水平的提高而发展。高水平者由于已较好地掌握了所学的句法结构,因此能够而且敢于自由地选择句式来表达语义,而低水平者由于对所学句法理解尚不透彻,或者低估自身语言水平等原因,他们更多地倾向于模仿造句,这种模仿来自于所学课本甚至母语中的相关句式。例如在存现句的习得中,初级汉语水平的学生会参照其母语句式,写出诸如"有三十五本中文书在那个图书馆"一类的句子,这种句子随着学习者汉语水平的提高而减少(温晓虹,1995)。这一现象其实在我们的课堂教学中也很常见。例如在学习一篇新课文后,当要求学生根据所学内容复述课文时,他们的完成情况一般较好,而且大多也很踊跃。但是当给出相同的重点词语和语法项目要求学生自由表达时,学生普遍感觉较难,出现错误也较多。从模仿到自由产生的这一过程也进一步证实了学习者中介语系统发展的阶段性。依据接受和理解的输入信息,学习者建立对于目的语规则的假设,并通过语言输出等手段来检验这些假设。当这些假设错误时,他们所输出的语言就会产生错误;而当这些假设没有建立或学习者对于自己所建立的假设尚不确定时,他们就会使用交际策略和学习策略来帮助他们完成语言的输出,例如模仿、回避等。这也从一个方面提示教师:在学生能正确理解某一句法结构之后,不要期待他们能很快正确地使用。从理解输入到正确输出之间学习者还需要时间来内化和重新组织他们的语言知识系统,在这一过程中,大量的、形式多样的练习和使用会有助于学习者对抽象的句法规则的建立。

请思考

根据句法习得的上述特点,你认为在课堂上教授一个新的、有一定难度的语法结构时,其教学环节应如何设计?

以上我们根据已有的研究成果,总结了汉语作为第二语言的句法习得中所表现出的一些特点。将这些特点与以往关于汉语儿童的句子习得结果进行比较,可以看出其中存在着一些共同的规律:在交际目的的作用下,语言功能的习得占有优先地位,因此儿童在语言习得初期即可以使用单词句或利用语境来表达主要意义,而由于主题句表达语言的有效作用,在第二语言习得中也被学生优先掌握;句法结构的习得先于语义功能,因此儿童和外国学生在掌握了某一句式结构之后,不一定能用它来恰当地表达语义,例如汉语的被动句;基本结构的习得先于内部细节,他们会首先习得基本的句法结构,例如主谓宾句、"把"字句、三价动词句等,然后逐渐变换、扩展、丰富其中的各个成分。

2.2　三价动词句的习得规律

我们以三价动词句的习得为例来讨论外国学生汉语句子习得的特点(冯丽萍、盛双霞,2004)。论题结构是词汇的语法属性,表明的是伴随该词出现的词和短语之间的语义信息和句法之间的关系。例如,"吃"这个词在人的心理词典中,从语义上来说表征着伴随它发生的施事角色"谁吃"和一个主题角色"吃什么",从句法上来说还表征着两种可能的句法结构,即及物性和不及物性用法。动词的这种属性可以用语言学研究中的配价特征来表示,它是与动词语义和句法特征都相关的一个概念。三价动词是汉语中比较复杂的一类,根据语义特征及所带动元,汉语的三价动词可分为四类:针对动词、互向动词、置放动词和使令动词。综合语法学界目前主要的研究成果,我们用下面的简表对汉语三价动词的使用情况进行简单归纳。

第四章 句子的认知和习得与语法教学

类别	涉及动元	小类	基本句模	例词
针对类	施事、受事、与事	给予义	施事＋动核＋与事＋受事①	奖励、还
			施事＋介词(向、对)＋与事＋动核＋受事②	推荐、介绍
		取得义	施事＋介词(向、从)＋与事＋动核＋受事③	租借、买
			施事＋动核＋与事＋受事④	骗、罚
		言说义	施事＋动核＋与事＋受事⑤	告诉、问
			施事＋介词(向、给)＋与事＋动核＋受事⑥	解释、打听
		服务义	施事＋介词(为、给)＋与事＋动核＋受事⑦	治疗、安排
互向类	施事、共事、受事		施事＋介词(和、跟、同、与)＋共事＋动核＋受事⑧*	交流、商量
置放类	施事、位事、受事		施事＋介词(在、往、向、到)＋位事＋动核＋受事⑨	放、寄存
使令类	施事、补事、受事		施事＋动核＋受事＋补事⑩	请、要求、禁止

* 在此句式中,施事和共事可合为一个成分。

在上表四类动词形成的句型结构中,由于位事和与事在句中的位置较灵活,共事和补事的位置较为固定,因此置放类和针对类动词除基本句模外,还可形成形式多样的变体,而互向动词和使令动词可形成的句型模式相对较为单一。

从上面的归纳可以看到:由于三价动词所涉及的动元成分较多,形成的句法结构也比较复杂,四类动词之间及每一类动词内部既有共同之处,也有许多不一致的用法,它们与其他语言中的同类动词也形成了复杂的对应关系。我们以一、二、三年级法国学生的书面语语料为基础,对他们汉语三价动词句的习得规律进行了考察。从分析结果看,三个年级的学生在汉语三价动词使用方面表现出两个共同特点:

(1)结构单纯的基本句模数量较多,句式的变体较少。在四类三价动词中,有些动核结构的形成必须由介词引导动元成分,如"推荐、解释";有的基本句模可以由介词引导形成变体,如双宾语句"警察罚了他100元钱",可由介词"被"引导与事成分形成变体"他被警察罚了100元钱"。但是从数据分布来看,在使用正确的三价动词句式中,使用介词的句法结构的数量远远少于结构单纯的基本句式。这一特点从不同年级学生使用正确的句式分布也可以得到进一步体现。据研究,在取得义动词的两种句模中,需要介词的③(为上表中各基本句模后的编号)是主要结构,而④数量有限,服务义动词则基本上都可以或者必须进入⑦的基本句模(陈昌来,2002:pp.120～123),也就是说,这两类动词的动核结构主要都是由介词短语构成的,这也是造成学生使用正确的服务义、取得义动词句式数量极少的原因之一。即使高年级学生可以在基本成分的前面使用一些修饰语,如在三年级学生作文中出现了诸如"我在那个海边留了我和他最不能忘记的事。"一类的长句,但仍然是置放类动词基本的句型结构。这一点也体现了许多第二语言习得研究所发现的学习者所使用的"典型顺序策略",即对"主谓宾"结构的倾向性。

(2) 典型特征强的三价动词大量使用,导致句式数量虽然不少,但所使用的动词相当集中。在全部语料中,共得到了604个三价动词句式,但出现的不同种类的三价动词只有40个。使用正确的三价动词主要集中在针对类的给予义、言说义动词和使令类动词及互向类动词,包括动词"给"、"告诉"、"问"、"让"、"请"、"使"、"讨论"等。

随着学生汉语水平的提高,他们对三价动词的使用也逐渐表现出一些发展的特点:

(1) 发生在句式结构层面的错误先于内部词语使用错误被克服。初级水平学生的主要错误在于三价动词的句型结构,例如是否使用介词及如何选择和放置介词,而中级汉语水平学生对经常使用的三价动词的句型结构已基本掌握,其错误主要发生在句子内部词语的选择上。同样都为三价动词,但不同类动词的使用方法有很大差别,例如服务类动词常与介词"给"、"为"配合使用,而使令类动词则大多直接与兼语结构搭配。即使在同一类动词内部,不同三价动词的使用方式也很不一样,例如言说义动词"告诉"、"问"可直接后接双宾语,而动词"说"则需要用介词"和"、"对"、"跟"连接与事成分,这种句型结构的复杂性是初级水平学生三价动词习得的一个很大障碍。在一年级的作文中,诸如"老师讲我们课"、"他给很多的爱给他的朋友"、"他们对我帮助学习"、"他给我送两本书"一类增加、缺少或错误使用介词的句型结构方面的错误出现相当多。但是随着汉语水平的提高,这一类型的错误出现比例逐渐降低,更多的问题发生在句子内部词语的选择上。例如使令类动词"要求"后接谓词性成分,学生会写出诸如"我要求他们派我助学金到中国去"之类的句子,"要求"所形成的兼语句型结构虽然正确,但后面的动词"派"发生错误。

(2) 随着汉语水平的提高,三价动词的句式结构开始有所变化,动词种类也开始增多。虽然"把字句"是一年级已经出现的语法点,但是在一年级使用正确的给予义和言说义动词中,所形成的句型结构都很简单,像"他给我们他的建议"、"他告诉我们他在中国的故事"这样的双宾语句很多,但到了二、三年级,学生已经可以写出"他把很多的爱给了他的学生"、"我们管这条路叫月光路"一类的句式变体,像"这件事给我留下了深刻印象"、"我把这件事情埋藏在脑海里"一类较复杂的置放类三价动词的句式也开始出现,其数量虽然不多,但反映出学生在基本句模掌握之后在三价动词习得上的一个飞跃。

分析使用错误的三价动词句式在各个年级中的分布情况,发现其学习难点主要表现在以下几个方面:

（1）因语言间对应关系复杂而导致使令类和言说义动词习得难度较大。首先是使令类动词的不同义项之间区分不清。在法语中，有些使令动词具有几个不同的义项，这些义项和动词的用法与汉语中的动词之间具有交叉对应的关系。例如其母语中的 faire 是一个意义相当宽泛的动词，它与汉语中"让、造成、形成"等不同意义相对应，但其中只有"让"这个义项所形成的句式结构与汉语中是大致相同的；又如"想"和"希望"、"问"和"请"等汉语中用法不同的词在法语中都可以用同一个词语来表示。受母语影响，学生会写出"这件事让（给）我很深的印象"、"这个政策让（造成）许多困难"、"我父母不想（希望）我学习汉语"这样的错误句子。在具有交叉对应关系的语法项目的习得中，学生常常将首先习得的、两种语言间一致的用法泛化至语言间不对应的部分，而这种错误一旦形成，会在相当长的时间内持续。其次，言说义内部各动词用法不同，对各年级的学生均表现出干扰。在三价言说义动词中，"告诉"、"问"是可以后接双宾语的，而"讲"、"解释"则需要用介词"给"连接与事成分，但在其母语中，这几个动词形成的句型格式可以是一样的。受汉语动词复杂性和其母语的影响，学生会给需要用介词的动词带上双宾语，写出"老师讲我课"、"他们讲我问题"之类的句子。这类错误虽然在低年级占了相当大的比例，但在高年级中也仍有出现。

（2）具有双向意义的给予义和取得义动词习得表现出困难。汉语中有些动词具有两个方向的含义，不同的意义所形成的句法结构也不一样，如"借"可以表示借出，也可以表示借入，形成"我从朋友那儿借了一本书"和"我借给朋友一本书"之类不同意义的句子。关于这类动词，学生常常在施事和受事的关系以及介词使用上出现错误，写出"一个朋友给我借他的磁带"一类的错误句子。类似的还有动词"带"、"送"等。

以上我们对已有研究中所发现的汉语作为第二语言的句法习得规律进行了总结，并以汉语三价动词句的习得为例对这些规律的体现进行了分析。总体来说，句法结构的复杂程度、语法关系与语义角色的对应程度、结构中的动词及句式意义的典型性、母语与目的语的对应关系等是影响汉语句法习得的重要因素。

3　关于习得顺序

3.1　习得顺序的研究背景

儿童是如何通过有限的语言输入而建立语法体系规则并产生无限的输出？语言能力是如何发展的？这是有关语言习得研究中经典的逻辑问题（logical problem of language acquisition）和发展问题（developmental problem）。自二十世纪七十年代以来，不同领域的研究者在一直从不同的角度寻找答案,而习得顺序(order of acquisition)则成为语言学习领域的研究重点与热点。关于语言习得发展的阶段性与渐进性,常用的有"习得顺序"与"习得序列(sequence of acquisition)"两个术语,其中,前者是指学习者掌握不同语法结构(如若干个语法语素)的先后,它回答"学习者对目的语某些特征的习得是否先于其他特征";而后者是指学习者对一个语法结构的习得在不同阶段所表现出的差异和发展,它回答"学习者如何逐渐习得目的语的某个特征"。为方便表述,同时参考目前相关研究中的使用情况,在此我们对两个术语的使用不做严格的区分。

习得顺序的研究与二十世纪六七十年代行为主义理论(behaviorist/environmentalist)与先天论(nativist)之争密切相关。行为主义心理学及其学习理论认为语言学习是一个通过刺激—反应获得语言的过程,第二语言习得就是在环境中逐渐排除母语的影响,通过模仿和强化形成新的言语行为习惯的过程。而以Chomsky为代表的生成语言学家则认为在人类所有语言的深层结构中都存在着一种共同的语言原则,这些抽象的、复杂的规则体系为人类所有的语言所共有,因此称为普遍语法。对语言学习来说,它是通过人类的语言习得机制(LAD, language acquisition device)而发生作用的。这是一种先天的语言能力,具有处理语言信息的特殊功能。不同语言的习得就是在习得机制的作用下,对普遍语法进行参数重设的过程。由于语言习得机制和普遍语法的作用,正常儿童都能够顺利地、不出差错地从他们所听到的有限的语言素材中归纳出抽象复杂的语法规则,这些规则远远超出了他们所接触的语言材料的范围。

两种理论的建立最初是为了探讨语言习得发生和发展的性质。从逻辑上讲,如果研究结果能够证明语言学习都遵循着一些普遍的、不随学习环境和学习者年龄等变量而变化的规律和顺序,这就意味着学习者拥有一个制约语言学习和发展的特殊机制,这也是语言先天论的主要观点。相反,如果研究结果发现学习者的语言习得顺序随环境等因素的变化而有所不同,这就能为行为主义理论提供支持。同时,普遍语法在第二语言习得中是否还起作用?这就是普遍语法在第二语言习得中可及性(accessibility)问题的探讨。从不同的理论出发,学者们就语言习得顺序进行了大量的研究,这些研究结果不仅检验了各种理论的观点、解释力及其适用条件,同时在更大的范围内推动了人们对第二语言习得本质的思考。

请思考

根据你自己掌握母语和第二语言的经验,或者你见过的儿童、成人学习第二语言的经验,你如何看待行为主义理论与语言先天论的观点?如何看待语言习得顺序?

第四章 句子的认知和习得与语法教学

一般认为,习得顺序的研究开始于对儿童英语语素习得的考察,并且在儿童语言发展及第二语言习得研究中一直是一个热点。该领域的研究以英语习得为主,并涉及了德语、法语、西班牙语、瑞典语、希伯来语、韩语、日语、汉语等不同性质的多个语种,内容也涵盖了不同层次的语言单元,包括具有语法功能的语素(如表进行的-ing,表第三人称单数的-s,表名词复数的-s 等)、词类(代词、冠词、系动词、介词)、句法结构(疑问句、否定句、话题句、关系从句、语序结构)等方面。在此,我们就句法结构习得顺序的主要研究成果进行大致总结与介绍,涉及英语的否定句、疑问句,以及关系从句、主题句、德语语序结构,以方便大家结合实例分析第二语言句法习得发展的特点。

3.2 国外关于第二语言句法习得顺序的研究

3.2.1 英语否定句的习得序列

"否定可能是早期中介语研究中研究得最好的一种句法现象"(Meisel Jürgen. M,1997。笔者译)。Meisel(1997)研究的被试包括西班牙语、德语、挪威语、法语、日语等多个语种及不同年龄(儿童、成人)的学习者,研究结果发现:虽然不同年龄的学习者、不同母语者在每个阶段所需的时间有所不同,在某些具体环节上也存在一些差异,但其习得序列大致相同。Ellis(1994:pp.99~101)在总结以往相关研究的基础上,将英语否定结构的习得发展归纳为四个阶段。第一个阶段以"句外否定"(external negation)为特征,学习者通常在短语或陈述句之外加一个否定词,即 No+陈述句,如:No very good/ No he play baseball。第二个阶段为"句内否定"(internal negation),即否定词内移,其特点是将 not、don't 用在句中同样的位置,如:Marina not coming today/I don't can explain。到第三个阶段,学习者能够将否定词置于助动词(如 is、can)之后。但是,这一阶段的学习者是把否定词与助动词作为一个不可分的整体来运用,如:I can't play this one/I won't go。。在否定结构习得的最后一个阶段,学习者基本掌握了目的语否定结构的用法,能够将否定结构进行分解,将否定形式 n't 和 not 置于助词之后,并且与时态结合,例如 don't 可变化为 do not、doesn't、does not、didn't、did not 等形式,从而最终习得了英语的否定形式。

3.2.2 英语疑问句的习得序列

英语疑问结构的习得序列在上世纪七十年代吸引了大批研究者的关注(Wode,1978)。Pienemann(1989)及 Spada(1999)等将研究结果进行概括,描述了第二语言学习者习得英语疑问结构所经历的四个阶段。在第一个阶段,学习者通过改变陈述句语调形成疑问结构,即升调疑问句。语义的表达通过单词、短语或者句子形式。如:A spot on the dog? /I writing on this book? 第二个阶段的疑问结构是将 do 或 wh 疑问词前置。如：Do the boy is beside the bus? / What the boy is throwing? / Where you work? 这个阶段的学习者尚没有掌握特殊疑问句的倒装结构，助动词也常常省略。第三个阶段，学习者开始掌握英语疑问句的倒装结构，出现了两种形式：即是非问句与倒装位置的 be/do；wh 疑问词与系动词 be 连用。如：Is the boy beside the garbage can? / Do you want pin? / Where is the girl? / What is she doing here? 总体来说，是非问句中的倒装结构习得先于 wh 问句，系动词 be 的出现要早于助动词 do。第四个阶段是疑问词与助词结合。如：What is the boy throwing? / How do you say "lancer"? 在该阶段，学习者也逐渐掌握"嵌套疑问句"（embedded questions），即嵌套在主句中的疑问从句，该结构的获得涉及对以往所学规则的修正，因为从句中的疑问语序不同于独立的疑问结构，它不需要倒装。而这个阶段的学习者在掌握新规则的时候总是难以摆脱已获得规则的影响，产生如"I don't know where do you live"这样的错误句子。

3.2.3 关系从句的习得序列

名词短语可及性等级（NAPH, noun phrase accessibility hierarchy）最初是 Keenan & Comrie（1977，见 Comrie 2007）从语言类型学和标记性理论的角度，对 50 多种语言进行分析后，依据主要名词在关系从句中的位置所排列的等级，后来被用于第二语言习得研究并得到了验证。该方面的研究主要以英语为材料，并涉及韩、日、瑞典、西班牙、土耳其语等更多的语种。根据 Keenan & Comrie 的排序，NAPH 由易到难的等级序列为：SU（subject，主语从句，如"the man who likes the woman"）—DO（direct object，直接宾语从句，如"the ball that he kicked"）—IO（indirect object，间接宾语或与事从句，如"the man to whom the woman gives a book"）—OBL（oblique，边格从句或介词宾语从句，如"the bookstore where John bought the book"）—GEN（genitive，属格从句，如"the man whose father I know"）—OComp（object of comparison，比较宾语从句，如"the man who I am taller than"）(Comrie, 2007)。

虽然不少研究结果证实了英语作为第二语言的关系从句习得序列与上述等级间的对应，但是对其他语言的习得研究结果却不太一致。Tarallo & Myhill(1983)的研究发现：英语母语者在习得同样为名词短语后置的语言（如德语、葡萄牙语）时，SU 较 DO 容易，但是在习得名词短语前置的语言（如汉语、日语）时，DO 较 SU 容易。Shirai 等(2007)以习得日语的不同母语者（汉、韩、英）为被试的研究发现 DO 与 OBL 都很早出现，而且二者不比 SU 的习得难度高。Yip & Matthews(2007)对粤语和英语双语儿童语言发展的研究结果显示：他们的粤语习得中 DO 与 SU 的发展同时，但是其英语习得中 DO 晚于

SU。O'Grady 等(2003)研究发现：英语母语者在学习韩语时 SU 的难度低于 DO。在语序构成上，汉、韩、日语中定语从句前置，如"我昨天买的书是汉语书"；而英法等语言则从句后置，如"The book that I bought yesterday was a Chinese book"，从而导致学习者可能使用不同的句法加工策略。由于这些研究结果的不同，目前关于从句加工中线性距离假设(linear distance hypothesis)与结构距离假设(structural distance hypothesis)的探讨仍在继续。

除常见的关系从句外，一些语言中也有一些比较复杂的句法结构，例如英语中的目的从句(purpose clause)。能进入目的从句的只有少数几类动词，包括 have 与 be、表状态持续或改变的及物动词、choose 与 use 等，因而构成了三种类型的目的语从句(Malcolm，1997)。例如：

    a. John chose Mary to hug Sue.（与主语相关的目的从句，SPC）

    b. Kelly picked dad's red car to drive to school.（与直接宾语相关的目的从句，DOPC）

    c. Peter chose a high stool to jump over.（与介词宾语相关的目的从句，POPC）

Malcolm(1997)研究了法语母语者习得英语时对目的从句结构(purpose clause constructions)的习得顺序，对被试理解与句法判断的结果进行分析发现：法语母语者在学习第二语言英语时，SPC 和 DOPC 的难度等级相同，都较 POPC 容易。导致这一结果的主要原因在于 SOC 和 DOC 虽然在语义结构上有所不同，但是在句法的标记性(syntactical markedness)程度上是相同的，在语言理解中二者都不需要特别的语法操作；而 POC 的语法标记性程度显然较高。也就是说，第二语言的句法习得主要受语法标记性程度的制约。

综合上述研究结果我们可以推测：从语言学角度分析的从句等级是决定其习得序列的重要因素，但是在第二语言习得中，目的语的性质（如从句前置还是后置）、母语与目的语间的距离和对应关系（如汉语者或英语者学习韩语、英法语中的目的语从句关系）等因素都会在一定程度上制约第二语言中的从句习得序列。相对来说，这方面的研究结果还不太一致，而对这些因素的探讨需要更多语种的，尤其是汉、韩、日等这些在语言性质和语法结构上与英语差异较大的语言习得研究结果的支持。例如，王亚琼(2011)、赵宰德(2011)的研究不仅发现了学习汉语的英语和韩语母语者在习得汉语关系从句时所表现出的不同特点，同时也从汉语关系从句习得的角度为关系从句习得发展序列的研究提供了丰富的材料。

3.2.4 主语句与主题句的习得序列

按照语言类型学的划分,英语、法语等属于"主语突出"(subject prominence)语言,而汉语、韩语等属于"主题突出"(topic prominence)语言。目前关于主语句与主题句的习得序列研究主要在汉、韩、日、英语中进行,而研究出现了两种不同的结果。第一种是主题句优势,即不论学习者的母语是何种类型,在第二语言习得中都倾向于首先产生主题句结构,主题突出是第二语言习得中的一个普遍阶段。例如 Fuller & Gundel(1987)的研究中,以不同母语类型,包括母语为主题型语言(汉、日、韩语)和母语为主语型语言(阿拉伯语、伊朗语、西班牙语)的英语学习者进行的研究发现:在习得英语的过程中,两种母语背景者在产生英语时没有差别,而且他们的中介语中都有一个普遍的主题突出的特征。另一种观点则认为:主题句与主语句的产生与学习者的母语类型和第二语言水平有关。初级水平学习者更多地受到母语的影响,随着其第二语言水平的提高,主题型母语的学习者会逐渐掌握并产生目的语中的主语型句子结构;而主语型语言母语者在最初学习主题型语言时也会因母语的影响而倾向于产生主语型的句子结构(Jin,1994;Euen Hyuk Jung,2004 等)。

最初的研究大多以讨论主题句和主语句习得的先后为主,Euen Hyuk Jung(2004)则较为详细地描写了两种结构习得的发展过程。对英语和韩语的对比分析结果表明,韩语中有以下三条语言特征可以区分两种语言中的主语与主题特征:

零主格(zero anaphora):例如在回答问题"你需要这个吗?"时,韩语中可以仅用动词"需要"回答,而英语中一般不允许主语和宾语脱落。

主题标记(topic marker):在英语中,类似"Beans,I don't like"这样的句子按照规范的语法来说应该是不正确的,因此仅在口语中有时出现。但在韩语这样的主题型语言中则较为普遍,只是在主题 Beans 之后应加上词缀 n 或 un 作为主题标记。

双主格结构(double nominative construction):在英语中,说"An elephant's nose is long"(象的鼻子很长)。在韩语中,则可将名词"象"与"鼻子"并列(象鼻子很长),中间不需助词连接。

其研究发现:英语母语者在学习韩语时,随着韩语水平的提高,主题句的习得经历三个阶段:阶段一的语言样本中缺少韩语中的主题特征(TP feature),表现在过度使用名词短语而很少使用零主格;较少使用韩语中的话题标记 n/un;没有出现双主格结构。到阶段二,逐渐对韩语中的话题特征产生敏感,表现在:名词短语的使用开始减少而无主格句,尤其是在宾语位置省略主格的用例增多;在描述多个动作的句子中,逐渐能够保留第一个主语并开始脱落第二个主语;倾向于省略主句的主语而保留从句的主语;主题标记

un有所增加;双主格结构开始出现。到第三个阶段,逐步掌握目的语的主题特征,表现在:在主语和宾语位置对零主格的使用都有所增加;在描述多个动作的句子中,第一个和第二个主语都开始脱落;从句和主句的主语都开始省略;主题标记un继续增加;双主格结构有所增加。

3.2.5 德语语序习得序列

对德语语序(German word order)习得的研究是二十世纪七十年代末到八十年代第二语言习得研究中一项非常重要的内容。该方面的成果来源于对移民至德国的外国人德语习得的研究,最初是对 ZISA 的分析及重新分析(ZISA 是 "Zweitspracherwerb Italienischer (Portugiesischer) und Spanischer Arbeiter"的首字母缩写形式,对译为英语是"second language acquisition by Italian (Portuguese) and Spanish workers",即意大利、葡萄牙、西班牙语工人的第二语言习得),后来扩展为对不同母语者(包括土耳其语、韩语、俄语、瑞典语等)习得德语语序的研究。该项目的研究者们假设德语句法习得具有一定的发展阶段,类似英语中语素及否定结构习得所经历的顺序。以此为基础,研究者们以不同环境的学习者(自然习得与教学指导)、不同背景的学习者(以德语为第二语言、以德语为第三语言)为对象进行了横向与纵向等不同方式的研究(见 Louise Jansen,2008等),所得到的结果基本支持了其假设,即德语语序的习得遵循着相对一致的顺序。在综合分析的基础上,Pienemann(1989)认为德语语序习得序列如下(下述例句以英语形式表述,德语到英语的译文引自研究者原文):(1)典型顺序阶段(canonical word order,stage x),即以 SVO 为主要句子结构(如 I see her)。该阶段所需的加工资源是最少的,因为语义角色(如施事与受事)被直接线性指派到相应的句法位置,承担相应的功能。(2)副词前置阶段(adverb preposing,stage x+1),习得 XSVO 结构(如 there children play)。副词置于句首,典型语序 SVO 置于副词之后。在这一结构中,句首的焦点位置是突显(salience)的。(3)动词分离阶段(verb separation,stage x+2),习得 XSVfOVi 结构(如 all children must the break have)。学习者掌握了动词与相关的表情态、时态等助词构成的动词结构,将助词前置,而主要动词则置于句尾,二者出现分离。在这一阶段,该结构中唯一不在典型 SVO 结构中的主要动词置于句尾,这仍然是一种突显的位置。(4)倒装阶段(inversion,stage x+3),习得 XVfSOVi 结构(如 then has she the bone brought)。在德语中,当句首焦点位置被某些副词或介词短语占据时,可以运用倒装。在这一句式中,动词结构中的一部分移位至句内,而不再只位于突显的位置。(5)从句中动词后置(finite-verb final subordinate clauses,stage x+4),习得 compSOV 结构(如 he says that he home comes)。在德语中,当位于从句中时,是不要求倒装的,动词应置于句尾。在掌握之前倒装结构的基础上,学习者在该阶段需要了解主句和从句的关系信息,将主句与从句特征进行整合,并能够将动词置于句尾。该计算过程复杂,因此位于习得序列的最后一个阶段。

这一序列是学习者的语言输出中所表现出的表层形式上的习得序列,那么导致这一序列的深层原因来自何处？Pienemann(1989)在综合与借鉴以往习得顺序研究、言语模型(speech model)、词汇功能语法(lexical-functional grammar)、增量式程序语法(incremental procedural grammar)的基础上,提出了著名的可加工性理论(processibility theory,PT)。该理论认为：第二语言习得是一个逐渐建构的过程。学习者在某一阶段所产生的言语反映了他们在该阶段所建构的知识以及在信息加工中所受到的限制。在对第二语言的加工达到如母语者水平的自动化以前,他们必须对语法加工(如性、数、格、人称)加以注意,而这就要受到工作记忆和加工资源容量的限制。因此,在句法习得中,需要更多信息加工资源的结构习得就晚于需要信息加工资源少的结构。第二语言习得发展是一个渐进的、增量式的过程,要经历一定的阶段,每一阶段知识的获得都以前一阶段知识的掌握为前提。从信息加工的角度讲,语言加工要经历这样的加工序列：(1) 词条(the lemma);(2) 词汇类别程序(the category procedure)：在该程序中,词汇的意义与语法信息被提取,所需的信息加工在词汇内部进行,例如动词过去式的 V+ed;(3) 短语程序(the phrasal procedure)：在该程序,相关词语之间进行信息的交流与整合,例如冠词与名词构成名词短语 NP(a child);(4) 句子程序及目的语的语序规则(S-procedure and the target language word order rules)：在该阶段,需要进行短语间的信息交流与整合。该过程需要运用前一阶段的短语信息,同时掌握其组合顺序。例如名词短语(a child)与动词短语(play)的性、数、格等信息结合(a child plays);(5) 从句程序(the subordinate clause procedure)：了解主句与从句的关系并组织相应的语序。

与以往习得序列研究所不同的是：该研究强调不同阶段间的蕴含关系,即较高阶段语序结构的习得应该以较低阶段的知识掌握为前提,这也就是 Pienemann 可教性假说(Teachability Hypothesis,1998：p.13)的基础。后来也有一些学者以可加工性理论为参照对英语、瑞典、日语语序的习得进行研究并证明了该序列在其他第二语言习得中同样存在(Satomi,2000 等)。

虽然多数研究证实并支持了上述顺序(Louise,2008),但也有一些研究发现了在某些环节上的不一致,尤其是母语为 SOV 语序的被试。Vainikka & Young-Scholten(1996)对 11 名土耳其语、6 名韩语、4 名意大利语、7 名西班牙语背景的自然习得德语的被试所进行的横向与纵向研究结果发现：土耳其语及韩语被试在早期对德语的习得是从 SOV 而不是从 SVO 开始的。这证明了母语迁移的作用。Catrin & Gisela(2007)对三名英语母语者习得瑞典语所进行的纵向调查分析结果显示:习得序列与学习者的风格有关,喜欢冒险者(risk-taker)倾向于使用尚未掌握的语法来增加句子的复杂度,而谨慎者则相反,他们更倾向于产生较简单的句子结构从而保证句法结构的正确性。

请思考

1. 根据上述句法习得发展的阶段性,你认为制约第二语言习得发展顺序的因素有哪些?

2. 结合上述研究成果,你如何看待行为主义理论与语言先天论关于语言习得顺序的观点?

3.3 汉语作为第二语言的句法习得顺序研究

汉语句法结构的习得顺序引起了国内许多研究者的关注,所涉及的内容非常广泛。其研究方式大致可分为两类:一类是针对某种句法结构的习得顺序进行研究,涉及的结构包括被动句(吴门吉、周小兵,2005;黄月圆,2008;周文华、肖奚强,2009)、"是……的"句(谢福,2010)、存现句(闵健,2009)、疑问句(赵果,2003;蔡建丰,2005;丁雪欢,2007;蒋萌,2008)、主谓谓语句(肖青,2009)、连动句(刘燕,2010)、兼语句(周文华,2009)、比较句(陈珺,2010;白明珠,2010)、关系从句(陈泓明,2008;赵宰德,2011;王亚琼,2011)等;另一类是就某种母语背景的学生汉语句法结构的习得顺序进行总体分析,目前较多的研究集中于英语母语者和韩语母语者。我们以韩国学生的汉语主谓谓语句习得和英语母语者的汉语关系从句习得为例对汉语句法习得顺序的研究结果进行分析。

肖青(2009)以自然语料为基础、以正确使用率为指标所得到的韩国学生对汉语主谓谓语句习得的发展序列由前至后为:领属类>关涉类>施动类>周遍类>受事类;采用强制性产生任务所得到的习得序列为:受事类>关涉类>周遍类>领属类>施动类。而句法结构合理性判断和偏误分析的结果则发现:由于受韩语中双主题结构的影响,韩国学生普遍接受句首双名词结构并列的形式,在自由产生汉语主谓谓语句时存在着过度使用(即不该用而用)、随机使用等情况。王亚琼(2011)对英语母语者汉语关系从句习得序列的研究发现:汉语关系从句理解的难度序列从低到高为:受事类/处所类>工具类/领属类>施事类/时间类/与事类;而使用的难度序列为:受事类>时间类/施事类/处所类>工具类>领属类/与事类。这两个研究实例说明,句法习得顺序的研究结果与研究所依据的材料及其所采用的研究方法密切相关。

既然是研究习得顺序,那么就需要考虑"习得"和"顺序"两个概念,这就涉及习得顺序研究方法的问题。在目前关于习得顺序的研究中,一种常用的方法是利用学习者的语言表现(也就是语料)来进行研究,在此框架内,又产生了多种不同的操作方法。例如,从被试数量的角度可以分为个案研究和群体研究;从时间的角度可以分为横向研究与纵向研究,也称共时研究与历时研究。在语料来源上,分为自然样本(natural samples)和诱发样本(elicited samples),前者是指学习者在自然状态下所产生的语言材料,如对学习者在课堂环境中所产生的口语语料进行录音或录像,学习者的日记、书信材料等,它反映的是学习者对目的语的主动使用,其中包含了基于习得的使用、过度使用、随机使用、回避使用等因素;后者是指根据研究目的设置相应的任务诱发学习者产生所要分析的语料,它反映的是学习者在应当使用的条件下所产生的目的语结构。在收集到所需语料之后,就要采用一定的标准对语料进行分析,在目前的研究中,常采用的有使用率、正确率、初现率等指标。这些语料收集方式和评价习得的标准各有自己的逻辑,也有相应的使用条件(冯丽萍、孙红娟,2010),只有使用正确,才能保证习得顺序研究结果的可靠性与可比性。

上面我们简单介绍了句法习得顺序研究中常用的一些数据收集和分析方法,而方法的不同也会导致研究结果的差异。Ellis(2005)曾以17个英语句法结构的习得为内容,对常用的研究手段(a)口头模仿测验、(b)口头叙述测验、(c)限时的句法判断测验、(d)相同内容不限时的句法判断测验、(e)元语言知识测验进行了比较。运用主成分分析法进行的统计结果表明:任务(a)(b)(c)的测验结果可归为一个因素,它们反映了学习者的内隐知识,而任务(d)中句法不合理部分以及任务(e)的测验成绩可归为另一个因素,它们反映了学习者的外显知识。靳洁(2010)以内隐任务和外显任务对日语母语者汉语疑问句习得发展序列进行研究,在两类任务条件下也得到了不同的结果。

请思考

"习得"是一个普遍使用的概念,你认为在习得顺序研究中所采用的操作方法反映了研究者对这一概念的哪些定义?你自己对"习得"的理解是什么呢?

3.4 关于教学指导对句法习得顺序的影响

习得顺序的研究结果揭示了语言习得中存在的一些阶段性特点,那么联系到教学实践层面,我们有必要回答一个问题:教学指导对语言习得的"自然顺序"是否产生影响?它是否会改变这一顺序?不少研究者对这一问题进行了探讨,致力于揭示先天语言机制和后天的教学指导对语言习得发展序列的解释力,但得到的结论尚不完全一致。Larsen-Freeman(1976)的研究发现习得顺序不受教学指导的影响。Pica(1983)的研究中将调查

第四章 句子的认知和习得与语法教学

对象分为三组：教学指导组、自然习得组、混合组，分析语料来自于被试的口语产生，分析方法综合了强制性语境分析、对过度使用和过度泛化的分析。研究结果发现：以往研究所得到的语素习得顺序在三组被试中均有体现；三组被试的正确率排序之间存在着很高的内部相关，表现出非常类似的顺序；教学指导组比其他两组表现出更多的过度使用，即不该用而用；自然习得组表现出更多的省略错误，例如在数词后会省略复数名词后的-s。作者认为教学指导虽然不改变习得顺序，但是对习得过程会产生一定影响，尤其是减少他们使用具有交际功能但不合语法规则的语言结构（数词＋复数名词＋s）。随后的一系列研究，例如对 wh-疑问句（Ellis，1984）、德语语序的习得（Pienemann，1984）、关系从句（Pavesi，1986）等都发现：教学指导对习得顺序的影响非常微弱。但 Sajaavara（1981，见 Ellis & Barkhiuzen 2005：p.87）的研究则发现：自然习得者与教学指导者表现出不同的习得顺序，指导组中冠词的习得排序较为靠后。从这些研究结果可以看出：虽然教学指导与自然习得两种环境下所表现出的习得顺序存在一些差异，但二者也确实存在着不少共同之处，这也在一定程度上证明第二语言习得中存在着一个相对的发展顺序。其相对性体现在习得会受到学习环境、输入方式、个体差异等内外部因素的影响；其顺序性体现在就某一群体来说，其第二语言习得存在着阶段性和序列性，某些项目的习得要以另一些项目的习得为基础。应用到教学实践，这也提示我们与这种习得规律相适应的教学输入应该是一种高效率的输入。这也体现了 Pienemann（1989）可教性假设的基本观点。

总体来说，导致语法结构习得发展阶段的原因是多方面的，包括语法结构的句法和语义特征、教学方式、输入频率与方式、学习与交际策略、认知方式等。在习得顺序的成因中，各种因素所起的作用是不同的，它们对习得顺序的影响有的是直接的，有的则是间接的。认知难易程度在其中占重要地位，制约着习得顺序。语言输入的时间及数量与频率、语言结构的使用频率与广度、语言标记性对习得顺序起一定作用。语言教学虽然不能根本改变普遍的习得顺序，但对增强学习者的语言意识，对于在符合语言学习规律与学习者当前语言发展水平的前提下加快习得速度起到了不可忽视的作用。而学习者的个体因素、语言学习环境、两种语言的对应关系等对习得顺序的形成也有一定的影响。各种因素交互作用，才共同形成了第二语言习得中体现出来的蕴含有自然顺序共性的习得顺序变体。

请思考

1. 你认为句法习得顺序的研究成果可以应用到教学实践的哪些方面？
2. 你认为教学和教材输入与习得顺序的关系是什么？

第四节　基于认知和习得规律的汉语语法教学

1　以学生原有知识结构为基础的语法教学

我们在第一章介绍 Ausubel 的同化理论时指出：掌握新知识的最好方法是能把新知识与学生现有的水平及已学的知识联系起来。教育心理学中非常强调知识的同化和接口问题，即只有当新输入的知识被学习者原有的知识结构所同化，新知识在已有的知识结构中能够找到接口时，它们才能够被有效地吸收。Pienemann(1989)以句法习得发展序列的研究结果为基础，并通过实践检验提出了可教性假说(teachability hypothesis)，认为学习者在各语言习得阶段的进展取决于他们在认知加工层面对语言结构的处理能力，也就是说，虽然学习者可以以不同速度发展并成功地达到不同的等级，然而他们并不能越过各个发展等级。只有当教学指导适合当前发展阶段的那些要素时，这种指导对习得才具有积极的影响。我们在教学实践中也会发现：语言的习得并不受教学的直接控制，教师努力教的，学生并不一定能学会；教师不断纠正的错误，学生还是会再次出现。大家逐渐认识到：某一语言结构不是在任意的时间都可以通过教学手段使学习者学会，教学的有效性在很大程度上受到学习者大脑中所表征的知识，包括陈述性知识和程序性知识的制约，学习者在自己所建构的目的语知识系统的支配下对新输入的语言知识进行处理和加工。我们在前面一节所谈的教学指导对习得顺序发展的影响也说明教学指导是否起作用是建立在学习者习得阶段的基础上的，当教学的介入正好在学习者恰当的语言习得阶段时，学习者才能从教学指导中受益。也就是说，教学是否有效的关键取决于在学习者中介语发展阶段介入的适时性。

关于语言习得顺序目前虽然还没有公认的结论，但许多研究都发现了第二语言习得中普遍存在的一些阶段性特点。汉语教学中语法项目的安排应该顺应学生学习的阶段性特点，有选择性、针对性地安排句法教学内容和教学方法。例如"把"字句学习中的补语形式是学生常出现错误的地方，因为补语本身就是汉语语法中的难点之一，因此在"把"字句教学中，应该首先让学生掌握动词补语的不同形式，从而为产生结构更为复杂的"把"字句奠定必要的语言知识基础。学习的阶段性体现在学习者汉语水平的发展和句子习得的难度等级等不同方面。从语言发展的角度说，基础阶段的学生尚未掌握基本的句法结构,而中高级阶段学生的主要问题在于句子内部词语的选择和句子的自由使用。因此初级阶段的教学重点之一应该是帮助学生建立句法结构的规范。句子教学与词汇教学有所不同。词汇教学中的一个难点和重点是向学生解释词汇的概念义、色彩义等意义层面的内容,但是对句子来说,句式所表达的许多语义内容在不同民族间是共通的,只是不同的语言用不同的形式结构来表述。如"我把书放在桌子上",这一事件在汉语中一般用"把"字句表示,而英语中用"I put the book on the table",法语中用"Je mets le livre sur la table",直译成汉语都是"我放书在桌子上"。作为成年学习者,学生们理解该句式表达的意义并不困难,但他们所不熟悉的是如何在汉语中用"把"字句这一句法结构来表达。因此,在句子教学的初始阶段,可以给学生一些意义典型、生活中常用的例句,作为他们建立汉语句法结构系统的基础,从而能够在实际运用中快速地提取和再现。同样,对于汉语中一些结构较为复杂、学生出现错误较多的句式,如时量补语句、程度补语的重动句等,都可以采用这种方法。在教学初期让他们记住"我昨天学了两个小时的汉语"、"他(说)汉语说得很好"等这些最常用的句子,帮助他们掌握和记忆句型规范,为他们在言语交际中自由、正确地表达提供参照。针对学生从模仿学习到自由使用的阶段性,应该鼓励他们在掌握所学内容的基础上自由运用和生成句子。中高级阶段的学生在基本的句法结构上出现错误不多,但是在句子中词语的选择和使用上却较多集中于有限的一些词语,句式的选择也以自己有把握的、常使用的结构为主,如我们在前面谈到的三价动词句的习得,这也是导致他们常常感觉水平提高不快的原因之一。因此在教学中应当创造适当的、多样的情境,鼓励他们扩展、自由运用句子,从而将所学的知识综合于句子产生之中。

  以上我们讨论了针对不同发展阶段的学习者应当有选择性地确定教学重点,在具体教学方法上则有多种途径。例如,针对初级阶段"把"字句的教学,在初步的讲解之后,可以采取用所给关键词造句、动作描述、看图说句子等方法,分别从句法结构、语用环境等方面进行练习,对于补语句、汉语特殊句式等也都可以采用这种方式。而针对高年级学生词汇扩展能力不足、已具备相应汉语句法知识的特点,可以进行句法结构中相关词汇的组合与聚合训练。例如在双宾动词句中,表给予义的动词使用频率相差较大,针对学生集中使用"给、还"等动词的特点,在教学中,可以帮助他们联想、并创造情境引导他们使用"欠、管、赔、赚、收、补"等同一义类的动词,从而使他们在掌握汉语基本句法结构系统的基础上,通过词汇的丰富性、结构的多样性进一步提高其语言运用能力。

请思考

1. 根据前面介绍的汉语母语者和第二语言学习者句法认知与习得的发展特点,你认为哪些句法结构是不需要特别讲解的?在形式、语义、语用上,哪些句法结构可能会成为学习难点?

2. 针对句法结构在形式、语义、语用上的学习难点,你能设计出哪些讲解和练习的方法?

2 以语言研究为基础的语法教学

  Dekeyser(2005)认为导致第二语言语法习得难度的因素有三个:语言形式的复杂性、语言意义的抽象性、语言形式和意义之间的透明度。也就是说,语法习得的难易在很大程度上是可以找到语言学解释的。语法习得的难度有的来自目的语本身。同一句式结构所表达的不同语义是有层级的,有核心义与外围义;不同的句法结构之间也具有扩展、组合的层次关系,意义的典型性与结构之间的层级关系就导致了语法结构复杂程度的差别,并进而影响学生的句法习得。例如我们在前面谈到,英语学生在习得汉语的过程中,对"把"字句的终结性和完成性的关键语义有明显的意识,语义上习得"把"字句的核心用法并不难(黄月圆、杨素英,2004 等),但由于外围意义的抽象性、先习得的核心意义对外围意义的干扰和抑制等原因,他们对表致使语义的"把"字句习得较难。又比如,不同母语背景的学生在汉语趋向补语习得中均表现出复合趋向补语难于简单趋向补语、"动词+趋$_1$+宾语+趋$_2$"(如"唱起歌来")的习得难度大于"动词+复合趋向补语+宾语"(如"拿出来一本书")的习得顺序(钱旭菁,1997;杨德峰,2003 等),这与趋向补语意义的引申和结构的复杂性有密切关系。决定语法习得难易程度的另外一个因素是语法结构在母语和目的语之间的对应关系。具有交叉对应关系的语法结构往往是习得中的难点,学生的习得表现出明显的母语偏向性,他们常常将与母语中相一致的部分泛化,从而干扰两种语言间不一致部分的学习。例如"被字句"的句型结构在很多语言中都有,但是在汉语中其语义表达有很多限制条件,因此学生往往会用看似正确的被动结构形成汉语母语者并不使用的被动句,例如"那本书被我买",从而造成语用错误。

  与学生的个体差异、学习策略等因素导致的习得困难所不同,因语言学因素所形成的习得困难在教学中很多是可预测、可教的,语法教学应当关注语言研究的成果,将教学设计建立在语言规律的基础之上。复杂的句法形式都是以可分解的基础句法结构按照一定的关系组合而成的,因此在教学中对于复杂句法形式的安排应当遵循一定的顺序,在保证学生掌握基本结构的前提下学习其组合、叠加、转换的复杂结构,将语法结构和语义关系的层次性体现于教学设计之中。例如疑问词"多长时间"的习得难度远远大于"什么时候",除了短语本身构成的因素外,另外一个原因在于肯定句式中时量补语句的结构远比时间状语句复杂,而时量补语句的构成又是与助词"了"、重动句、时段表达法相关的,因此对"多长时间"构成的疑问句的教学应当在学生具备相应的语言知识以后才能系统地进行。对于因语言对应关系所造成的习得难度,目前正在逐步推广的分国别、分对象编写汉语教材的方法为解决这一问题提供了一个思路。当然,由于教师在教学中所面对的学生来自不同国家,不可能了解所有学生的母语与汉语的对应关系,这一方面要求教师具备相应的语言学知识,在普通语言学理论的指导下在不同层面、从不同角度进行汉外对比,了解学生母语的特点。同时也要求教师在教学中要多观察、多积累,根据教学经验来丰富对学生母语的了解,提高对教学重点与难点的敏感性。许多研究与实践都已经发现,教材注释中翻译得不准确、教师课堂讲解得不充分是导致学生出现目的语使用错误的重要来源。语言产生和发展过程中确实有约定俗成的因素,但是特定的语法形式对应着相应的意义与功能,因此,在教学中我们不建议教师用"这两个结构是一样的"、"这是汉语的语言习惯"等方式去解释学生的问题。例如,名词与量词的搭配是学生的学习难点之一,他们也常常会问"为什么用这个量词"、"为什么不用一样的量词"等问题,在教学中,如果能结合量词本身的意义,如"把"的意义、"双"与"对"的区别等进行讲练,对于学生理解量词的功能并正确使用量词会有很大的帮助。

  语法教学应建立在语言学基础上,同时教学中也应培养学生对汉语语言性质和语法特点的敏感性,帮助他们了解和掌握汉语句子结构与深层语义的内在关系。任何语言的语句中词或句子都不是随机组合的,其顺序遵循着一定的规律,要受到句法或语义的制约。语言的性质不同,其构成成分的功能和组合方式也有很大的差异。汉语作为一种非形态语言,词序是一种重要的表达意义的手段。在汉语中,那些彼此对应而又互相依存于同一句法结构的句法成分,例如主语和谓语、述语和宾语、中心词和修饰语等,它们在句子中的位置是比较固定的,一个成分位置的改变会引起整个句子语义的变化;名词语义的生命性、动词语义的及物性、句子中所表达事件的时间性(如完成体与未完成体)等因素都会影响各成分搭配的合理性。语序表面上反映一定的句法结构、逻辑事理和语言习惯,但在本质上也是由语义决定的。因此在教学中,应当以一定数量的语言经验的积累为基础,在适当的阶段帮助学生进行归纳、类比、总结,引导他们在体会汉语语言性质的基础上,进一步了解深层语义对句子结构的内在制约关系,提高其汉语句法意识和学习能力,这种能力的形成对于他们在各个阶段正确地学习和使用汉语都是大有益处的。这种类比应该是多角度的,可以是汉语中相关成分间的类比,如时点与时段,时间状语与时量补语、受事、工具、地点、结果等不同类型的宾语,主语和宾语名词生命性的差异等;也可以是汉语与其母语的类比,如汉语中的关系从句标记"的"与英语中的不同代词(who、whom、whose、that、which、when、where)等,通过这种基于感性语言知识的类比和总结,让学生体会汉语句法的特点及其与母语的异同,培养其汉语句法意识。

 提示

大家可参考阅读第三章词汇教学部分,我们也谈到了词汇教学中系联与对比的方法。这一教学思路在语法教学中同样是适用的。

换一个角度看,语言研究成果在语法教学与习得中的作用也为语言本体的研究提供了更多的视角。例如研究发现汉语为第二语言的学习者使用"把"字句的频率与汉语母语者的使用情况成正比,当中国人的使用频率低时,不同汉语水平的外国学生的使用频率也低;而对于汉语母语者使用频率较高的"把"字句,外国学生的使用频率也较高(温晓虹,2008:p.76)。那么汉语母语者究竟在何种语用条件下使用"把"字句呢?又如,汉语中与事类关系从句(如"我替他上课的那位老师今天不在")在汉语作为第二语言学习者的语料中出现数量很少,习得难度较高,而汉语母语者的语料中该句式的出现数量也较少(王亚琼,2011),那么汉语中用什么语法结构表达该语义类型?这就提示我们在汉语语法本体的研究中,应该加强面向应用的研究,包括使用情况与分布规律、语义特征与句法结构等。语义和语用不仅是学生学习中的重点,同时也是对外汉语教学与研究中的难点。随着语言研究技术的发展,通过定量的语料分析来总结某种句型结构的特点现在已不是很难的事,但对于句式的语义功能和语用环境的描写与总结,由于所涉及的因素较多、分类标准复杂等原因,目前的研究成果应该说还不尽如人意。但这恰恰也是我们的语言本体和对外汉语教学研究中不可回避的一面,这方面的研究成果无疑将为对外汉语的教材编写和课堂教学提供直接的参考依据。

 请思考

你认为理论语法和教学语法的关系是什么?在教学设计中,应如何体现二者的关系?在实际教学操作中,又将如何处理呢?

3 以动词为重心的语法教学

Sasaki(1994)在讨论句子理解中的语义优先策略时认为,词汇的语义线索提供了最广泛的可迁移策略。如果母语和第二语言不相配的话,语法线索的迁移将受到限制,此时词汇的语义线索就会起作用,即使它在母语中并不是最强势的线索。而在各种词类中,动词为句子理解提供了非常重要的语义线索。语言学中关于词汇和句法的研究已经证明了动词在汉语句子构成中的核心作用。在心理语言学研究中,动词配价特征、动词的宾语选择性限制信息、动词隐含语义关系对代词指认的影响等实验结果也充分表明了动词的语义和句法特征在句子理解过程中的心理现实性。以此为依据,我们的语言研究应加强对动词语义和句法特征的探讨,而句子教学也可以立足于动词的核心作用来进行。对于动词研究来说,目前关于动词语义指向、动词配价特征、动宾结构关系、动词所指向动元的生命性等研究成果为我们的教学和语言习得研究提供了很好的参考,但是一些影响句子加工的动词因素还没有得到深入的探讨,如动词语义中所隐含的因果倾向性是影响句子中代词指认机制的一个非常重要的因素,在语言学领域我们还没有找到很好的、有系统的研究与解释。又比如,汉语连动句中有一类是表目的语义关系的连动句,如"我去邮局寄信"、"我要买礼物送给妈妈",但并非所有表目的语义关系的动词结构都可以用连动句式来表达,例如学生会写出"我要去旅行跟很多中国人交流"、"我每天努力学习考上大学"这样的错误句子(刘燕,2010)。那么可以用于连动句的动词有哪些语义特征和限制?这在目前的研究中也还没有得到充分的关注。对于动词的心理表征来说,许多研究已经发现在动词的心理词典中除了形音义等一般词汇信息外,还储存着许多特殊信息用于描述事件或行为,如表示动作的发起者或接受者的"动作参与者信息"、表示事件延续情况的"持续性信息"、表示完成动作所需工具的"工具信息"、表示所接宾语是否有生命的"宾语生命性信息"等,这些附加信息为交际者进行句法分析和语义加工提供了帮助。在句子理解过程中,动词一旦被识别,它的许多句法和语义信息立即被提取。在不同语言之间,动词的概念意义也许是大体相同的,但与此相关的各种附加信息则体现了不同语言之间的差异,而语言习得的研究也发现外国学生在句子习得中所出现的许多错误恰恰源自于动词语法结构的不正确,因此在教学中,除了对动词概念意义的解释之外,更重要的是以动词深层的语义特征为基础,帮助学生了解句法结构的合理性与动词语义的密切关系。例如,学生会出现"他使我去帮他买东西"这样的句子,其原因应该在于学生混淆了汉语表致使义和指派义的动词,那么在教学中就可以通过致使义动词"使、另、让"及指派义动词"请、让、叫"等词语及其构成的句子的对比,帮助他们分清两类动词的不同。又如,在目前的教学中,很多教材与教师都会向学习者提示汉语形容词谓语句的构成中副词的作用,因此学生会很快克服"汉语难"、"北京的东西便宜"这样的语法偏误,而对于不同的"动词+简单宾语"句,如"我洗衣服"、"我喜欢音乐"两类句子的区别则较少关注。这两类句子在结构上都是正确的,但是在实际交际中前者却很少独立出现,其原因在于这种句子的语义是不自足的,在实际使用中往往要添加表时间、数量、动态等信息的词语(孔令达,1994)。那么,在教学中我们就可以通过例句,让学生发现、总结两类句子中动词语义的特点:前者语义不自足的句子中动词往往是动作动词(如看、读、吃),而后者语义自足的句子中往往是心理动词或判断动词,帮助学生体会汉语动词的语义类型与句法构成的关系,以及定、状、补语等次要句法成分在汉语句法中的重要作用。在教学中,词语搭配、短语扩展、猜测上下文、类比与归纳等都是可以采用的方法。

 提示

> 汉语句法结构与动词语义特征有密切关系,目前语法学研究中关于动词语义已有不少成果,如动词的有界与无界、自主与非自主、动词的语义类型与范畴等。建议大家关注该领域的研究成果,并运用于实际的教学中。

4 以交际为目的的语法教学

语言的功能是交际,而利用所学的句法形式在特定的语用环境中准确、恰当地表达语义是语言习得中最难掌握、最容易出错的地方。例如"把"字句习得的研究结果表明它并不像我们想象的那样难,但联系我们的教学实践,在日常交际中,有多少学生(尤其是初中级学生)会主动地、有意识地去使用"把"字句呢?这一点大概也是我们在语言教学与研究中更应该特别关注的问题,即在深入探讨某语言项目的语法、语义特征的同时,通过定量的调查分析,将该项目的语用信息介绍给学生,引导他们在言语交际中选择最适合该交际环境的语言结构,而不是一直使用我们一听就懂,但明显带有外语痕迹的句子。

随着第二语言学习与教学理念的发展,近年来的外语教学框架和理论,例如 3P (presentation, practice, production)模式、PACE (presentation, attention, communication, extension)模型、交际语言教学(CLT, communicative language teaching)理论都强调对语言能力的综合训练,尤其是交际能力的培养,通过交际任务的完成,以"做中学"的方式来促进学习者的积极参与、自觉学习和强化性的输出。

为了达到交际的目的,在教学中要为学生设计和提供尽可能真实的交际情景,引起学生的兴趣和注意,让学生感到有表达的愿望,有交际的需要。在小组活动的设计中,具备信息差、推理差、观点差的活动往往能调动学习者的积极参与和有效互动。这些差别有的来自于小组成员之间背景与经验的不同,例如文化、语言、性格、性别的差异,有的则可以为了达到交际的目的在教学中进行设置。例如在学习"旅行"这一话题时,可以让一部分成员了解与交通有关的信息,一部分成员了解食宿信息,或者让成员之间在目的地的选择上有不同的观点,这样为了共同完成"旅行安排"这一任务,小组内每个成员都有交际的兴趣与需要,每个人都要接收和理解他人的语言信息,要提供他人可懂的语言输出,在进行意义协商的过程中,兼顾了语言的形式、意义与功能的学习和运用。其实,语言交际任务不仅可以体现在综合的活动设计中,而且也可以运用于生词、语法的讲练环节。例如,在初级班学习生词"最"时,就可以让学生互相询问"你最喜欢星期几"、"你觉得最好吃的是什么菜"、"学校附近最便宜的饭馆是哪一家"等信息;在学习语法"又……又"时,可以让学生互相询问"你为什么喜欢自己的房间"、"介绍一下自己最好的朋友"等等,这些都是学生们在日常交际中会交流、谈论的信息,对于激发学生的交际需求与兴趣、在不同语境中使用所学生词和语法都是很好的情境。

虽然在特定的环境中,语法结构的错误有时并不影响交际任务的完成,但使用正确的语言结构应该是良好交际的一个重要基础。尤其是对于目的语知识系统正在建构、语言意识和能力正在发展的学习者来说,掌握正确的目的语知识是语言学习的目标之一,因此在教学中强调交际的同时,不应当忽略语法结构的讲解。与以往交际法所采用的寓语法于交际内容之中所不同,交际语言教学在强调以语言交际功能为原则的同时也注重语言形式和语言表达的准确性,注重语言形式方面的解释和练习,将语法能力作为交际能力的基础。正如 Lightbown & Spada(1990)所指出:在交际教学的框架下,注意力放在语言形式上的课堂能够使学习者的语言知识和语言表现达到一个更高的阶段。因此,在语法教学中,使学生掌握语法结构的形式、理解语法结构的意义和功能、在语境中正确使用、在学习知识的同时增强汉语语法意识等都应当是语法教学的目标,而具体的实现方法则可以依据学习者的特点进行设计。

请思考

1. 上述语法教学的目标在实际的操作中是有渐进关系的,你认为在教学中可以如何安排各目标的顺序关系?
2. 针对各教学目标,你能想到哪些有效的教学方法?

5　语法教学的针对性

究竟有没有最好的教学方法?"教无定法"及"后方法时代"的提法都体现了人们对这一问题的思考。从理论上来说,我们无法肯定地说某一教学流派就一定好于另外一种,或某种教学方法一定比另外一种有效,但从实践的角度来评价,最适合教学对象的、最能帮助他们学习的应该就是好的教学方法。这就要求教师在掌握了不同的教学理论和方法之后,要根据特定的教学对象、教学材料来科学地设计教学,提高教学的针对性和有效性。例如句型模仿是一种有效的句子学习方式,但该方法的使用应当依据学习阶段、学生的学习特点等因素而有针对性地引导和使用。从理解句法结构到内化并自由使用有一个发展过程,在新的句法结构学习的初期就可以较多地使用这种方法,可以给出某结构中常出现的关键词、常出现的语用环境,让学生根据规范的句型结构来造句,目的是帮助他们在记忆系统中首先建立该句型结构的规范。按照认知心理学的记忆理论,这种首先输入、而且高频输入的信息,会成为学习者记忆系统中最牢固的部分,并为新信息的输入和组织提供基础。随着学生汉语水平的提高,则应鼓励他们逐步摆脱有意识的模仿,根据实际的交际目的和语言环境来自主表达。同时,对不同性格特征的学习者所采取的教学方法也应有所不同。性格外向独立的学习者,如很多欧美学生,他们比较喜欢自由随意地表达,这种方法当然是应该鼓励的,但有时也会因过于重语义表达而忽视了句型结构是否正确,因此在教学中就应该引导他们关注句型结构的规范。而性格内向和害羞者,如许多亚洲学生,往往因担心出错而较多地模仿课文或老师的句子,这就限制了他们将课堂所学内容应用于实际生活。对这些学生,在注重句法结构教学的同时,更应努力创造不同的语用情境,鼓励他们在生活中自由地运用所学的词汇和语法结构来进行交际。

　　语法教学的针对性还体现在教学重点与教学方法应当依据句法结构的特点进行设计。例如,汉语的主谓谓语句(如"他个子很高"),句法结构的掌握对学生来说并不太困难,但是由于对其语用功能不了解,他们在实际交际中较少主动使用,而更倾向于基本的主谓句,如"他的个子很高"。针对这一特点及其汉语中主谓谓语句的基本语义模式是小主语从不同侧面对大主语进行表达(张旺熹,1993),教学中就可以设置不同的场景,让学生通过描述所在的大学(大学的老师、学生、食堂、操场)、汉语(语法、发音、汉字)、同学或朋友(个子、性格)等练习和体会主谓谓语句的功能。而汉语中的完全否定句,如"他一个汉字都不认识",其语义的理解难度不大,但学生往往在使用中出现遗漏量词,或语序错误(如他一个都不会写汉字)等问题。针对这一特点,则可以在教学中通过关键词替换等方式,让学生大量练习从而熟练掌握其句法结构。随着目前汉语国际推广形势的改变,教学对象、教学环境都更加多样化,这就要求教师提高教学的针对性意识,根据教学对象的年龄和心理特点、学习环境、教学目标等具体的因素进行科学、有效的教学设计。

　　就实际的语法教学设计来说,其针对性还体现在对不同的语法结构可以有不同的教学目标。我们在前面的章节谈过汉字教学中"多认少写"原则,词汇教学中可以有理解性词汇和产生性词汇等不同的词汇学习深度,这些原则同样也可以应用于语法教学中。对于大多数学习者来说,他们学习汉语的目的是进行交际,因此,教学中应依据汉语实际交际中语法结构的频率、功能等确定语法结构的教学目标。例如,"把"字句、"连"字句等句法结构都有核心义与外围义等不同层级的语义模式,时量补语句、状态补语句、被动句等则有不同的句法结构形式,那么在教学中是否可以针对学习者的语言水平和学习目的,某些结构要求他们熟练使用,而有些在汉语中使用频率低的结构则要求能够理解即可?不同语法结构的教学目标应如何确定?这些也是要求研究者和教师们进一步思考与讨论的问题。

6　语法教学设计举例

我们在本章首先介绍了汉语母语者的句法理解策略及其机制,这是在汉语学习和使用过程中逐渐形成的最经济、最有效的语言理解机制;然后讨论了汉语作为第二语言学习者的汉语句法习得规律与特点,总结了第二语言句法习得顺序的主要研究成果。如我们在前面所说,汉语句法习得的研究虽然成果较多,但主要还集中于某些特殊句法结构的习得,深入的、系统的研究还相对比较缺乏;同时,研究方法的多样性也妨碍了相关研究之间的可比性,因此,在这一领域还存在着诸多研究空间,例如,句法规则的建立过程及其影响因素、各影响因素间的交互作用、教学指导对习得顺序的影响等等,我们在相关的部分对各专题有待深入探讨的问题已有所论述。

句子是语言交际中最重要的单位,语法教学也是一种综合能力的教学。下面我们以初级阶段方位词和存现句的教学设计为例,对汉语句法习得研究成果与语言教学的结合、对上述教学原则和方法在教学中的应用进行解释。

教学目的:帮助学生掌握方位词、方位短语,正确、熟练地使用存现句对某处所中人或物的存在进行描述。

教学内容设计:(1)语言学基础。一般认为,汉语中的存现句包括静态存在句,如"学校东门的右边是一家银行"、"学校对面有三家饭馆"、"书桌上放着一本书";动态存现句,如"天上飞着一群鸟";隐现句,如"天空出现一道彩虹"、"前面开过来一辆车"、"教室里走出去一个人"。存现句的基本句法结构可表示为:处所词或短语(A段)+存在或隐现义动词(B段)+名词短语(C段),其核心语义是表达某处所中人或物的存在、出现或消失,主要的语用功能是描述。(2)语言教学基础。根据常用汉语教学大纲及教材的安排,"有"字句和"是"字句应该是初级阶段的教学内容。在这两类句子的教学中,B段动词"有"和"是"学习难度不大;C段的名词短语大多是"数量词+名词",这应该是在此之前已学过的内容,因此该阶段存现句教学的重点是方位短语、存现句的结构与意义。(3)语言习得的研究基础。根据存现句习得研究(杨素英等,2007;闵健,2009等)及课堂观察,方位短语的构成及其在存现句结构中的使用、"有"字句和"是"字句的区别可能会成为学习的难点,而存现句的意义则比较容易理解。

  教学步骤与方法:(1)学习方位词,可以通过跟读、看图片说词语、看手势说词语等方式让学生熟练掌握上面、下面等方位词的形音义;(2)学习方位短语。该内容的学习难度不大,可通过不同方式帮助学生熟练使用。在这一内容的学习中,应引导学生注意区分"桌子的前面"和"前面的桌子"两种结构的短语。由于汉语中心词在后的语序特征,许多学生常混淆使用两种结构。可以通过字体颜色、图片、实物、场景帮助学生理解两个短语结构的不同含义,体会汉语短语构成中语序的特点,之后利用图片让学生自主产生"书的上面"和"上面的书"等短语,以确认学生了解了二者的区别,并能够正确使用汉语的方位短语。(3)学习存现句,包括"方位短语+有+名词"与"方位短语+是+名词"句式,可以采用图片与句型结构同时呈现的方式,而且句型结构中不同位置的句法成分、动词"有"和"是"可以采用不同的字体颜色以引起学生注意。同时,学生母语背景不同,他们对汉语存现句学习的难点也不完全一样,例如很多学生都会在句首的方位短语前增加介词"在",产生"在北京有很多车"这样的非主谓句,而日、韩学生则常常混淆表存在的"有、在、是"三个词语,因此在教学中应针对不同学生的难点进行训练。这些训练不一定通过讲解,利用颜色、动画等手段或对比、提问、句子变换等方法都可以引起学生对语法重点的注意。(4)练习使用存现句。可以通过听后选择、互相根据指令摆放物品等方式练习对方位的理解能力,通过图片或场景描述等方式训练学生正确表达方位词和存现句。(5)在活动中练习综合使用存现句。两个同伴互相交流,交换意见,共同设计一个两人都满意的房间,然后介绍给全班同学;其他同学可以提问和评价;最后教师对学生表达中出现的普遍性语法错误与学生一起进行纠正,总结方位词和存现句使用中的要点。(6)布置作业:书面作文,描述自己的房间或理想的房间。

  上述各环节的顺序并不是一定的,例如在"学习方位短语"环节,如果学生未出现混淆"桌子的前面"和"前面的桌子"的情况,这一内容的讲解与练习可以设置在环节4或5之后,以便使教学环节形成"方位词—方位短语—方位短语构成的存现句"这样更为流畅的程序。在上面的设计中,对存现句的语言学分析中所要求的名词的有定与无定、存现句与非存现句的区别、学习者因母语迁移而可能形成的学习难点等都体现在教学中,它们是学习者正确使用存现句的语言基础。但这些内容的理解难度并不大,因此可以通过教育技术或多样的教学手段引起学生关注,并通过练习与使用来强化。同时,用所学结构进行交际这一教学目标体现在各个环节的教学中,学习者通过词汇和结构的使用来学习、巩固所学知识,教师则通过学生在交际中对语法结构的运用来判断学生的掌握程度,从而使整个教学与学习在教师与学生、学生与学生的互动中进展。

在以学生为主体、以培养交际能力为目的的教学理念下,教室不再只是一个传统的教授语言的地方,而是一个提供给学生接收丰富的语言输入、与交际者有效互动、积极主动地用语言进行交流的、真实有趣的语言交际环境。教师的作用就如一些学者所倡导的scaffolding,即类似建筑工程中脚手架的作用。在工程之前提供框架和设计,在工程进行之中提供支撑和调节,从而保证在工程完成之后形成一个独立的、完整的建筑。它不是工程进展的主体,也不直接参与工程的建设,但却是工程顺利进展中不可缺少的支撑。教师的作用就是通过有效的教学设计,让学生积极主动地参与到语言学习和运用当中,在掌握语言知识的基础上形成独立的语言交际能力。

主要参考文献:

陈昌来(2002)现代汉语动词的句法语义属性研究,北京:学林出版社。

陈煊之(1995)中文阅读之句法分析历程初探,《心理科学》第6期。

陈煊之(1997)中文阅读的认知历程,见彭聃龄主编《汉语认知研究》,济南:山东教育出版社。

陈永明、崔 耀(1994)句子先提述的参与者在可提取性上的优势现象,《心理学报》第2期。

陈永明、崔 耀(1995)先述参与者的优势及句子不同成分的可提取性,《心理科学》第1期。

陈永明、崔 耀(1997)汉语歧义句的加工,《心理学报》第1期。

范 晓(1996)动词配价与句子的生成,《汉语学习》第1期。

冯丽萍(2008)汉语句子产生中的结构迁移效应研究,《云南师范大学学报》第5期。

冯丽萍(2009)认知加工视角的语言迁移研究,《云南师范大学学报》第4期。

冯丽萍、丁国盛、陈 颖(2006)动词配价特征的心理现实性研究,《语言文字应用》第2期。

冯丽萍、盛双霞(2004)外国学生中文三价动词习得规律研究,《云南师范大学学报》第3期。

冯丽萍、孙红娟(2010)第二语言习得顺序研究方法评述,《语言教学与研究》第1期。

高立群(2004)汉语把字句认知表征图式的实验研究,《心理科学》第1期。

韩彩英(2000)语境的制约功能及其表现形式,《语言文字应用》第4期。

黄月圆、杨素英(2004)汉语作为第二语言的把字句习得研究,《世界汉语教学》第1期。

江 新、荆其诚(1999)句法和语义在汉语简单句理解中的作用,《心理学报》第4期。

靳洪刚(1993)从汉语把字句看语言分类规律在第二语言习得过程中的作用,《语言教学与研究》第2期。

靳 洁(2010)汉语作为第二语言句法习得的研究方法分析,北京师范大学硕士学位论文。

井世洁(2001)句法歧义解决研究的新进展——歧义解决的限制—满足模型,《心理科学》第4期。

孔令达(1994)影响汉语句子自足的语言形式,《中国语文》第6期。

冷　英、莫　雷(2002)隐含因果关系影响代词解决的研究进展,《心理科学进展》第1期。

李　俏、张必隐(2003)句子语境中语义联系效应和句法效应的研究,《心理科学》第2期。

李宇明、陈前瑞(1997)儿童问句系统理解与发生之比较,《世界汉语教学》第4期。

刘颂浩(2003)论"把"字句运用中的回避现象及"把"字句的难点,《语言教学与研究》第2期。

刘　威(1995)外国留学生在短时记忆中理解汉语句子的实验报告,《世界汉语教学》第3期。

刘　燕(2010)韩国留学生汉语连动句式习得研究,北京师范大学硕士学位论文。

鲁忠义、熊　伟(2003)汉语句子阅读理解中的语境效应,《心理学报》第6期。

吕叔湘(1987)句型和动词学术讨论会开幕词,见中国社会科学院语言研究所现代汉语研究室著《句型和动词》,北京:语文出版社。

闵　健(2009)韩国留学生汉语存现句的习得研究,北京师范大学硕士学位论文。

缪小春(1982)汉语语句的理解策略:词序和词义在汉语语句理解中的作用,《心理科学通讯》第6期。

缪小春(1994)句子和语段理解中代词加工的研究,《心理科学》第3期。

缪小春(1996)句子语义、代词和先行词的距离对代词加工的影响,《心理科学》第2期。

缪小春(1996)影响代词加工的语义和句法因素研究,《心理学报》第4期。

缪小春、宋正国(1995)动词语义和句子语法对代词加工的影响,《心理科学》第4期。

彭聃龄、谭力海(1991)《语言心理学》,北京:北京师范大学出版社。

亓艳萍(1996)小学儿童运用被动句表达的调查研究,《语言文字应用》第3期。

钱旭菁(1997)日本留学生汉语趋向补语的习得顺序,《世界汉语教学》第1期。

荣　晶(2000)汉语语序研究的理论思考及其考察,《语言文字应用》第3期。

石东方、舒　华、张厚粲(2001)汉语句子可继续性对句子理解加工的即时影响,《心理学报》第1期。

石东方、张厚粲、舒　华(1999)动词信息在汉语句子加工早期的作用,《心理学报》第1期。

孙　燕、舒　华、周晓林、郑先隽(2001)动词隐含因果性对代词加工的影响,《心理科学》第1期。

佟乐泉、张一清(1994)外国留学生在快速显示条件下阅读汉语句子的实验报告,《世界汉语教学》第3期。

王建华(2002)关于语境的构成与分类,《语言文字应用》第3期。

王亚琼(2011)英语母语者汉语关系从句的习得研究,北京师范大学硕士学位论文。

温晓虹(1995)主题突出与汉语存在句的习得,《世界汉语教学》第2期。

温晓虹(2008)汉语作为外语的习得研究——理论基础与课堂实践,北京:北京大学出版社。

武宁宁、舒　华(2002)句子语境中汉语词类歧义词的意义激活,《心理学报》第5期。

肖　青(2009)韩国留学生汉语主谓谓语句习得研究,北京师范大学硕士学位论文。

熊文新(1996)留学生"把"字结构的表现分析,《世界汉语教学》第1期。

杨德峰(2003)英语母语学习者趋向补语的习得顺序——基于汉语中介语语料库的研究,《世界汉语教学》第2期。

尤庆学(2001)汉语歧义研究综述,《汉语学习》第4期。

张旺熹(1993)主谓谓语结构的语义模式,《世界汉语教学》第3期。

张亚旭、刘友谊、舒 华、孙茂松（2003）中文句子中双音节兼类词句法分析历程初探，《心理学报》第4期。

张亚旭、舒 华、张厚粲（2000）句法歧义消解与句子理解研究综述，《心理科学》第1期。

张亚旭、舒 华、张厚粲、周晓林（2002）话语参照语境条件下汉语歧义短语的加工，《心理学报》第2期。

张亚旭、张厚粲、舒 华（2000）汉语偏正/述宾歧义短语加工初探，《心理学报》第1期。

赵 果（2003）初级阶段美国留学生"吗"字是非问的习得，《世界汉语教学》第1期。

赵宰德（2011）中级汉语水平韩国留学生汉语关系从句习得研究，北京师范大学硕士学位论文。

周国光（1997）1～5岁儿童使用双宾情况的考察，《心理科学》第2期。

周静仪、陈少芳、宋 华（2000）中文阅读中主题与语意信息在句子加工中的作用，《心理学报》第1期。

周治金、陈永明、陈烜之（2003）汉语歧义句的消解过程，《心理科学》第6期。

周治金、陈永明、崔 耀、杨丽霞（2001）指代者对其先行词可提取性的影响，《心理学报》第3期。

Altmann, G. & Steedman, M. (1988) Interaction with context during human sentence processing. *Cognition* 30.

Boland, J. E., Tanenhaus, M. K. & Gamsey, S. M. (1990) Evidence for the immediate use of verb control information in sentence processing. *Journal of Memory and Language* 29.

Catrin Norrby & Gisela Hakansson (2007) The interaction of complexity and grammatical processability：The case of Swedish as a foreign language. *International Review of Applied Linguistics in Language Teaching* 45.

Comrie, B. (2007) The acquisition of relative clauses in relation to language typology. *Studies in Second Language Acquisition* 29.

DeKeyser, R. (2005) What makes learning second language grammar difficult? A review of issues. *Language Learning* 55.

Dulay, H. & Burt, M. (1973) Should we teach children syntax? *Language Learning* 23.

Ellis. R. (1984) Can syntax be taught? A study of the effects of formal instruction on the acquisition of WH questions by children. *Applied Linguistics* 5.

Ellis, R. (1994) *The Study of Second Language Acquisition*. New York：Oxford University Press.

Ellis, R. (2005) Measuring implicit and explicit knowledge of a second language. *Studies in Second Language Acquisition* 27.

Ellis. R. & Barkhuizen, G. (2005) Analysing Learner Language. Oxford.

Frazier, L. & Rayner, K. (1982) Making and correcting errors during sentence comprehension：eye movements in the analysis of structurally ambiguous sentences. *Cognitive Psychology* 14.

Fuller, J. W. & Gundel, J. K. (1987) Topic-prominence in interlanguage. *Language Learning* 1.

Hyuk(Sarah) Jung, Euen (2004) Topic and subject prominence in interlanguage development. *Language Learning* 4.

Jin, H. G. (1994) Topic-prominence and subject-prominence in L2 acquisition：Evidence of English-to-

Chinese typological transfer. *Language Learning* 1.

Larsen-Freeman & Diane E. (1976) An explanation for the morpheme acquisition order of second language learners. *Language learning* 1.

Lightbown, P. & Spada, N. (1990) Focus on form and corrective feedback in communicative language teaching. *Studies in Second Language Acquisition* 12.

Louise Jansen (2008) Acquisition of German word order in tutored learners: A cross-sectional study in a wider theoretical context. *Language Learning* 1.

Malcolm, A. Finney (1997) Markedness, operator movement and discourse effects in the acquisition of purpose clause constructions in a second language. *Second Language Research* 1.

Meisel, J. (1997) The acquisition of the syntax of negation in French and German: Contrasting first and second language development. *Second Language Research* 3.

O'Grady, W., Lee, M. & Cho, M. A. (2007) Subject-object asymmetry in the acquisition of relative clauses in Korean as a second language. *Studies in Second Language Acquisition* 2.

Pavesi, M. (1986) Markedness, discoursal modes and relative clause formation in a formal and informal context. *Studies in Second Language Acquisition* 8.

Pica, T. (1983) Adult acquisition of English as a second language under different conditions of exposure. *Language Learning* 33.

Pienemann, M. (1984) Psychological contraints on the teachability of languages. *Studies in Second Language Acquisition* 6.

Pienemann, M. (1989) Is language teachable? Psycholinguistic experiments and hypotheses. *Applied Linguistics* 10.

Pienemann, M. (1998) *Language Processing and Second Language Development*. Amsterdam: John Benjanmins Publishing.

Sasaki, M. (1990) Topic prominence in Japanese EFL students' existential constructions. *Language Learning* 40.

Sasaki, Y. (1994) Paths of processing strategy transfers in learning Japanese and English as foreign languages, *Studies in Second Language Acquisition* 16.

Satomi Kawaguchi (2000) Acquistion of Japanese verbal morphology: Applying processability theory to Japanese. *Studia Linguistica* 2.

Shirai, Y. & Oziki, H. (2007) Dose the noun phrase accessibility hierarchy predict the difficulty order in the acquisition of Japanese relative clauses? *Studies in Second Language Acquisition* 2.

Spada, Light, P. (1999) Instruction, first language influence, and developmental readiness in second language acquisition. *The Modern Language Journal* 1.

Tarallo, F. & Myhill, J. (1983) Interference and natural language in second language acquisition. *Language Learning* 33.

Todd, R. F. & Ken, M. (2001) Integrating verbs, situation schemas, and thematic role concepts. *Journal of Memory and Language* 44.

Trueswell, J. (1996) The role of lexical frequency in syntactic ambiguity resolution. *Journal of Memory and Language* 35.

Trueswell, J. C., Tanenhaus, M. K. & Kello, C. (1993) Verb-specific constraints in sentence processing: Separating effects of lexical preference from garden-paths. *Journal of Experimental Psychology: Learning, Memory and Cognition* 3.

Trueswell, J., Tanenhaus, M. & Garnsey, S. (1994) Semantic influences on parsing: Use of thematic role information in syntactic ambiguity resolution. *Journal of Memory and Language* 33.

Wode, H. (1978) The L1 vs. L2 acquisition of English interrogation. *Working Papers in Bilingualism* 15.

Vainikka, A. & Young-Scholten, M. (1996) The early stages in adult L2 syntax: Additional evidence from Romance speakers. *Second Language Research* 12.

VanPatten. B. (2002) *From Input to Output: A Teacher's Guide to Second Language Acquisition*. (从输入到输出——第二语言习得教师手册)北京:世界图书出版公司 2007 年版.

Yip, V. & Matthews, S. (2007) Relative clauses in Cantonese-English bilingual children: Typological challenges and processing motivations. *Studies in Second Language Acquisition* 2.

第五章 元认知与非智力因素在语言学习中的作用

导读

我们在前面的部分讨论汉语字、词、句的认知与习得规律,应该说,它们反映的是语言学习中较为普遍的规律。近年来,学习者的个体差异在语言习得中的作用受到越来越多的关注,包括元认知与学习动机、情绪情感等各种非智力因素。对于成年学习者的学习效果来说,它们甚至起着比智力因素更为重要的作用,因此应当引起对外汉语教师的关注。非智力因素是心理学、教育学、第二语言学习领域共同的研究课题,所取得的研究成果非常多。在本章,我们只能简要地举例或说明,目的是引导大家通过文献阅读、自我语言学习与教学经验的反思,关注非智力因素在第二语言学习中的作用,并有意识地将它纳入教学和课堂管理的设计之中。

第一节 元认知与学习策略

1 元认知

元认知是美国心理学家 Flavell 于二十世纪七十年代提出的一个概念。关于元认知的含义,不同的学者有不同的解释,但他们有一个共同点就是都认为元认知是以认知本身为对象的一种现象。Flavell(1981,见汪玲、郭德俊 2000)将元认知定义为:反映或调节

第五章　元认知与非智力因素在语言学习中的作用

认知活动的任一方面的知识或者活动。按照这一观点,元认知可以包含两方面的内容:一方面,它是一种相对静态的知识体系,它反映个体对认知活动及其影响因素的认识;另一方面,它也是一种动态的活动过程,即个体对当前认知活动所做的调节。这是目前关于元认知的含义被广为接受的一种观点。

元认知的调节功能主要通过两种基本过程得以实现,即监测和控制:前者指个体获得认知活动的进展、效果等信息的过程;后者指个体对认知活动作出计划、调整的过程。在调节活动中,这两个方面彼此依存,互为因果。监测得到的信息会指导控制过程,而控制的结果又通过监测为主体所掌握,并为下一次控制过程提供信息。监测和控制的循环交替就构成了元认知活动,它推动着认知活动的进展。

一般认为,元认知系统包含三个因素:元认知技能、元认知知识和元认知体验。其中,元认知技能是个体进行调节活动所必须具备的基本条件,元认知知识为调节提供基本的知识背景,元认知体验是调节得以进行的中介。根据相关的研究结果,我们简要介绍这三个因素的含义及其在元认知活动中的作用(汪玲、郭德俊,2000;董奇,1989;杨宁,1995;沈德立,2006:pp.140~148等)。

元认知技能

元认知技能即认知主体对认知活动进行调节的技能。个体对认知活动的调节是通过运用相关的元认知技能而实现的。运用元认知技能的过程可以是有意识的,也可以是无意识的。在元认知技能形成的初期阶段,它的运用需要意识的指导,当这种技能得到充分发展后,它就会成为一种自动化的活动,不为意识所知觉。基本的元认知技能有以下三种:(1)计划。它是指个体对即将采取的认知活动进行策划。但计划并不仅仅发生在认知活动的早期阶段,在认知活动进行的过程中也存在着对计划的调整。(2)监测。它是指对认知活动的过程及效果进行评估。即在认知活动进行的过程中以及结束后,个体对认知活动的效果所作的自我反馈。在认知过程的中期,监测活动包括:了解活动的进展、检查自己有无出错、检验计划是否可行;在认知活动的后期,监测活动主要表现为对认知活动的效果、效率以及收获的评价,如检验是否完成了任务,评价认知活动的效率如何,以及总结自己的收获、经验、教训等。(3)调整。即根据监测所得到的信息,对认知活动采取适当的矫正性或补救性措施,包括纠正错误、排除障碍、调整思路等。调整并不仅仅发生在认知活动的后期阶段,而是存在于认知活动的整个进程当中,个体可以根据实际情况随时对认知活动进行必要、适当的调整。

元认知知识

元认知知识指个体对于影响认知过程和认知结果的因素的认识。在经过多次的认知活动之后,个体会逐渐积累起关于认知活动的进程及其影响方式的一些知识,这就是元认知知识。元认识知识的重要意义在于它是元认知活动的必要支持系统,为调节活动的进行提供一种经验背景。认知调节的本质就是对当前的认知活动进行合理的规划、组织和调整。在这个过程中,个体对自身认知资源特点的认识、对任务类型的理解以及有关某些策略的知识对调节活动起着关键的作用,个体正是根据这些知识来对当前的认知活动进行组织。如果不具备相关的元认知知识,调节就具有很大的盲目性。从这一角度来说,元认知知识是元认知活动得以进行的基础。

元认知体验

元认知体验是指个体对认知活动有关情况的觉察和了解。元认知体验的内容,在认知活动的初期阶段,主要是关于任务的难度、任务的熟悉程度、对完成任务的把握程度的体验,以及关于所遇到的障碍或面临的困难的体验。在认知活动的后期,主要是关于目标是否达到、认知活动的效果和效率如何,以及关于自己在任务解决过程中的收获的体验。

元认知体验在认知活动中起着重要的中介作用。一方面,元认知体验可以激活相关的元认知知识,使长时记忆中的元认知知识与当前的调节活动产生联系。元认知知识是个体的长时记忆中贮存的一些陈述性、程序性知识。根据记忆的有关理论,长时记忆中的知识并不能直接对个体当前的认知活动产生影响,只有当它被激活而进入短时记忆中时,才能为个体所利用。因此元认知知识虽然为调节活动提供了重要的基础,但它只是为调节提供了一种可能性,本身并不能保证调节活动的进行。元认知体验正是在激活相关的元认知知识的过程中起着关键的作用。这种对当前认知活动有关情况的觉察或感受会激活记忆系统中有关的元认知知识,从而能够被个体用来为调节活动提供指导。元认知体验在静态的元认知知识与动态的调节过程间起着沟通的作用,它是连接二者的中介。另一方面,元认知体验还可以为调节活动提供必需的信息。如果没有关于当前活动的体验,元认知活动与认知活动之间就处于脱节的状态,无法连接起来。调节是基于体验所提供的关于认知活动的信息而进行的,只有清楚地意识到当前认知活动中的种种变化,才能使调节过程有方向、有针对性地进行下去。

关于元认知体验的获得,通过进行反省性自我提问可以激发相应的元认知体验。如在问题解决中,可以通过向自己提问"该问题属于哪种类型?"、"我的进展如何?"、"我的目标是否达到?"等问题。这些体验既能激发相关的元认知知识,又能为调节过程提供必要的信息,从而使元认知活动进行得更为顺利。

从信息加工的学习观来考虑,学习是一个对所学材料进行识别、加工、理解和存储的过程,同时也是一个对该过程进行积极监控、调节的过程,这就是元认知的作用,可以说,元认知的水平在很大程度上决定着学习过程的有效性。在对学习的促进方面,元认知起着以下作用:使学习者意识到影响学习的因素,例如学习能力、学习目的、学习任务、学习方法等;使学习者意识到学习方法的可选择性以及学习方法与各种因素之间的关系,了解不同方法的作用、使用条件,从而选择最有效的学习方法;使学习者根据学习任务、学习目的等因素的变化而及时调整学习方法,根据学习效果客观评价方法是否适当。而相关的实验研究也证明:优生与差生在元认知与监控技能上存在着显著的差异(胡志海、梁宁建,2002等)。

请思考

能否结合自己或身边人的日常生活或学习经验,举例说明元认知的作用及其与认知活动的过程、效果之间的关系?

2 学习策略

随着认知学习理论的发展,人们对学习者和教学者在学习中的作用的认识逐渐发生了变化。人们越来越认识到,有效的学习者应当被看作是一个积极的信息加工者、解释者和综合者,他能使用各种不同的策略来存储和提取信息,能努力使学习环境适应自己的需求和目标,"教会学生学习"成了大家关注的问题。正是在这种理论背景下,兴起了有关学习策略的研究。目前对学习策略的研究,主要包括学习策略的分类、影响策略选择的因素、学习策略和学习结果之间的关系、训练学习者使用学习策略等方面。

关于学习策略的含义,研究者们从不同的角度提出了各自的看法,其中多数观点认为:所谓学习策略,是学习者为了提高学习的效果和效率,帮助控制学习的信息加工系统而有目的、有意识地制定的有关学习过程的方案,它是学习者为了促进信息的获得、存储、提取和运用而进行的操作(张亚玲、郭德俊,2001;龚少英,2003等)。因此简单地说,学习策略就是学习者用来促进学习,使学习更加迅速有效的方法或者行为。学习策略是一种程序性知识,存储在长时记忆中,它包含信息加工的各环节中所使用的方法和技术,如注意、复述、精细加工、组织编码等过程以及对它们的控制过程。

严格来说,每一次学习都有相应的计划,也就是说,每一次学习的策略都是不同的。但是,相对而言,对于同一类型的学习,存在着一些基本相同的计划,这些计划就是常见的一些学习策略。不同学者对学习策略的具体内容有不同的看法,目前比较有代表性的有 Oxford 与 Mckeachie 两种分类系统(见沈德立,2006:pp.182~185)。

根据学习策略所起的作用,Oxford(1990,见江新 2000)将学习策略分为直接策略和间接策略两大类,并以此为基础编制了语言学习策略量表(SILL),该量表经过多次修订,已经成为一个比较流行的测量语言学习策略的标准化量表。直接策略直接参与学习,间接策略通过集中注意、计划、评价、寻找机会、控制焦虑、增加合作和移情等方法为语言学习提供间接的支持。直接策略包括记忆策略、认知策略和补偿策略。记忆策略用来记忆和复习新信息;认知策略用来理解和产生语言;补偿策略可以使学习者在新语言知识有限的情况下能够运用相关知识来理解和产生新语言。间接策略包括元认知策略、情感策略和社交策略。元认知策略用来调节学习活动和认知加工过程;情感策略用来管理、调节情绪;社交策略是与别人合作学习的策略。要获得最佳的学习效果,直接策略和间接策略之间需要互相联系、互相协调和互相支持。

根据学习策略涵盖的成分,Mckeachie 等将学习策略概括为认知策略、元认知策略、资源管理策略。其分类如下图所示(见沈德立,2006:p.185):

```
            ┌ 认知策略 ┬ 复述策略:如重复、抄写
            │         ├ 精细加工策略:如总结、类比
            │         └ 组织策略:如组块、选择要点、列提纲
            │
            │ 元认知策略 ┬ 计划策略:如设置目标、制订计划
学习策略 ┤           ├ 监视策略:如自我测查、集中注意
            │           └ 调节策略:如重新阅读、改变方法
            │
            │ 资源管理策略 ┬ 时间管理:如建立时间表
            │             ├ 学习环境管理:如寻找安静、固定的地方
            │             ├ 努力管理:如调整心境、坚持、自我强化
            └             └ 他人支持:如寻求教师或同伴帮助、获得个别指导
```

学习策略具有下述特点:第一,操作性和监控性的有机统一。操作性和监控性是学习策略结构中最基本的特性,是知识学习最直接的作用方式。因为它既作用于学习活动本身,又作用于学习活动的认知过程。第二,外显性和内隐性的有机统一。在学生实际的学习中,我们可以直接观察到学习者在进行某些外部的学习操作,并对此作出适当的监控,这是它的外显性特点。同时,学习策略对学习的调控和元认知的意识是在头脑中借助内部语言进行的活动,它支配和调节着外部操作,因而它又具有内隐性的特点。第三,学习策略具有变通性。学习策略是在元认知的参与下直接和间接地作用于学习活动中,它不受学习材料和学习情境的制约,可以随时根据学习的变化进

第五章　元认知与非智力因素在语言学习中的作用

行调整以适应不同的学习情境,因而具有可变通的特点(刘儒德,1997;沈德立,2006:pp. 212~216)。

无论是日常生活观察还是调查研究都发现:学习策略与学习成绩之间存在着高度相关,会使用高水平学习策略的学生通常能取得较好的学习成绩,而学习策略的选择和使用也会受到多种因素的影响。研究发现,下述因素对学习策略的选择具有重要的作用:(1)归因。把学习成败归因于努力程度这个可控的内部因素的学习者,其学习策略的水平往往都较高,因为这种归因方式可以提高学习者的自信心和成功期望值,调动自身的能动性和积极性。一般来说,成功归因与学习策略的相关高于失败归因与学习策略的相关,这是因为成功归因有助于提高学习者的自我效能感。(2)自我效能感。自我效能是个体对自己在某一领域内的工作能力的自我信念,较高的自我效能感能保证学习者有信心运用已掌握的各种学习策略,因此它与学习策略之间存在高度的正相关。(3)学习动机。学习动机具有不同的来源与层次,一般来说,成就动机和深层动机(例如,对所学内容有兴趣、以掌握知识为学习目标)与学习策略之间存在着正相关,而表层动机(如为了通过考试)与学习策略之间存在着负相关(刘加霞等,2000;胡桂英、许百花,2002)。

请思考
> 你能结合自己或身边人的学习经验,举例分析上述各学习策略及其在学习中的作用吗?

学习策略是可以训练的,不论是幼儿、小学生还是大学生,在清晰指导的条件下都可以有意识地使用不同的学习策略,而且学习策略的使用有助于学习者学习效果和学习能力的提高。目前关于学习策略的训练也是研究者们关注的一个问题,研究者们把策略培训的任务归纳为7个方面:(1)帮助学习者自我诊断学习中的不足;(2)让学习者了解提高学习效率的不同途径;(3)使学习者掌握多种学习和解决问题的技巧;(4)促使学习者熟练掌握自己常用的学习策略并尝试新的策略;(5)帮助学习者确定完成某项学习任务的最佳途径;(6)指导学习者加强对自己学习行为的监控与评价;(7)指导学习者将成功的学习策略迁移至新的学习环境(见史耀芳,2001;刘儒德,1997等)。

良好的学习策略可以有效地提高学习效果,而学习策略又是可教的,因此教师可以依据相应的理论研究和自身的教学经验,通过讲解、引导的方式将学习策略提供给学生,提高学生的策略意识,帮助他们在学习过程中适时地对自己的学习行为进行监控、评估和调整。在语言学习中,有的策略是通用的,例如自寻回忆线索、关键词法、自我暗示、集中复习与分散复习等记忆策略;有的策略则与学习者特点或特定的学习内容有关。例如,许多非汉字背景的外国学生在初学汉字阶段常常采用的是简单的重复抄写方法,这属于较浅层次的重复策略。由于汉字数量众多、结构复杂,这就导致他们常常将形近字混淆、缺少或增添笔画、汉字记忆混乱、遗忘较快,有的学习者甚至因此而放弃学习汉字。如果能在帮助他们了解汉字构成方式的基础上,引导他们利用汉字中有效的部件信息、声符与义符信息,并适时地对所学汉字进行比较、归纳和总结从而形成一个有序的汉字知识网络,制订合理的汉字学习目标和计划,在不同的学习阶段或遇到障碍时能及时调整学习方法,对于提高其汉字学习效果、尽早地跨越汉字这一障碍将会有很大帮助,这些就属于针对非汉字背景学习者的汉字学习特点所采用的精细加工策略、计划与监控策略、调节策略等更深层次的学习策略。

请思考

1. 如果你有汉语教学经验,能举出以汉语为第二语言的学习者在汉语学习中常用的一些学习策略吗?你发现好的学习者和差的学习者在策略使用上有哪些不同?

2. 结合自己的外语学习或教学经验,你认为外语教师在教学中可以如何引导学习者使用有效的学习策略?

3 学习策略与元认知的关系

元认知对于学习活动的进展起着重要的作用。按照信息加工的学习观,学习是个体有意识地对信息进行加工的复杂过程,它的基本环节包括对输入的信息经感觉记忆进入工作记忆系统,经该系统的组织、调节之后,一部分信息衰减或遗失,而另一部分信息进入长时记忆系统被存储并在日后需要时被提取出来。在这一过程中,学习者在接受和存储信息的同时,也可以利用元认知知识与技能来有意识、有计划地对信息进行加工。元认知知识是存储在长时记忆系统中的对于认知活动的知识,其内容中一个非常重要的部分就是学习策略。

元认知和学习策略之间的关系可以用下面的元认知结构图来表示(刘儒德,1997):

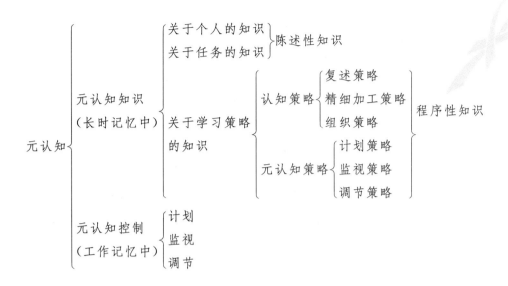

从上面的结构图我们可以看到:如果说学习就是一种认知活动的话,关于学习策略的知识是存储于元认知知识系统中、用于指导和监控学习过程的程序性知识,它与学习者关于个体及学习任务的了解等陈述性知识一起,构成了学习者的长时记忆系统中非常重要的元认知知识,学习者正是根据这些知识来计划、组织和调节学习的认知过程。元认知知识的差异会导致学习者采用不同的学习策略,产生不同的学习效果。

第二节 非智力因素在学习中的作用

非智力因素有广义与狭义之分。广义的非智力因素包括智力以外的心理因素、环境因素、生理因素以及道德品质等;狭义的非智力因素是指那些不直接参与认知过程,但对该过程起制约作用的心理因素,主要包括气质与性格、动机、兴趣、情感等。非智力因素对各个年龄阶段学习者的学业成就都有着非常重要的影响。有研究发现:对于中国大学生来说,随着年级的升高,智力因素对学习成绩进步与否的影响逐渐减弱,而非智力因素的影响则逐渐增强,在一定意义上,非智力因素对大学生的学习进步起着主要的决定作用(吴福元,1987)。

1 气质、人格与性格

气质是指表现在人的心理活动和行为的动力方面的、稳定的个人特点。气质主要决定于个体神经系统的先天特征,它是个人最普遍的特征,影响到个体活动的一切方面。心理学家们将气质分为四种类型,包括多血质、胆汁质、黏液质、抑郁质,它们都有各自典型的心理特征。气质与智力有一定关系,心理学研究表明,大脑皮层机能的强度、灵活度和平衡度是形成智力品质的生物机制,情绪和内外向性气质特征与高级神经活动的强度、灵活度和平衡度相关,因此也必然影响智力品质和智力活动的效率(张履祥,钱含芬,1995)。

人格特性是个体反应环境刺激时的一种内在的倾向。它是由遗传和环境两方面因素形成的,因此不同的文化和语言也会对人格特点的形成产生影响,这从社会心理学领域常用的以词汇入手研究人格维度的方法中也能体现出来。大多数的人格特质名称都会被编码到自然语言中,因此,在某一社会中长期使用的语言应能包含这一文化中描述任何一个人所需要的概念,或者说,自然语言中包含了这一语言使用者的人格维度。美国心理学家 Allport 和 Odbert 从 1925 年版的《韦氏国际词典》中挑出了 17953 个能区分人类行为差异的术语。二十世纪六十年代以来,在一系列运用因素分析对自然语言中人格特质形容词的分析研究中,都得到了五个基本的人格因素(或维度),心理学家将它们分别命名为:(1) 外向因素,典型特征是外向、热情、充满活力;(2) 稳定性因素,其负面特征有神经质、消极、敏感和焦虑等;(3) 友善愉快因素,以愉快、利他、有感染力为典型特征;(4) 责任意志因素,典型特征为公正、克制、拘谨等;(5) 创新开放因素,以率直、富于创造和思路新颖为典型人格特征。研究者们普遍认为,这 5 种人格维度为人们描述个体差异提供了一个较为全面的人格框架,由此形成了人格 5 因素模型(the five factor model,FFM)。在这 5 个维度上得分越高,说明越能适应环境的变化,解决问题时能利用的资源越多,在社会生活中越能得心应手(见王登峰等,1995;姚志强,1999)。

在不同的语言和文化中,用以描述人格和个体差异的词汇及描述方法也存在着差异。针对汉语中的词汇,王登峰等(1995)从《现代汉语词典》中挑选出了用以描述人类行为差异的术语共 6156 个。对它们的分析结果表明,中国人人格词汇的构成与西方语言有很多共同之处,但也存在着差异。例如中国大学生在描述他人时较多地是"评价"而非"描述",这可能反映了中国人的人际知觉中注重评价,而非客观反映的特点。在描述人格特点的术语中,个人指向的术语所占数量最多,这反映了中国人对个人自我特点的较大关注。

第五章 元认知与非智力因素在语言学习中的作用

性格是由人对现实的态度及其行为方式所表现出来的个性心理特征。它是一个人的心理面貌本质属性的独特结合,由各种各样的心理特征构成,也是人与人相互区别的主要方面。性格是非智力因素结构中的核心成分,它决定着个体活动的方向和性质。具有某种性格特征的人,往往以其独特的处事态度和行为方式进行活动。性格具有较大的稳定性和可塑性,它是在遗传的基础上,由环境和教育因素共同决定的,而个人内在的心理素质反过来也制约着环境和教育因素的影响作用。

从不同的角度可以对性格进行不同的分类。根据社会方向性和性格的意志特征,苏联心理学家把学生的性格分成四种类型:(1)目的方向明确和意志坚强类型;(2)目的方向明确,但在坚定性、自制力方面有某些缺陷的类型;(3)缺乏目的的明确性,但意志坚强的类型;(4)缺乏目的方向性和意志薄弱型。根据人们在知觉事物时的方式和场的理论,美国心理学家威特金(H. A. Witkin)将学习者分为场独立型与场依存型,这是一个较多地依赖于遗传因素和生理基础的性格维度。不同性格的学生对教师的教学方式有不同的偏好。场独立型的学生易于给结构松散的材料提供严密的结构,因而他们比较容易适应结构不太严密的教学方法。相反,场依存型的学生喜欢结构严密的教学方式,更需要教师明确的指导和讲授;场依存型的学习者比场独立者更需要明确的反馈;在积极强化(如表扬)的条件下,两种类型的学习者没有明显差别,但是在消极强化(如批评)的条件下,场依存型学生的学习效率会明显降低(沈德立,2006:pp.250~251;皮连生,2006:pp.60~65)。

性格是在环境和教育因素的影响下形成和发展的,具有相对的稳定性,但已形成的性格特征也可以反作用于环境和教育,决定学习活动的方式和进程,从而对学习活动的效果产生巨大的影响。性格特征可以较好地预测一个人的学业成就,对中小学优生与差生的调查发现:好胜性因素(恃强性、敢为性、独立性)和沉稳性因素(稳定性、兴奋性、有恒性)是影响中小学生学业成就的两种主要性格变量。在好胜性因素上,优生显得有较强的学习动机,好胜自信,积极主动,有较强的竞争意识与自主自强精神;差生则甘于默默无闻,缺乏自信,学习消极被动。在沉稳性因素上,优生显得沉着稳定,处事严肃认真,有毅力,踏实细心;差生则显得情绪波动,粗心,缺乏责任心(李洪玉、何一粟1999,见沈德立2006:pp.283~285)。学生的性格特征与学习效果之间是互相影响的。良好的性格特征有助于学业成功,而学习的成功又会增强学习者的信心,促进开朗、乐观、积极进取等性格特征的发展。

在第二语言习得研究中,外向性是较多被关注的性格特征之一。Dawaele(1999,2002)的研究发现:外向性是影响口语表达能力的重要因素之一,口语任务越复杂,外向性和语言表现之间的相关就越高。他们认为:性格外向的人,对刺激不敏感,不会轻易感到焦虑,抗击刺激和压力的能力也比较强。性格内向的人则对刺激比较敏感,当外界压力增大时,他们会感到难以应付。从信息加工的角度讲,性格外向的人善于以平行方式自动化地处理信息,而性格内向的人则运用序列加工方式控制性地加工信息,后者所需要的加工资源也较多。在复杂的第二语言的口语表达任务中,性格内向的人因所需加工资源超过工作记忆的负荷,因而导致话语较短,停顿较多,流利性降低。

在对外汉语教学中,教师要面对来自不同文化背景和性格特征的学习者。这些性格特征对他们的学习方式、教学要求、教学评价、学习效果等诸多方面都会产生影响。从总体趋势来说,在课堂环境中,欧美学生大多比较外向活跃,喜欢主动回答问题,倾向于独立自主思维;而亚洲学生则相对比较沉默内向,在课堂活动中大多比较被动,比较配合教师的要求与指令。前者可归类于独立型学习,而后者更倾向于顺从型学习。根据奥苏伯尔(Ausubel,1969)的研究结果,互相关心、互相帮助和互相支持的人际关系环境最有利于顺从型学生的学习;独立型的学生则较适合在有一定的组织结构和明确规定但又不受别人影响的学习环境中取得好的学习效果(见沈德立,2006:pp.252~253)。因此,在教学中,教师需要认真分析学习者的不同需求以及导致这些差异的深层原因,找到各群体间的共性和不同学习者的个性特征,通过加强教学和课堂管理的针对性来营造有利于教学和学习的课堂氛围,提高教学效果。

请思考

1. 你能举例说明学习者的性格特征和外语学习之间的关系吗?

2. 如果你有教授外国学生学习汉语的经验,你发现不同文化背景的学习者在汉语学习和语言交际中表现出哪些不同的性格特征?

2 情绪与情感

情绪和情感是人对客观事物的态度体验及相应的行为反应。它包括刺激情境及个体的解释、主观体验、表情、神经过程及生理唤醒等内容。需要是情绪和情感产生的基础,符合人的需要的客观事物就会引起肯定的情绪,例如渴望学习的人得到一本好书时会感到满意;而不符合需要或妨碍需要满足的客观事物就会引起否定的情绪,例如在成绩不理想时产生的沮丧、苦恼情绪。

人类的基本情绪及其表现是生来就有的,但个人丰富的情绪和情感体验、各种复杂的情绪表现以及对别人情绪的辨别,主要不是先天遗传的,而是后天学习和形成的。同记忆系统中的其他成分一样,情绪也有其网络结构。Bower 于上世纪八十年代初期提出的关于情绪和记忆的联想网络模型(associative network model of memory and emotion,见郑希付 2003)认为:情绪或记忆是这个网络上的节点,其他部分的变化会引起这些节点的变化。造成这些变化的可以是任何刺激,如听觉的或视觉的、语言的或非语言的等等。对情绪节点的刺激,可以引发扩散性的兴奋,这种兴奋可以降低与此有关的节点的感觉阈限。例如在情绪词的识别中,表达积极情绪的词语的识别阈限会低于表达消极情绪的词语。

郑希付(2003)以图片为材料对情绪模式的启动效应研究中,首先给不同组的大学生被试分别施加愉快、悲伤和恐惧的情绪刺激,给控制组施加中性刺激,然后检测其情绪变化情况。研究结果发现:两种情绪之间是相互抑制的,当一种积极的情绪模式被启动后,其相应的消极情绪模式的强度就会降低,或者说对应的消极情绪模式就受到抑制。同样,消极的情绪模式被启动后,其相应的积极情绪模式的强度就降低,对应的积极情绪模式受到抑制。两种情绪随时间变化的趋势也不相同。随着时间的推移,消极情绪模式的启动强度锐减,在短时间内(3 分钟)快速恢复正常,因此,消极情绪的启动效应是暂时的。但是,积极或愉快情绪启动后,随着时间的推移,在短时间内(5 分钟),其情绪强度有增长的趋势。这种趋势可能是由于人的心理促进作用造成的。

请思考

根据情绪活动的上述模式,你认为在课堂教学与管理中应如何激发和控制学生的情绪状态从而营造最有利于教学的环境?

情绪情感是激励人的活动、提高人的活动效率的动力因素之一。适度的情绪兴奋性可使身心处于最佳的活动状态,适当的紧张和焦虑也能促使人积极地思考和成功地解决问题,进而推动个体有效地完成学习和工作任务。但是,情绪和情感也会产生干扰作用。当人的行为受到阻碍而产生消极情绪时,这种情绪会干扰有序的动机性行为,妨碍活动的进程,降低活动的效率。一般来说,当一种新观念或一种新情况出现时,人们往往不能以有效的方式作出适当的反应,因而就会出现某种情绪的困扰。如果这种情绪困扰长期不能解除,个体就不能适应正常的学习、生活和工作,这不仅影响到活动效率,而且有损于身心健康。因此,情绪的调节作用是非常重要的。

情绪情感不仅影响人们的认知状态,而且还具有过滤功能,影响人们对信息获得的选择。在一般情况下,人们倾向于接受与自身态度一致的信息,而拒绝不一致的信息。美国的琼斯(E. E. Jones)进行的研究中,将美国南部的一批大学生分成两组,第一组学生的态度是反对白人与黑人分校,第二组学生的态度是赞成。实验中让学生分别阅读11篇反对黑人与白人分校的文章,然后进行回忆。结果发现:第一组学生的成绩优于第二组,这是因为第一组学生的态度与文章内容一致,因此比较容易吸收、同化并记忆文章的信息(见皮连生,2006:pp.152~153)。

在学习过程中,使学生处于积极的情绪状态是提高其学习效率的关键。心理学家罗扎诺夫(G. Lozanov)认为:情绪的作用是提供一种色彩,它影响个体的行为选择,诱发个体行动中大脑内在的生化物质准备(见沈德立,2006:p.31),因此对学习有着重要的作用。一般来说,愉悦的情感会推动学生积极自觉地去完成一项学习任务,对学习起促进作用;而痛苦的、负面的情感则会抑制学习热情,对学习起阻碍作用。多项心理学研究结果都表明(李月婷等,2010等):在词汇识别和记忆测验中,表积极、愉快情绪的词语识别时间短于表消极情绪的词语;在愉快状态下进行的词语记忆不但内容更多,而且也更详细。

美国心理学家科尔伯格(Kohlberg,1987)和苏联心理学家维果斯基(Vygotsky,1962)都曾指出:没有某种情绪因素就不可能有学习(见沈德立,2006:p.248)。因此在教学中,教师的工作内容也应该包括引导学生形成积极的、有利于学习的情绪。尤其是在学习出现障碍或学习进入新阶段、新环境时,应当采取有效的方式,引导学生对情绪进行自我控制、适应、调节,以便更好更快地适应新的环境。在教学过程中,教师不仅要尽量避免容易使学生产生消极情感的问题,而且要激发学生进入一种最佳的心理状态,从而提高学习效率。

目前多数成人的第二语言学习都是通过正规的课堂教学来进行的,因此课堂气氛往往会影响学生的情绪情感及其学习效果。由于教师在课堂教学中的主导作用,教师的课堂管理方式、移情、对学生的期望以及教师的焦虑感等就会在很大程度上影响课堂气氛。Lewin(1939,见皮连生2006:pp.324~326)认为教师的领导方式基本可以分成三种:集权型、民主型、放任型,民主的教师会使学生学习的质和量都很高,而过分强硬集权和过分宽松的教师都不利于帮助学生形成良好的学习态度。移情是指教师将自己的情绪和情感投射到学生身上,感受学生的情感体验,并引起与学生相似的情绪反应。这种移情会有利于师生更好地交流,使学生更多地参与课堂活动。教师的期望和焦虑也会影响课堂气氛的形成。期望和焦虑值过低,会缺乏激励的力量,对教学和学生无所谓,容易形成消极的课堂气氛。但如果期望和焦虑值过高,也会对学生产生不适当的要求,或者因害怕教学失误而处处小心谨慎,造成紧张的课堂气氛。良好的课堂气氛是保证教学顺利进行、提高教学效果的重要保证,因此教师在关注教学方法的同时,也要深入全面地了解学生的性格倾向、学习风格,根据学生的情况和学习的进展确定和调整自己的教学,形成积极、宽松、活跃的课堂气氛。

以上我们介绍了个体的情绪状态对认知活动、工作、学习的影响以及教师在课堂管理中的重要作用,根据上述观点与研究成果,我们认为,汉语教师应具备以下意识与能力:(1)关注学生的情绪状态与变化,调动学生积极的学习动机与情绪,营造活跃的、鼓励互动的课堂气氛。前面我们讲过,引起情绪变化的来源是多方面的,言语的与非言语的、听觉的与视觉的等等,这种来源的多样性既可以被教师加以利用,形成积极的课堂气氛和学生的情绪状态,也是在教学中应当加以注意、避免产生负面情绪的因素。另一方面,教师在教学中应针对不同文化背景、不同性格特征、不同学习能力的学习者采用不同的教学策略。例如,对于性格活跃的学生,可以较多采用全班提问和回答的方式,对于内向的学生则应当注意适当的个别提问;对于学习能力强的学生可以在语言的正确性上有较高的要求,对于学习能力较弱的学生则应当及时鼓励,注重学习信心和兴趣的培养。在教学方法上,以互动、交际为主的教学比教师讲授的方法能更好地调动学生的学习兴趣,因此教师应当具备相应的教学技能和教学反思能力,根据教学效果和学生反馈,制定、调整教学方法,形成鼓励互动的课堂氛围。(2)调节和控制学生的情绪状态,形成利于学习和交际的课堂环境。课堂表现和课堂气氛并非越活跃越好,其程度应当以是否利于教学和学习为衡量标准。不同的国家有不同的课堂文化,有些性格特征或文化背景的学生在课堂上可能会无意识地过于自由、活跃,这种状态不仅可能干扰他人的学习,而且对于这些学生自身有效地理解和掌握教学内容也是不利的,因此教师在教学中应当根据教学目标合理地控制课堂气氛。尤其是目前在海外的汉语教学中,中小学生甚至幼儿园的学生数量迅速增加,针对这一群体的教学,教师的课堂组织与管理能力显得尤为重要。

3 动机

3.1 动机的构成及其与学习的关系

动机是指引起和维持个人的活动,并使活动朝向某一目标的内部心理过程或内部动力。从不同的角度,可以将动机分成生理性动机和社会性动机、原始的动机与习得的动机、有意识的动机与无意识的动机、内在动机与外在动机等。关于学习动机的构成,许多心理学家将它归纳为三种心理成分:期待因素、价值因素、情感因素。期待因素是学生基于过去经验和当前刺激而对未来学习事件的预期,它回答诸如"我是否能完成这个学习任务?"一类的问题。价值因素是指学生对要达到的学习目标和要完成的学习任务的重要性的判断,它回答如"我为什么要完成这个学习任务?"一类的问题。情感因素是指学生对学习过程及其结果的情绪情感反应,它回答"我对这项学习任务的体验如何?"这样的问题,伴随着学习过程,学生会产生愉快、焦虑等各种情绪体验,它们对学习起促进或干扰作用(皮连生,2006:pp.290~292)。

  人的活动是受动机调节和支配的,动机与活动的关系十分复杂。一般来说,良好的动机会产生良好的活动效果,这是动机与效果的统一,但有时也会出现二者相偏离的情况,好的动机产生了预期之外的效果。在学习活动中,激发学习动机是非常重要的,但并不是说动机越高越好。各种活动都存在动机的最佳水平,动机不足或动机过分强烈都会使活动的效率下降。根据1908年的叶克斯-多德森(R. M. Yerkes & J. D. Dodson)定律:在一般情况下,当学习难度中等时,学习动机与学习效果之间呈倒U型关系,即学习动机过于强烈或过于微弱都不利于学习,只有当学习动机强度适中时,才会得到最理想的学习效果。但是当学习难度变化时,二者的关系也随之改变。学习难度很小时,需要很强的学习动机才能取得好的学习结果;而学习难度很大时,需要适当降低学习动机的强度才能促进学习(见皮连生,2006:p.294)。例如,注意力的集中程度与动机的强度有关,动机越强,注意力越集中。但对某一内容的高度注意是以对其他内容的不注意或注意较弱为代价的,这种过强的动机在完成某些较复杂的、需要较宽注意广度的学习任务时可能就会产生负作用。在汉语教学中,学习动机弱的学生需要教师特别的关注,不过,教师们时常也会遇到学习动机非常强的学生。这些学生大多学习勤奋刻苦,上课听讲和作业完成情况非常好,因此学习成绩一般不错,但其中的许多并不是班里学习最优秀、水平提高最快的学生,其中的部分原因就来自因过强的学习动机导致的焦虑感增加、注意广度降低等原因。而一旦学习效果达不到预期目标时,他们的情绪又会受到很大影响。因此这部分学生也是教师在教学管理中需要特别注意的一个群体,应采用恰当的方式引导他们克服紧张与焦虑,使用正确的学习策略,监控并调整学习过程,提高学习效率。

  归因方式也是影响学习者动机的一个重要因素。学习的成功或者失败可以来自于学习者的内部因素,如能力或努力程度;可来自于暂时的、外部的因素,如运气、任务难度、环境等。而不同的学习者也会从不同角度进行归因。Graham(2004)通过对英国中学生法语学习动机的归因问题调查认为,成绩好的学生或希望继续学习法语的学生,更多地把成功和努力、能力以及策略运用相联系,而成绩不好的学生则把失败原因主要归结为缺乏能力和任务的难度,较少的人认为是自身努力不够或策略运用不当。总体来说,在各种归因中,学习者最为忽略的是学习策略因素,他们较少意识到学习策略对于学习效果的意义(Dörnyei & Ushioda,2001:pp.66~67)。因此教师要引导学生正确面对成功与失败,在归因上采取更加客观积极的态度,从而有效地激发学习动机,调整学习策略。

  学习动机对学习的影响作用和动机类型有关。Dweck(1985,见沈德立 2006:

pp. 294～295)根据学习者的目标定向,将学习动机划分为掌握目标定向(master goal orientation)和成绩目标定向(performance goal orientation),二者会导致学习者在学习活动中的表现和所采用的学习策略不同。具备掌握目标定向的学习者会以积极的态度对待学习任务,有意识地监控自我对学习策略的理解和掌握程度,倾向于采取精加工的方法将所学内容联系起来;而具有成绩目标定向的学生则倾向于采用机械复述的策略,他们更关注的是最终的成绩,对学习过程则缺乏兴趣。

请思考

结合自己或身边人的学习经验,请分析和总结成功的学习者与普通学习者之间在学习动机方面有哪些不同?

3.2 社会性动机在学习中的作用

以个体的社会性需要为基础的动机称为社会性动机,它与人的工作和学习有着密切关系。兴趣是重要的社会性动机之一。兴趣是人们探究某种事物或从事某种活动的心理倾向,它以认识或探索外物的需要为基础,是推动人们认识事物、探求真理的重要动机。人们对有兴趣的事物会表现出更大的积极性,并且产生某种肯定的情绪体验。国内外的许多研究都表明:从某种程度上说,兴趣比智能更能促进学生的学习,提高其学习成绩。这种促进作用尤其表现在难度较大的学习任务中。

兴趣对学习的促进作用不仅表现在激发其学习积极性,而且也表现在具体的学习活动过程中。研究(章凯、张必隐,2000)发现:读者在阅读活动中所表现出来的兴趣对阅读理解水平有很大影响,尤其是要求对文本进行深度理解时,兴趣的作用会更加显著;而且高兴趣被试在阅读中所获得的知识会具有更强的迁移能力。导致这一现象的原因在于:在阅读中要求理解的层次越深,就越需要读者更好地把握文章的主题及其深层含义。在这一过程中,要求读者能够对所读句子和段落的意义进行较好的整合与推理,从中提取完整的语义和语用信息,这一信息加工过程的顺利进行在很大程度上依赖于一定的心理目标的动力与组织作用,因此兴趣的作用非常明显。另一方面,在阅读中语义整合与推理水平的提高必然有利于更好地建构文本的心理表征,更完整地把握阅读内容的整体意义。由于获取知识时的整合与概括水平对所获知识的深度及其迁移水平有着显著影响,因此高兴趣被试在阅读中所获得的知识必然会表现出更强的迁移能力。

成就动机(achievement motive)也是重要的社会性动机之一,它是指在完成任务时力图取得成功的想法,在教育心理学中是指一个人在学习、工作、科研等活动中力求成功的内部动因。教育心理学家奥苏伯尔认为：几乎所有的学习动机都是和学习者的学业成就相关联的，因此成就动机是学习动机的核心（皮连生，2006：p.292）。不同的成就动机会使个体形成不同的定向，而不同的目标定向也反映着不同的能力观。具有掌握目标定向的个体，认为能力是可以增长的，而增长的途径就是进行各种学习活动，因此他们将学习当作提高能力的机会，在学习时更关注学习活动本身，更投入，更专注，这为元认知活动的进行创造了很好的条件。相反，具有成绩目标定向的个体则认为能力是固定的、不可改变的，学习活动不是改进能力的重要机会，而是暴露自己能力缺陷的可怕挑战，所以他们从事学习活动的目的在于避免获得低成绩，避免暴露自己的缺陷，因而在认知活动中表现得比较被动、不专心，而这些都妨碍着元认知活动的进行。

3.3 群体动力

个体以旁观者的身份观察他人的行为表现，以形成自身的态度和行为方式，这就是群体动力。关于群体动力的作用，美国社会心理学家 K. Lewin 曾进行过一个实验。在二战期间，由于食品短缺，美国政府希望能够说服家庭主妇们购买一些不受欢迎的动物内脏做菜。在 Lewin 的研究中，将家庭主妇们随机分成六个小组，其中的三组听取健谈的人从食品的营养和对国家贡献的角度作半个小时的劝说，另外三个小组的主妇们共同讨论动物内脏的营养和烹调方法，然后决定大家都要去购买。分析结果发现：在前三组中只有3％的主妇食用动物内脏，而后三组中却有32％的主妇食用。这说明，经集体成员共同讨论决定的规则会有助于成员态度的改变，因为经成员共同讨论而形成的规定，使成员承担了执行的责任，具有更强的约束力（皮连生，2006：p.167）。

群体动力理论在第二语言学习中的作用日趋受到重视，尤其是对于课堂活动组织和课堂管理具有重要的指导作用。因为群体是第二语言学习动机的一个重要来源，第二语言学习者在课堂上的感受会极大地影响他们的努力程度。在课堂学习中，群体为个体获取和交流信息提供了重要的环境，人们在评价个体时依据的标准和原则一般也来自群体，群体能够调整甚至改变个体的态度、观念和行为。因此在教学中努力创造一个积极向上、支持交流与互动、有激励作用的课堂环境对取得好的教学效果会有很大的促进作用。

请思考
1. 你能举例说明群体动力理论在汉语课堂教学中的应用吗？
2. 你认为在第二语言教学的课堂组织与管理中应用群体动力理论时应注意哪些问题？

3.4 动机的可变性与动机的激发

学习动机是不断变化的,导致其变化的因素可以来自学习时间、学习水平、任务难度、学习环境等多个方面。动机削弱是一种常见的动机变化现象。Gardner(2004)、Williams & Burden(2002)的研究都发现与特定环境有关系的动机下降最为明显(刘颂浩,2007:p.193;Dörnyei & Ushioda,2001:pp.77~78)。Williams & Burden(2002)通过对七到九年级英国中学生法语和德语学习动机的调查研究发现:学生的学习动机随着年级的增高而降低。从秋季到春季,学习者的学习动机呈下降趋势;而期末考试成绩较好的学生往往是那些能够保持较强动机的学习者。动机的削弱并不意味着动机完全消失,而是学习受到了消极力量的严重影响。许多研究都发现:动机削弱的原因都与课堂教学的某些方面有关,而这些方面一般都是老师能控制的。学习动机与学习态度和知识一样,在一定的条件下都会发生迁移。如果教师因势利导地将学生原有的其他动机迁移到学习动机上来,就有可能变成对学习起促进作用的求知动机。

对学习者来说,动机是可以激发的,动机的激发条件可以来自内部和外部两个方面。内部条件主要是学习需要、焦虑水平、学习期待和归因,外部条件主要是学习任务的性质、学习结果的反馈、学习的奖惩及课堂活动的结构等。以学习需要为例,新的需要可以激发学习者的好奇心、求知欲和学习兴趣。对语言学习者来说,课堂教学是输入的重要途径之一,教师可以在这一环境中通过多种方式来促进学习者的学习需要,激发其学习兴趣。例如在探究式或发现式学习中的引导、富有启发性的课堂提问、设置新颖而有趣的问题情境、利用多样的教学方法等等。关于激发动机的外部条件,中等难度的任务最有助于激发学生的学习动机,过难或过易则会损害学习动机。对学习结果的反馈也是一个重要的影响因素。在罗斯(D. Ross)的一个实验中,将一个班的学生随机分成三组,第一组每天告知学习结果;第二组每周告知学习结果;第三组不告诉结果。学习8周后,第一组与第三组的条件互换,第二组不变。分析结果发现:第一组在前8周成绩最好,而后8周成绩直线下降;第三组情况刚好相反;第二组学习成绩始终处于中等水平(见皮连生,2006:pp.305~306)。这一结果不但说明反馈学习结果的重要性,而且说明反馈要及时。及时的反馈能帮助学生尽早发现和纠正错误,激发他们更大的热情去调整学习进度,使用恰当的方法和策略来完成学习任务。学习结果的评价方式也可以成为激发学习动机的因素之一。对学习结果,教师可以采用等级评价与评语评价。美国心理学家佩奇(E. B. Page)曾研究74个班2000名学生的作文评价,每个班的学生分成三个组,第一组只给ABCD的等级评价;第二组给等级与评语,但同一等级作文的评语是一样的;第三组除等级评价外,还给予顺应性评语,即根据学生在作文中出现的问题给以矫正的评语。比较结果发现:顺应性评语针对学生的个体差异,效果最好;第二组的评语有激励作用,但同一等级的评语相同,作用不如顺应性评语;无评语的等级评价效果最差(见皮连生,2006:pp.307~308)。因此在教学中,教师如果能结合学生的个体差异,依据公正、客观、中肯的原则,结合使用等级评价和有针对性的评语评价,对促进学习者的学习动机会产生最大的激励作用。

高学习动机并不直接导致好的学习效果,激发学习动机、改善学生的动机状况并不仅仅意味着提高动机水平,而且要改善整个动机系统,比如目标定向、归因方式等。片面要求高的动机水平是不够的,因为动机水平本身并不直接影响元认知。要达到对元认知的激活作用,还需要动机系统中其他变量的合适"配置",比如良好的学业自我概念、较低的学习或考试焦虑、目标掌握定向、内部归因等,这些因素的综合作用才能为动机对元认知良好的促进作用铺平道路、疏通环节。同时,动机虽然与学习效果密切相关,但动机对学习只是起到间接的增强与促进的效果,它并不直接影响认知结构中有关知识的可利用性、稳定性和清晰性。与学习效果关系更为密切的还是教师的教学方式与学生的学习策略。

请思考

根据自身学习,尤其是外语学习的经历,你认为外语教师应当如何激发和引导学生的学习动机?

4 自我调控学习与自我效能

近年来自我调控学习成为教育心理学家研究的热点,其基本理念为学生(1)能够通过选择利用元认知和动机的策略来提高他们的学习能力;(2)能够主动选择、建构甚至创造有利的学习环境;(3)能够在选择自己所需要的教学形式和数量方面扮演重要角色。

在课堂中,善于自我调控的学习者所具有的一个具体特征就是能够将他人作为帮助自己克服学习困难的资源加以利用(李晓东、张炳松,1999)。几乎所有学生,无论能力高低、成绩优劣,在学习过程中都会遇到自己无法克服的困难。在这种情况下,如果要使学习继续进行,就要设法得到他人的帮助和指导,有效地进行学业求助。学业求助是一种有目的的行为,具有缩小所理解或表现的当前水平与期望水平之间距离的调控功能。

与其他自我调控学习策略不同,学业求助是求助者与帮助者之间的互动,是一种社会性策略,因此会受到环境因素的影响。如教师是否给学生提问的机会,是否指导学生

第五章 元认知与非智力因素在语言学习中的作用

如何就学习问题提问,教师及其他同学对求助学生的情绪反应和评价等等,都会对学生的求助态度产生一定影响。课堂环境与学生的求助态度、求助行为也有显著关系。在一个支持求助的课堂环境中,学生较少感受到求助的威胁;而在一个抑制求助的课堂环境中,学生因较多地感受到求助的威胁而可能回避求助。这与许多研究所发现的教师支持对学生的自尊心有正面影响的结论是一致的(张萌、张积家,2000;李晓东、张炳松 1999)。自我调控与学业求助对于第二语言教学和学习来说尤为重要。在汉语教学中,我们所面对大多是成年人,这些学习者具有成熟的认知与思维能力、丰富的社会交往经验与社会情感因素、强烈的语言学习与交际需求,如果教师能够有效引导,形成一个支持求助、鼓励互动的语言学习和交际环境,对于激发这些学习者的学习动机、通过自我调控来改善学习效果是非常有益的。

学生的自我效能和价值信念也与自我调控学习有密切关系。自我效能感(self-efficacy)指个体对自己能否胜任某项任务的自信程度。认为学习是重要的、有意义的学生及自我效能高的学生在学习中会更多地使用自我调控学习策略。学生的自我效能感是建立在过去的学习经验基础上的,以往的成功经验会增强学生对未来取得成功的信心;过去失败的经历则会让学生对自己的能力产生怀疑。自我效能高的学生在有需要时能及时求助,其结果是克服困难,提高了成绩,形成良性循环;而自我效能低的学生虽然十分需要别人的帮助,却不主动求助或只问答案不问过程,希望别人代替自己解决问题,其结果是学习成绩越来越差,造成恶性循环。

自我效能感不仅影响学习者的学习方式,还会影响到活动中的努力程度以及个体在面临困难、挫折、失败时对完成任务的持久力和耐力,而这些持久力和耐力是保证学习成功的重要条件。较高的自我效能感可以促进学习者在学习中做出更多的努力并持之以恒,最终达到目标;而自我效能感较低的学习者在遇到失败和困难时,就会怀疑自己能否成功,甚至半途而废,放弃努力。自我效能感也是可以激发的,例如 Schunk(1991,见皮连生 2006:p.301)认为让学生观察同伴成功的作业过程在一定程度上能够促进观察者的自我效能感,看到同伴成功地解决了某个数学难题,会增强学习者解决难题的信心。在汉语教学的课堂中,很多学习者也都会面临困难甚至暂时的失败,而由不同性格、不同文化背景、不同学习方式的学习者构成的班级为教师提供了一个可利用的丰富资源,努力营造一个学习者之间互相鼓励、互相交流的班级环境,不仅有助于使学生保持愉悦、积极的情绪,而且也可以使他们通过与同学的交流来激发自我效能感,适时调整自己的学习策略。

从上面的分析我们可以看到,非智力因素对学习过程和学习结果起着重要的影响,而学生的智力与非智力因素存在着很大的个体差异,这些差异是教师在教学中不可忽视的。例如性格外向者对学习新的、难度较大的内容会比较感兴趣,喜欢积极回答问题,但课后不喜欢认真细心地学习,作业马虎;性格内向者在课堂上反应缓慢,但课后会花时间复习,作业认真,纪律性较好。不同文化背景的学生常常有一些各自的性格特征与学习习惯,在一个由不同文化背景的学生构成的班级中,教师应注意到学生的个体差异,努力创造条件,既要使每个学生都有发展的机会,又要使他们形成一个和谐、合作的集体。

许多非智力因素都是可以引导和改变的。同知识的教学一样,非智力因素的引导也应该找到与学习者原有的心理结构相适应的接口。例如关于态度的改变,有人曾做过一个关于学生对睡眠时间态度的实验。实验者首先根据对被试的调查,将 7.89 个小时作为被试对睡眠时间的初始态度。然后根据被试的回答将他们分为 7 组,每组被试阅读一篇文章,各组的文章中以很有说服力的证据论证每天最恰当的睡眠时间为 0 至 8 小时,阅读后再次询问被试对睡眠时间的态度。分析结果发现:文章建议的睡眠时间与被试原有的态度接近时,其态度会发生改变。若二者的差异超过了一定的限度,被试就会坚持原来的态度(见皮连生,2006:166~167)。因此在教学中,为了有效地改变学生消极的态度、动机,教师需要首先认真了解其原有的态度、动机、兴趣等因素,制定合理、有效、利于学生接受的方案来引导学生非智力因素的改变,促进学习效果的提高。

5 非智力因素与元认知的关系

作为调节认知活动的重要因素,元认知与各种非智力因素之间存在着密切的关系。研究表明:对学生来说,元认知的各个维度与非智力因素之间均存在着高度正相关(胡志海,梁宁建,2002)。这说明人的认知活动受到多种心理因素的影响,良好的非智力因素对个体元认知能力的发挥有重要作用。

在各种非智力因素中,每种因素对学习所起的作用是不一样的。在总体水平上,坚持性、学习动机这两个因素的作用最为明显。元认知与动机之间的关系主要表现为元认知受动机变量的调节和制约。动机变量对元认知活动具有"供能"的作用,它们能够激活元认知的自我调节技能和执行技能。动机变量对元认知的影响有的是直接发生的,如考试焦虑、目标定向;有的则是以其他变量为中介而间接发生的,如动机强度、学业自我概念等(汪玲、郭德俊,2003)。例如,学业自我概念在影响元认知的各动机变量中发挥着相当关键、核心的作用,一方面,良好的自我概念可以抑制焦虑,从而直接为元认知活动的进行排除障碍;另一方面,良好的学业自我概念也可以促使个体在认知活动中掌握定向,而掌握定向又会促进元认知活动的进行。

性格和人格因素与元认知之间也存在着密切关系。认真负责、自律有恒的性格特征

第五章　元认知与非智力因素在语言学习中的作用

是元认知发展的心理推动力。元认知是个体对认知活动进行积极主动的自我监控的过程,只有对自己所从事的活动有高度的责任心、认真勤奋的人,才能在认知活动中坚持积极主动的自我反省、自我监控和自我评价,并抑制环境中与当前活动无关因素的影响,从而高效快速地达到认知目标。就元认知发展的外部环境来说,独立进取、活跃果断的外向特征可以为元认知发展创造良好的外部人际环境,提供更多的模仿学习机会。元认知能力是在人际交往中发生发展起来的,外向性人格特征使个体更易于建立起一种积极有效的人际互动关系,从而为元认知能力的提高创造有利的社会情境和发展机会;而约束被动、呆板犹豫等内向性人格特征不利于积极的社会互动关系的建立和发展,从而可能影响个体对认知活动进行反思和监控的自觉性以及模仿学习的机会,妨碍元认知能力的发展和提高。

元认知的发展也受个体情绪状态的影响。研究(姚志强,1999)表明:成熟稳定的情绪能够为元认知发展提供更加适宜的内部激活状态。元认知是个体对其认知活动的自觉反省和高层次的调控过程,要求个体处于适度的心理生理激活水平,情绪波动、内心烦扰不安、紧张焦虑等情绪状态必然抑制个体对自己认知活动进行反省和调节的自觉性和积极性,同时使个体容易受外界各种因素的干扰和影响,难以在认知活动中坚持有效的自我监察、调控和评价。

从上面各种因素的关系我们可以看到:在个体参加各项活动、完成各种任务的过程中,优秀的人格特征和良好的情绪状态为其元认知的发展提供了内在动力和更多的发挥认知潜能的机会,也为元认知的发展创造了良好的社会和心理环境。反过来,高水平的元认知可以使人的社会化活动更为顺利和深入,使个体更易于培养和内化优秀的人格品质,更易于形成良好的行为习惯。第二语言学习是学习者在与教师、其他学习者、语言和社会环境的密切接触中进行的,因此各种非智力因素和元认知能力也必然会对学习过程与效果产生重要的影响。作为教学主导的教师,除了具备相应的语言知识、教学技能外,良好的课堂组织和班级管理能力也是保证教学顺利有效进行、学生学习潜能不断激发的不可缺少的素质。

第三节　非智力因素在第二语言学习中的作用

随着相关研究的不断深入,以及社会文化理论(SCT,socialcultural theoray)、动态系统理论(DST,dynamic system theory)、浮现理论(emergentism)等第二语言习得与教学理论的提出与发展,研究者们更加关注学习者特征及其在语言习得中的作用,从认知因素、情感因素和语言学习策略等方面探讨学习者的共同规律与个体差异。加拿大心理学家加德纳(R. C. Gardner)提出的社会教育模型(social-educational model,1985,见江新 2007:pp.213~216)认为:第二语言习得也是一个社会现象,其中有四个重要的部分影响其习得结果,包括社会文化环境、个体差异、语言习得情境、语言学习结果。而个体差异部分又分为三类因素:第一类为认知变量,如智力、语言能力、语言学习策略、认知方式等;第二类为情感变量,例如态度、动机、焦虑感、性格等;第三类主要包括性别、年龄、社会文化经历等因素。下面我们根据已有的研究成果,分别对第二语言学习中的学习策略与交际策略、认知风格、情绪情感因素等进行讨论。

1 学习策略

关于外国学习者的汉语学习策略目前已取得了相当丰富的研究成果,这些研究有的针对某种语言要素或技能的学习,如听力理解策略(杨雪梅,2003;范祖奎,2008)、汉字学习策略(柳燕梅、江新,2003;马明艳,2007)、词汇学习策略(鄢胜寒,2007);有的就某一阶段汉语水平学习者的学习策略进行研究,如初级汉语水平学习者(江新、赵果,2001)、中级水平学习者(徐新颜,2007)、高级水平学习者(杨翼,1998);有的是关于某一种母语背景学习者的汉语学习策略,如越南学生的学习策略(林可、吕峡,2005)、韩国学生的学习策略与交际策略(钱玉莲,2010;赵维东,2007);有的是针对某一种策略进行研究,如回避策略(罗青松,1999)、监控策略(吴门吉,2004);有的则是对学习者汉语学习策略的综合研究,如江新(2000)、吴勇毅(2007)等。

总体来说,在中国学习汉语的留学生在学习汉语的过程中,最常使用的是社交策略、元认知策略、补偿策略,其次是认知策略,而记忆策略和情感策略最不常使用(江新,2000)。社交策略的使用与他们在中国学习和生活这一环境有关;元认知策略与他们作为成年学习者所具有的成熟的思维方式、自主的监控与调节能力有关;补偿策略主要是来自于他们在学习阶段有限的词汇和语言知识。记忆策略较少使用也许是因为他们对各种帮助记忆的方法不了解,没有接受过记忆方面的训练。这提示我们:在教学中,可以教学生掌握一些实用的记忆策略,例如自我暗示、有计划地复习、集中复习与分散复习相结合、关键词法、根据部件记忆汉字、根据不同的线索将相关字词区分和系联、组词造句等,这些记忆策略不仅可以帮助学生增加汉字和词汇量,而且对于增强知识的稳固性和系统性也是非常有益的。关于情感策略,它是指学习者用来调节和管理情绪、情感的方法,自尊、焦虑、文化冲突、冒险等情感因素都会对语言学习产生影响。消极的情感会妨

第五章　元认知与非智力因素在语言学习中的作用

碍进步,即使对语言学习的技巧非常了解,如果没有积极的情感来支持,学习也会受到影响。积极的情感和态度可以使语言学习更加愉悦、更加有效。实际上,在语言学习中,许多学生会被不同程度的情感因素所困扰,例如过度焦虑、信心不足等,我们在前面的部分也介绍了情绪情感因素对语言学习的重要作用。因此,在汉语教学中,教师应当设法帮助学生利用情感策略(例如降低焦虑感、进行自我鼓励、提高自信心、与别人谈论自己的感受等)来调节和控制自己的情感,从而为语言学习提供直接而有力的支持。

外国学生对学习策略的使用因母语背景、汉语水平的不同而有所区别(江新,2000;杨翼,1998等)。母语为日语、韩语、印尼语、泰国语的留学生比母语为英语、意大利、德语、法语的留学生更经常使用情感策略;而在社交策略的使用上,后者比前者稍多。这可能与学生的性格特点有关。亚洲地区的学生比较内向,对自己的情绪比较敏感,自信心不足,容易产生焦虑。为了学好语言,他们经常采用自我鼓励、与朋友沟通等情感策略来增强自信。而欧美地区的学生比较外向,喜欢交流,因此更多地采用社交策略来学习汉语。关于汉语水平与学习策略的关系,研究显示:学习时间长的学生比时间短的学生更多地使用认知策略;汉语水平高的学生更多地使用认知策略、补偿策略、元认知策略和社交策略,但情感策略的使用与学习者的汉语水平等级之间无显著的关系。对高级阶段的汉语学习者来说,高分段学生常使用的策略与低分段者有较大不同,高分学生常使用的策略有:(1)注意所学句式的使用条件与意义;(2)经常听汉语广播、看中文电视;(3)经常阅读中文课外读物;(4)背诵课文,记忆所学句型;(5)定期复习。对低分组学习者来说,他们较常使用的是借助母语的策略和造句练习的策略。相对来说,高分学生使用的是综合的、利用目的语的策略,而低分学生更多使用的是简单机械的、利用母语的策略。

> **请思考**
>
> 如果你是汉语教师,根据上述学习策略与学习者文化背景、汉语水平的关系,在教学中,你会采用什么样的方式、给学习者哪些关于学习策略的建议?

在第二语言学习策略的使用方面,还有一个非常重要的影响因素是学习环境,这一问题在国外的第二语言习得研究中引起了较多的关注。关于成人的第二语言/外语学习环境,一般认为主要有以下三种:国内正规的课堂学习(AH,at home)、在海外目的语环境中学习(SA,study abroad)、国内强化沉浸式学习(IM,intensive domestic immersion)(冯丽萍,2009),在这些不同环境中第二语言学习者的情感因素、学习策略也有很大不同。Dewey(2004)的研究发现:对于在 SA 和 IM 两种不同环境中学习日语的英语母语者来说,两组被试在阅读理解的自由回忆量和词汇知识测验成绩上无差异,但阅读过程与自评结果差异显著:IM 组表现出更少的理解监控,即他们在阅读中较少有意识地关注自己对课文、句子、字词的理解;自评结果显示 SA 组学习者对自身阅读能力的信心更强。关于学习环境与学习者写作能力发展的关系,Sasaki(2004)利用纵向研究的方法分析了不同环境中的学习者在 3.5 年内写作能力的发展。被试为学习英语的日语母语者,学习环境包括 ESL(以英语为第二语言,学习者在美国和加拿大学习英语)和 EFL(以英语为外语,在日本国内学习)。研究发现:ESL 组学习英语写作的动机更强,对自身的写作能力也更有信心。在写作意识上,由于在国外写作机会多,而且阅读对象多样,因此 ESL 组学习者的文章组织意识更强,较多从读者角度思考文章的逻辑性、可读性等问题。即使在回国后,ESL 组被试学习的积极性也更强,会有意识地使用所学的英语词汇和语法。而 EFL 组学生对英语学习的态度则较为被动,主要的课外学习方式为完成作业。从这些研究结果来看,经过目的语环境中的语言学习,学习者改变最大的是情感、动机等非智力因素,他们对目的语文化更有兴趣,对自身运用目的语进行交际和解决问题的能力更有信心,因而继续学习的愿望和动力也更强。但总体来说,目前有关不同环境中汉语学习者非智力因素的对比研究成果还比较缺乏,这也是我们在今后的研究中应当关注的一个方向。

 请思考

环境对于第二语言学习的影响是多方面的。基于上述学习环境与学习者非智力因素的作用,你认为在不同的语言和社会环境中进行汉语教学时,教师在教学重点、教学方法等方面应该有哪些不同?

2 交际策略

2.1 交际策略的分类及其作用

交际策略的概念由 Selinker 于 1972 年首次提出,用于解释学习者第二语言学习中的一种主要过程,它是一种语言使用策略,属于认知策略的范畴。但迄今为止关于交际策略的含义及内容还没有一致的看法,其主要原因在于不同学者研究的角度与分类标准存在差异。其中较有代表性的看法有:Corder(1977)认为交际策略是说话者在表达意义遇到某种困难时所采用的系统化的技巧;Fraech & Kasper(1983)认为交际策略是某人完成特定交际目的中遇到困难无法解决时采用的潜意识计划。关于交际策略的分类,较

第五章 元认知与非智力因素在语言学习中的作用

详细、有代表性的有如下两种(见王立非,2000;李力,2000;海珂,2006)。

Fraech & Kasper(1984)分类的模式被称为心理策略(psychological strategies)模式。根据学习者语言输出过程中的心理特征,他们将交际策略分成减缩策略和成就策略两类。

减缩策略（回避策略）
- 1. 形式减缩
- 2. 功能减缩

成就策略
- 1. 补偿策略
  - (1) 合作策略：直接求助、间接求助（通过对方的帮助达到交际目的）
  - (2) 非合作策略：（不依赖对方帮助）
    - 以母语为基础的策略
    - 以目的语为基础的策略
    - 非言语行为策略
- 2. 检索策略(通过某些手段来记忆和猜测)：等待、停顿、利用语境

Kellermanet(1987)、Poullise(1987)等综合心理因素和语言因素,将交际策略分为概念策略和语言策略。概念策略包括分解策略(迂回、描述、释义)、整合策略(运用上义词、同级词、下义词);语言策略包括语言迁移(借用、直译)、造词等。

不同交际策略所产生的交际效果是不一样的。Bialystok(1983,见王立非 2000)以两组成年法语学习者(一组是学习法语的成人,另一组为法语专业在校大学生)为被试,考察学习者缺乏词汇时所采用的策略。研究结果发现最有效的是以目的语为基础的策略,善于将目的语水平与灵活选择策略的能力相结合的学习者为最佳策略使用者。Haastrup 等人(1983,见王立非 2000)对谈话记录的分析结果证实了 Bialystok 的结论：以母语为基础的交际策略交际效果最差,常常导致理解障碍,非言语策略的情况也大致相同;以第二语言为基础的策略效果最好,对理解的帮助最大;释义、转述是最成功的策略。多数学习者在交际时常同时使用几种策略,先尝试母语为基础的交际策略,然后转向以第二语言为基础的策略,目的是补充首次选择的不足,或者失败后再次尝试。

同学习策略一样,交际策略的使用也受到多种因素的影响,其中主要有：(1) 目的语水平。学习者的目的语水平直接影响着交际策略的选择和使用。学习者在初级阶段往往选择缩减类型的交际策略,随着语言水平的不断提高,逐渐开始使用求成策略。一般来说,高年级学生更多地使用以目的语为基础的策略,低年级学生则倾向于选择以母语为基础的交际策略。(2) 问题性质。交际问题的来源与性质对策略的选择有一定的影响。当母语与目的语同属一个语族时,学习者的语码转换策略较容易出现。(3) 学习者的交际风格。例如有些学习者在复述时语速较快,细节遗漏较多;有些人在完成同样的

实验任务时则语速较慢,较为详细,而且不断地求助于交际策略。(4)学习与交际环境。一般来说,学习者在自然环境中使用交际策略较多,而在正规的课堂教学环境里就很少使用交际策略,特别是当教学的重点不是强调交际的流利性,而是放在纠正学生的语言使用错误上时,策略使用就更少。Piranian(1979)的研究发现美国大学生在课堂上学习俄语主要采取回避策略,而在课外的自然交际中采用转述策略较多。此外,学习者的母语背景、认知风格等因素都会在很大程度上影响他们对交际策略的选择(见王立非,2000;李力,2000)。

关于交际策略的作用,研究者们认为它是有利有弊的。一方面,交际策略的主要功能是保证交际畅通,即使学习者缺少所需要的某些语词或结构,也可以借助于策略的使用来保证交际的进行,因此交际策略能起到扩充语言交际手段的作用。但另一方面,如果学习者过分成功地运用各种交际策略来弥补语言知识的不足,就会导致一种错觉,以为没有必要再学习目的语的新知识,或者对目的语使用中结构的正确性关注程度减弱。

2.2 汉语交际策略的使用

对已有的相关研究成果进行总结,我们可以发现在汉语作为第二语言的学习中,学习者对交际策略的使用表现出以下规律:(1)不同汉语水平的学生均较多使用求助策略、目的语策略、检索策略。(2)在各种求助策略中,字典的使用随着水平的提高而降低,但直接询问对方和让对方重复则一直较多使用。(3)初级水平学生更多使用缩减策略,在交际出现障碍时,他们会采用放弃、转换话题、以个别词代整句的方法使交际继续,尤其是以词代句的方法被频繁使用。随着汉语水平的提高,该策略的使用频率明显降低。一般来说,语言水平有限的学习者更愿意使用减缩策略或者借助母语的策略,而高水平的学习者则倾向于使用成就策略或者以目的语为基础的策略。(4)在目的语策略中,释义、近义词替代等策略在高级阶段的使用率增加较快。(5)检索策略虽然在各个阶段都较多使用,但所采用的方式是不一样的。具体表现为:停顿的使用随着汉语水平的提高而逐渐降低,而猜测的使用则逐步增多。这表明汉语水平低的学生使用这一策略是为了赢得思考和组织句子的时间,因此在交际中较多出现停顿;而高水平的学生则较多地利用情景猜测的方法来解决交际中出现的障碍,保证交际的顺畅(罗青松,1999;海珂,2006)。

请思考

根据自己的外语学习经验,并结合上述研究成果,你认为外语教师应当如何看待和处理学习者在第二语言交际中使用各种交际策略?

2.3 关于交际策略的研究方法

在交际策略的研究中,要特别注意的一个问题,同时也是研究的难点之一,对交际者所用策略的确定。例如回避是学习者在交际中常使用的策略之一,但如何确定交际者使用了回避策略? Selinker(1989,见 Ellis 1994: p. 305)认为,只有在符合以下条件时才能认定学习者在语境中回避了某个形式:学习者必须具备与该形式有关的知识;必须证明本族人在该语境中确实使用该形式。即某一形式的使用不足,不是因为相应形式在学习者母语中原本少见所致。

在回避策略研究中,要注意的另外一个问题是由于回避的原因不同,它在不同的学习阶段也会有不同的表现。如果回避产生于所学语言结构难度较高,那么随着学习者语言水平的提高,回避现象会减少甚至消失。但如果是由于习惯原因或文化原因产生的回避,即学习者知道该说什么,也知道怎么说,却不愿意说,因为不符合自己的语用标准,这样的回避可能会在较长时间内影响学习者的交际方式。例如中国人的一些问候语:"下班了?"、"吃了吗?"等,不少学习者虽然学会了,但从来不用,而是保持自己原有的招呼语的语用习惯。这实际上也涉及不少学者和教师思考的一个问题,即第二语言的学习和使用,是否要使用与母语者完全相同的语言形式? 真实语料是否都是最好、最恰当的教学材料? 尤其是一些母语者在口语中使用的、与特定的历史文化背景、说话者身份、生活习惯相关的语言形式,有时由一个外国人来使用或表达,总给人以不恰当的感觉,这种不恰当不是由于说话者句法或语义表达上的错误,而是来自于该外语学习者的文化背景、身份等方面。因为交际形式的是否恰当除了与所使用的语言形式有关以外,还与交际者自身的身份、背景等紧密相关。目前已有不少研究讨论了不同文化背景者在使用同一种语言时语用方面的差别,这种差别是正常的、与交际者的身份相适应的,而不一定都是基于交际策略或回避策略产生的。那么如果由于文化背景和身份的不同而使用了不同的语言结构,我们是否可以认定第二语言学习者使用了回避策略? 母语者参照标准究竟在何种情况下适用于交际策略的确定? 这些都是我们在交际策略的研究中应当考虑的问题。

总体来说,目前关于汉语作为第二语言学习策略与交际策略的研究已经取得了不少成果,这些成果为汉语教学提供了重要参考,但也还存在诸多有待深入探讨的问题。例如关于汉语学习策略的特定性研究。学习策略是有层次的,有些策略适用于所有的学习过程(包括非语言学习和语言学习),有些策略适用于不同性质语言的学习。汉语作为书写系统及词汇语法系统都很独特的一种语言,也会有一些特别适用于汉语学习的策略。探索出适合学习汉语和汉字的一些特定的学习策略不仅可以为汉语教学提供更有针对性的参考,同时也可以使我们对汉语学习的特点及过程了解得更加透彻。另外一点,也是更为重要的,是学习策略研究成果在教学中的应用。学习策略是可教的,如何针对汉语系统的特点和学习者已有的学习方式,把"学习策略培训"纳入第二语言教学?什么样的学习策略教学方式能有效地增强学习者的学习策略意识、提高其学习技能?对这些问题的深入研究将对汉语教学实践提供很有价值的参考。

3 认知方式

在心理学上,认知方式是指人们对信息进行加工时所表现出来的个体差异,是个人在知觉、记忆、思维和解决问题等认知活动中加工和组织信息时所显示出来的独特而稳定的风格(皮连生,2006:p.49)。从不同的角度可以对认知方式进行不同的分类。例如从认知的角度,可以分为场依存—场独立型、冲动型—沉思型(Witkin,1954);从人格的角度,可以分为外倾型和内倾型(Jung,1923);从学生学习方式的角度,可以分为聚合型与发散型、整体型与序列型、顺应型与同化型(Kolb,1978);从教师教学方式的角度,可以分为任务指向型、合作计划型、学生中心型、学习中心型、学科中心型、情感兴奋型(Henso & Borthwick,1984);从教师领导方式的角度,则可以分为强硬集权型、仁慈集权型、民主型、放任型(见贺雯,2001;秦晓晴,1997;皮连生,2006:pp.49~52,pp.324~325)。

认知方式与学习之间有密切的关系。关于儿童的研究发现:审慎型认知方式的儿童在求答案时比较关注准确性,因而得出结论往往需要更多时间;而冲动型认知方式的学习者常常凭直觉来获取信息,易快速得出结论而较少注意准确性。这两种不同认知方式的儿童在学习上存在差异(Borkowsky,1983)。Sternberg(1997)认为:每个人都具有多种认知方式,个体会在不同情况下或针对不同的任务采用不同的认知方式(见贺雯,2001)。认知方式的形成和发展是个体社会化的结果,儿童在成长过程中通过学习和观察逐渐形成自己的认知方式,并且在与环境的相互作用中不断发展。同时,由于认知方式是社会化的结果,因此认知方式是可以培养的。

关于第二语言学习中的认知方式,研究发现:审慎型的人阅读速度虽缓慢但更准确一些,审慎型被试的阅读测验得分明显高于冲动型被试。但一般认为两种认知方式各有其优势,审慎型的认知方式能促进语言运用的准确性,而冲动型的认知方式有利于流利性。如果这两种方式的学习者能有意识地扬长避短,适当调整自己的认知方式,会对语言学习产生良好的效果。能同时吸取审慎型和冲动型两种认知方式长处的被试是优秀的语言学习者(秦晓晴,1997)。

在心理学中,场独立和场依存是两种对立的信息加工方式,场依存者倾向于依据外在的社会参照确定自己的态度和行为,其行为是社会定向的,并且表现出擅长与人交往的技能;而场独立者倾向于依据内在参照来确定自己的态度和行为,对抽象的理论和原则感兴趣,这种人不太注重环境所提供的社会线索,而且不善与人交往。Brown(1988,见秦晓晴1997)在总结多项研究成果的基础上认为,场独立或许对于课堂学习以及书面测试很重要,但对于非正规的第二语言学习来说,场依存或许更为有利,因为成功的习得在一定程度上取决于学习者在多大程度上与目的语者的交际。场依存型的人具有较熟练的社交技能,他们会更经常地同目的语者进行交际,所以可以得到更多的语言输入;而场独立型的人具有较强的分析能力,因而能更好地掌握第二语言的语法规则。因此,只有将多用目的语交际和有意识的语言分析相结合,才能保证各种语言技能的综合发展。

4 情感因素

4.1 动机

我们在前面介绍了动机的分类。从目前关于汉语学习者学习动机的研究成果来看,母语和文化背景是导致学习者学习动机出现差异的一个重要因素。江新(2000)以不同地区外国留学生为对象进行的调查发现,对亚洲学生来说,汉语学习动机的前三项为:职业需要、汉语兴趣、文化兴趣;欧洲学生的前三项为汉语兴趣、文化兴趣、职业需要;美国学生为文化兴趣、汉语兴趣、旅游需要;非洲学生为职业需要、汉语兴趣、文化兴趣。可以看出,不同语言和文化背景学习者的共同点在于对汉语和中国文化的兴趣在汉语学习动机中都占有非常重要的位置,但是不同地区的学生之间也存在着差异。亚洲和非洲的学生最主导的动机为职业需要,而欧洲和美国学生学习汉语更多的是出于对汉语和中国文化的兴趣。从动机分类的角度讲,前者属于外部动机,后者属于内部动机。二者所导致的学习态度和对课堂的要求也是不一样的,内部动机占主导地位的学习者会由内在兴趣驱使而产生很强的好奇心,会尽可能地寻找和利用机会学习、使用汉语。但是,他们也可能不太重视教师和课堂的一些要求,例如忽视汉字的学习等等。外部动机过强的学生有时则会产生较大的学习压力,干扰其学习过程与效果。

我们在教学实践中往往会看到:对学习环境满意的学生大多能保持愉悦的情绪状态,能主动学习,并且愿意继续学习。Donitsa-Schimidt(2004,见刘颂浩2007:p.189)对学习阿拉伯语的以色列学生的调查研究也发现:最能预测学习动机的因素是学生对阿拉伯语学习的满意程度。这看起来是一个简单的结论,但在运用于教学实际时却需要教师综合考虑多方面因素,针对学习者的不同特点与需求进行教学设计,提高学生对学习环境与效果的满意度,从而保持和促进其学习动机。我们在前面谈了一些教学中激发学生学习动机的方法,从心理学的角度来说,需求是动机的重要来源之一。因此,在汉语教学中,除了利用多样的方法和丰富的教学内容来增加教学的趣味性,促进学习者的兴趣与动机以外,既然学生的学习动机与需求是多样的,我们也应该针对这种多样性来安排不同的教学内容,设置不同的课程。对职业动机强的学生,可以增加口语交际、写作等应用性较强的课程内容;而对于内在动机强的学生,则可以适当地增加文化等内容的教学,从而使学生在需要获得满足的学习过程中保持较强的学习动机。

请思考

在一个由不同语言和文化背景的学生组成的班级中,你认为教师应当如何根据学生不同的学习动机来安排教学?

4.2 焦虑

焦虑是一种较为普遍的心理情感,是指"个体在担忧自己不能达到目标或不能克服障碍而感到自尊心受到持续威胁下形成的一种紧张不安、带有惧怕色彩的情绪状态"(《心理学百科全书》,见钱旭菁1999)。焦虑的产生与个体所处的社会文化背景有很大关系,因此它不仅仅是个体的一种情绪状态,也是由生物、心理、社会、文化因素所导致的一种综合状态。

外语学习焦虑是一种特殊的焦虑情绪,是指"学习者因语言学习过程的独特性而产生的一种与课堂语言学习相关的自我意识、信仰、感情以及行为的明显焦虑情绪"(E. Horwitz 1986,见张莉、王飙2002)。许多研究显示,外语焦虑感对外语学习会产生消极影响,学生的外语焦虑感越强,外语成绩越低,尤其是在口语方面。

学习焦虑会随着学习阶段或学习水平的不同而变化。Gardner(1989)认为:语言焦虑是第二语言学习中反复的消极体验的结果。在开始学习时产生的焦虑状态可能是一种暂时的现象,它并没有很大的意义,因为消极体验尚未产生消极影响。但如果这种焦虑反复出现,就会在焦虑与第二语言学习的行为之间建立一种联结,这种联结对学生的语言学习就会产生普遍的影响。Chapelle(1986)的研究也发现:英语课堂焦虑与TOEFL成绩之间的相关在学期初不显著,但在学期结束时达到显著相关的水平。焦虑的可变性还表现在焦虑值随着学生语言水平的提高而降低。以不同语言学习者为对象进行的调查都显示:外语水平高的学生焦虑值低于初级水平学生,而不同外语水平的学

第五章　元认知与非智力因素在语言学习中的作用

习者在课程结束时的课堂焦虑值都比开始时低(见江新,2007：pp.247~249)。

对学习汉语的外国学生来说,研究发现(钱旭菁,1999;张莉,2002等):焦虑值高的项目集中在两个方面,一是对自身的评价,二是课堂态度。其焦虑表现为：(1)对自己学好汉语缺乏自信;(2)认为同学学习汉语的能力强于自己;(3)担心教师对自己的评价不高。焦虑值低的项目也集中在两个方面：一是与同学或中国人用汉语进行交际,二是课程安排。学习者在同学面前说汉语时大都感觉很自然,和中国人在一起说汉语时,一般也都不感到紧张。他们对有关课程安排的焦虑感最低,普遍不反对多上一些汉语课,也不担心课程进度太快,自己会跟不上。这说明多数学生具有较强的学习愿望,希望多学一些汉语。从上述高低焦虑值项目的分布我们可以看到,学习者的焦虑感主要来自竞争环境中他们对自己与他人(包括老师、同学)关系的消极估计和判断;而在无竞争或竞争较弱的环境中,如自然交流、上课等,他们的焦虑感较低。因此,积极鼓励学生的进步、营造互助和宽松的学习氛围会有利于减轻学习者的焦虑。

导致学生焦虑的来源可能在于以下几个方面：(1)对自我的低估和竞争意识。许多学习者会认为他们的语言水平和技能比班上的其他同学差,当他们把自己同他人或自己的理想标准相比时,会导致焦虑。(2)学习者关于外语学习的观念。语言学习者对目的语学习的各个方面有不同的期望值,当现实状况不能达到期望值时,就会产生焦虑情绪。(3)教师的教学观念与教学方法。教师的教学态度可以严厉,教学要求也可以严格,但如果这种严格与严厉没有采用适度的、能为学生所接受的方法,就会给学生带来比较大的压力,不同程度地增加学生的焦虑感。(4)课堂上学生与教师的互动过程。其中最主要的一点是教师不恰当的纠错方式常常引发学生的焦虑感,这种焦虑较多地产生于他们在课堂上回答有误或不会回答问题的时候。(5)特定的课堂教学活动。例如许多学生认为,在全班同学面前用目的语说话是最让他们感到焦虑的。(6)评估与测试。学生会对没见过的测试题型甚至版式产生焦虑。当考试的内容和范围超出预期,或者与上课时教师所用的方式不一致时,不仅会引起学生的抱怨,还会使学生产生焦虑感。在教学实践中我们也会发现,即使是平时的听写和小测验,也会导致学生的紧张和焦虑。

在汉语学习中,外国学生的焦虑表现存在着明显的国别差异。研究(钱旭菁,1999;张莉等2002)发现：欧美学生语言学习的焦虑感普遍低于亚洲学生,日本学生的焦虑平均值显著高于美国学生。从总体上说,日本留学生的焦虑感比其他国家的学生强,但并不表现在所有方面。在交际焦虑中,美国人的平均焦虑值显著低于日本人和韩国人。和以美国人为代表的西方人相比,东方人比较内敛,特别是日本人,"谨慎、委婉、含蓄"构成日本人性格的突出特征,而"鲁莽、率直、外露"是他们所不喜欢和忌讳的(王顺洪 1994,见钱旭菁 1999)。反映在课堂上,美国学生大多积极发言,而日本学生则较沉默,韩国学生介于两者之间。在对课堂的焦虑方面,韩国人的焦虑值又显著低于美国人和日本人。美国学生对课堂的焦虑强于韩国学生可能是因为他们不太适应中国的课堂教学方法。在教学实践中我们也常发现,一些初学汉语的美国学生对汉语教师在课堂中常采用的用术语讲解、点名提问等方法不太习惯。在考试焦虑方面,日、韩、美三个国家的学生不存在显著差异。

从课程类型与学习内容看,学习汉语的外国学生感到最焦虑的是"说",其次是"听、读",焦虑感最弱的是"写"。"听"和"读"是理解,"说"是表达,前者是被动的输入,后者是主动的输出。表达能力比理解能力的培养和发展更难,而难度越大学习者对不能达到目标的担忧也就越强。"写"虽然也属于表达,但由于写的时候学习者有充足的时间进行思考,可以对信息进行反复加工,所以焦虑感也就有所减弱。不同国家学生的焦虑感都大致表现出随"说—听—读—写"而由强到弱的顺序,但也存在着一些细微的差别。如在"说"的方面,美国学生的焦虑值低于所有被试的平均水平,而"读"的焦虑感却大大高于平均水平,这应该与他们的语言、文字背景有很大关系。

当然,上述研究结果只是反映了不同文化背景的学生在汉语学习焦虑方面的总体趋势。实际上,来自同一国家的学生可能会由于地域的不同而表现出文化特征和习惯上的差别,学习者在家庭环境、教育背景、性格特征等方面也存在着个体差异。我们在教学中常常会看到某个美国学生因有效的汉字学习方法而能够轻松、快速地阅读和书写汉字,而某个日本学生在课堂发言方面非常积极活跃。因此,教师在课堂教学中既要了解来自不同国家学生的总体学习规律,更要关注学生的个体差异,采取有针对性的方法降低其学习焦虑,提高学习效果。同时,从焦虑与学习的关系来说,适度的焦虑有助于学习者保持学习的积极性与动力,因此,教师在了解外语学习者焦虑的表现及其规律的基础上,应当具体分析各种焦虑的来源及其相应的教学策略。针对因教师不当的教学或反馈方式而导致的焦虑,教师应关注并适当调整自己的教学方式;因学习者的竞争意识或自我低估而产生的焦虑,教师应有意识地肯定学生,鼓励学生发现自己的进步;而对于因考试、测验产生的焦虑,教师则可引导学生将这种焦虑迁移至有效的学习策略、正确的自我预期等方面。总之,针对不同来源的外语学习焦虑,采用降低、消解、迁移等多种方式,使学生形成和保持一种愉悦、积极的学习状态,是教师在课堂教学组织与管理中不可忽视的重要环节。

请思考

结合自己的外语学习经历,你认为外语教师可以采取哪些方法引导学生降低外语学习中的焦虑?

第五章 元认知与非智力因素在语言学习中的作用

小 结

本章介绍了动机、焦虑、认知风格、学习与交际策略等情感、认知因素在第二语言学习中的表现与作用,这些因素普遍地存在于第二语言学习中。实际上,对于到目的语国家学习的学生来说,与这些因素相互作用并影响其目的语学习的,还有他们的跨文化适应(cross-cultural adaptation)意识与能力。在进入一个新的文化或环境后,每个人都需要面对跨文化适应。有的人能较快适应新的环境,较好地融入到所处的新环境中;而有的人适应速度则较慢,甚至因最终无法适应而放弃新环境中的学习与工作。影响跨文化适应的因素有很多,其中主要的外部因素包括:生活变化(life change)、社会支持(social support,来自亲友、有相同旅居经历者、当地人的支持)、时间(许多人会经过蜜月阶段、危机阶段、恢复阶段、适应阶段)、文化距离(culture distance)、歧视与偏见(prejudice & discrimination)。影响跨文化适应的内部因素包括:评价和应对方式(appraisal & coping styles,期望值适度、能以正面想法作为应对策略的人对新环境的满意度较高)、人格(personality,个性的内外向性、灵活性、坚韧性、自我效能与自我监控等)、应对的知识与技能(knowledge & skills)、个人客观因素(性别、年龄、职业、收入、教育水平等)(陈慧、车宏生,2003)。来中国学习汉语的留学生不仅来到了一个陌生的语言环境,而且也进入了一个新的社会和文化环境,因此也不可避免地面临跨文化适应的问题。这一适应过程的长短和方式将对他们的汉语学习产生至关重要的影响。教师在关注知识和能力培养的同时,也需要通过教学组织与管理、课堂气氛的调节以及适当的师生交流等方式提高学生的跨文化交际意识,调整影响语言学习的各种非智力因素,使学生尽快地将语言学习和文化融入有机结合起来,从而保证在目的语环境中学习的顺利和成功。

第二语言学习是一个受多种主客观因素共同影响的复杂过程。学生是整个学习活动中的主体,对学习过程中不同影响因素的研究将为寻求和建立对外汉语教学的最优教学模式提供重要的依据。关注学习者的个体差异、关注第二语言学习者的文化和社会融入模式已经成为目前第二语言习得与教学研究中一个新的趋势,而且在今后也必将成为汉语作为第二语言习得研究中一个重要的课题。关注社会文化因素在第二语言习得中的作用,就是要探讨学习者在学习语言的过程中,如何与所处的社会环境和文化环境相融合;如何在与他人的交往中获取和交流信息、评价和促进自我的学习等问题。对这些问题进行深入探讨,所得到的研究成果对于教师在"以学生为中心"的教学理念下更好地进行课堂教学实践将会提供重要的参考依据。

主要参考文献：

陈　慧、车宏生(2003)跨文化适应影响因素研究述评,《心理科学进展》第6期。

董　奇(1989)论元认知,《北京师范大学学报》第1期。

冯丽萍(2009)不同环境下的第二语言习得研究述评,见《不同环境下的汉语教学探索》,北京：外语教学与研究出版社。

龚少英(2003)我国学习策略研究的现状与问题,《心理科学》第1期。

海　珂(2006)留学生汉语口语交际策略研究,华东师范大学硕士学位论文。

贺　雯(2001)认知方式研究的进展,《心理科学》第4期。

胡桂英、许百花(2002)初中生学习归因、学习自我效能感、学习策略和学业成就的关系研究,《心理科学》第6期。

胡志海、梁宁建(2002)大学生元认知特点与非智力因素关系的研究,《心理科学》第4期。

江　新(2000)汉语作为第二语言学习策略初探,《语言教学与研究》第1期。

江　新(2007)对外汉语教学中的心理学探索,北京：教育科学出版社。

李　力(2000)交际策略与第二语言习得,西南师范大学硕士学位论文。

李晓东、张炳松(1999)自我效能、价值、课堂环境及学习成绩与学业求助的关系,《心理学报》第4期。

李月婷、李　琦、郭春彦(2010)内隐和外显记忆测验中情绪词差异的ERP研究,《心理学报》第7期。

刘加霞、辛　涛、黄高庆、申继亮(2000)中学生学习动机、学习策略与学业成绩的关系研究,《教育理论与实践》第9期。

刘儒德(1997)论学习策略的实质,《心理科学》第2期。

刘颂浩(2007)第二语言习得导论——对外汉语教学视角,北京：世界图书出版公司。

罗青松(1999)外国人汉语学习过程中的回避策略分析,《北京大学学报》第6期。

皮连生(2006)学与教的心理学,上海：华东师范大学出版社。

钱旭菁(1999)外国留学生学习汉语时的焦虑,《语言教学与研究》第2期。

秦晓晴(1997)第二语言习得中认知方式研究的现状,《外语教学与研究》第2期。

沈德立(2006)高效率学习的心理学研究,北京：教育科学出版社。

史耀芳(2001)二十世纪国内外学习策略研究概述,《心理科学》第5期。

汪　玲、郭德俊(2000)元认知的本质与要素,《心理学报》第4期。

汪　玲、郭德俊(2003)元认知与学习动机关系的研究,《心理科学》第5期。

王登峰、方　林、左衍涛(1995)中国人人格的词汇研究,《心理学报》第4期。

王立非(2000)国外第二语言习得交际策略研究述评,《外语教学与研究》第2期。

吴福元(1987)大学生智力因素和非智力因素与学习成绩关系的研究,《教育研究》第5期。

吴勇毅(2007)汉语"学习策略"的描述性研究与介入性研究,《世界汉语教学》第4期。

第五章 元认知与非智力因素在语言学习中的作用

杨 宁（1995）元认知研究的理论意义，《心理学报》第 3 期。

杨 翼（1998）高级汉语学习者的学习策略与学习效果的关系，《世界汉语教学》第 1 期。

姚志强（1999）元认知与五大人格因素的相关研究，《心理科学》第 1 期。

章 凯、张必隐（2000）兴趣对不同理解水平的作用，《心理科学》第 4 期。

张 莉、王 飙（2002）留学生汉语焦虑感与成绩相关分析及教学对策，《语言教学与研究》第 1 期。

张履祥、钱含芬（1995）气质与学业成就的相关及其机制的研究，《心理学报》第 1 期。

张 萌、张积家（2000）呈现方式、自我效能感和成就动机对 FOK 判断影响的研究，《心理学报》第 4 期。

张亚玲、郭德俊（2001）学习策略教学对学习动机的影响研究，《心理科学》第 3 期。

郑希付（2003）不同情绪模式的图片刺激启动效应，《心理学报》第 3 期。

Dewey, D. (2004) A comparison of reading development by learners of Japanese in intensive domestic immersion and study abroad contexts. *Studies in Second Language Acquisition* 26.

Dörnyei. Z. & Ushioda. E. (2001) *Teaching and Researching Motivation*. Pearson ESL.

Ellis, R. (1994) *The Study of Second Language Acquisition*. Oxford University press.

Graham. S. (2004) Giving up on modern foreign languages? Students' perceptions of learning French. *Modern Language Journal* 2.

Sasaki, M. (2004) A multiple-data analysis of the 3.5-year development of EFL student writers. *Language Learning* 3.